BERLIN

Oliver Maria Schmitt

Ich bin dann mal
Ertugrul

Traumreisen durch die
Hölle und zurück

Rowohlt · Berlin

2. Auflage Juli 2015
Copyright © 2015 by
Rowohlt · Berlin Verlag GmbH, Berlin
Alle Rechte vorbehalten
Satz aus der Minion PostScript, InDesign,
bei Pinkuin Satz und Datentechnik, Berlin
Druck und Bindung
CPI books GmbH, Leck, Germany
ISBN 978 3 87134 808 2

Inhalt

———◆———

Die alten Hemingways
und das Meer

Hemingway – das bin ich. Vielleicht glauben Sie es nicht. Niemand glaubt es, aber wahr ist es. An diesem Sommerabend auf Key West stand die Hitze senkrecht in Sloppy Joe's. Die Deckenventilatoren kurbelten verzweifelt Sauerstoff in die Bierfeuchtigkeit des Saloons, und darunter kippten verzweifelte Männer Bierfeuchtigkeit in ihre sauerstoffarmen Köpfe. Männer, die mir sehr bekannt vorkamen. Neben mir saß Ernest Hemingway und versuchte, nicht vom Barhocker zu fallen. Sein Kopf war ein glühend roter Feuerball mit weißen Haaren und weißem Bart. «Ich find's toll, dass so viele Leute hier aussehen wie ich», sagte er. Ein anderer Hemingway rülpste mir von hinten ins Ohr und balancierte dann sein volles Bier durch die Menge. Er schrie auf, als er von einem Hemingway mit Baseballmütze angerempelt wurde. Doch der kriegte davon gar nichts mit, weil er sich gerade sehr bewegt mit Ernest Hemingway unterhielt. Bald würden all diese Hemingways nur noch über einen sprechen: über mich, Hemingway, den Überraschungssieger.

Joes Kneipe an der Duval Street war das genaue Gegenteil eines sauberen, gutbeleuchteten Cafés, und es war berstend voll mit Gestalten, die glaubten, sie sähen aus wie Hemingway. Ich rückte meinen Button am Revers zurecht. *Sloppy Joe's 34. jährlicher Hemingway-Lookalike-TEILNEHMER – 1. Jahr.* Den Button hatte mir vorhin eine Dame angesteckt, als sie die Startgebühr kassierte und die Regeln herunterleierte: «Heute ist die erste Vorrunde,

7

morgen bist du dran, Deutscher, am Samstag ist Finale, du hast fünfzehn Sekunden, dich der Jury vorzustellen, sie besteht aus den Vorjahressiegern, normalerweise gewinnen nur dicke, alte Männer mit weißem Bart, wir hatten aber auch schon Jüngere, die bis ins Finale kamen, manche machen seit Jahren mit und gewinnen nie, wir sind hier am südlichsten Zipfel der Staaten, hier sind alle verrückt, Key West ist die Toilette Amerikas, was oben reinfällt, bleibt bei uns unten hängen, zieh dich gut an, Hemingway-Style, du weißt schon, Safarikleidung oder Fischerpullover mit Rollkragen, aber Vorsicht, ist heiß auf der Bühne, mach 'ne Show, manche bringen eigene Cheerleader mit, andere bestechen die Jury, viel Glück, Deutscher!»

Ich verließ Sloppy Joe's und schlenderte die Duval Street entlang, die Reeperbahn von Key West. Versuchte es zumindest. Vergeblich. Auf der Partymeile war kein Stehplatz mehr zu kriegen. Jedes Jahr im Juli feiert die kleine Stadt auf dem letzten Zipfel Floridas die «Hemingway Days», rund um den Geburtstag ihres berühmtesten Residenten, mit Kurzgeschichtenwettbewerb, Armdrücken, Wettangeln und Lookalike-Contest. Millionen waren gekommen, um ihr Idol Hemingway zu feiern. Sie fielen aus Flugzeugen, Autos und Kreuzfahrtschiffen, um den nicht enden wollenden Gaudiwurm zu bilden, in dem ich mich befand. Über beide Straßenseiten schob die amerikanische Unterschicht ihr Übergewicht. Tattoo auf nacktem Oberkörper war Pflicht, Drink in der Hand, Zigarre im Mund. «Komm rein, deine Frau ist ja nicht dabei», rief ein Schild vor einem Zigarrengeschäft, das Tabaktorpedos «aus 100% kubanischen Samen» versprach.

Ich bog einmal um die Ecke, und schon war Key West völlig anders: ruhig und verschlafen. Hähne stolzierten umher. In Zeitlupe. Wegen der Hitze. Man konnte Fahrrad fahren. Auch sehr langsam. Selbst die Autos rollten im Schneckentempo an den tropisch wuchernden Vorgärten vorbei, an blühenden Frangipani- und Hibiskusbäumen.

Ich war guter Dinge, denn mir war klar, dass ich den Hemingway-Contest unweigerlich gewinnen würde. Schließlich verfügte ich über eine Ausnahmebegabung: Ich sah genau so aus wie andere Leute. Irgendetwas an meinem Gesicht musste auf andere so wirken, als hätte ich gar keines. Schon als Kind wurde ich von einem Lehrer einmal mit Jürgen Krauter aus der 4b verwechselt, obwohl der ganz anders aussah als ich. Jahre später wurde ich auf einem Empfang als «Herr Hösel» begrüßt. Neulich warf der Briefträger bei mir sogar eine Postkarte an einen gewissen Eugen Schuwerak ein, auf der mir mitgeteilt wurde, dass es in Brixen am Nachmittag geregnet hatte. In Leipzig sprach mich ein wildfremder Fernseher in meinem Hotelzimmer mit den Worten «Willkommen Herr Titanic BoyGroup» an. Und erst unlängst, in einer Kneipe in Hannover, sagte ein älterer Herr mit riesigen Ohren über sein Bier hinweg zu mir: «Ihr glaubt wohl, ihr vom NSA könnt machen, was ihr wollt. Aber ich als BND-Opfer stehe unter persönlichem Schutz von George Bush senior, Papst Ratzinger und Boutros-Boutros-Boutros-Boutros-Ghali. Prost!» Da war für mich eine täuschend echte Hemingway-Darstellung kein Problem.

Ich hatte mich Hemingway sorgsam und strategisch geschickt immer mehr angenähert. Ich benutzte das gleiche Notizbuch wie der Nobelpreisträger, und mein Hotel lag direkt gegenüber seinem Haus in der Whitehead Street. Heute ist es ein Museum. Am Eingang hatte eine lange Besucherwarteschlange vor sich hin geschwitzt, vor dem Kassenhäuschen hatte sich eine Gruppe Hemingways lautstark über die zu hohen Eintrittspreise beschwert. Eintritt – fürs eigene Haus!

Das Innere der gepflegten Kolonialhütte sah noch ziemlich

bewohnt aus. Obwohl der Eigentümer es 1939 verlassen hatte. Nur knapp zehn Jahre hatte Hemingway auf Key West verbracht, doch in dieser Zeit entstand der größte Teil seines Werks. Nirgendwo war er produktiver als auf diesem Sandplacken in der Karibik. Abends becherte er im Saloon seines Kumpels Sloppy Joe, am nächsten Morgen stand er um sechs Uhr auf, ging von seinem Schlafzimmer über einen kleinen Katzensteg rüber ins Schreibhaus und tippte los. Da stand noch immer seine Reiseschreibmaschine und dort sein monströses Bett. Seine Frau hatte einen schlechten Lampengeschmack. Dafür hatte er alles mit ausgestopften Leichenteilen selbstgeschossener Tiere vollgehängt. Dazwischen krochen Horden missgebildeter Katzen herum, lauter miauende Mutanten – ein Albtraum.

Das finden Sie zu hart? Zu katzenfeindlich? Mag sein, aber ich halte mich nur an Hemingway: «Alles, was du tun musst, ist: einen wahren Satz schreiben.» Genau. So einfach ist das. Und dann noch einen und noch einen. Nebensätze weglassen. Und am Ende jagt man sich eine Kugel in den Kopf. War man aber als Großwild auf der Welt, bekam man mit etwas Glück eine Kugel von Hemingway persönlich durch den Brägen geschossen. Das Leben war eben ein Kampf, und seines ganz besonders. Aber meines jetzt auch. Diesen Wettkampf musste ich gewinnen! Cool und mit ausdrucksloser Miene. Denn so machten es die Helden aller Hemingway-Romane. Sie waren rücksichtslos ehrlich, hart gegen sich selbst und zeigten niemals Gefühle.

Im Esszimmer, über dem Kamin, hing eine Serie von Hemingway-Porträts in allen Altersstufen. Hemingway sah sich tatsächlich sehr ähnlich. Und da! Da war er: der junge Hemingway! Ohne Bart, mit zurückgepapptem Haar.

Er sah aus wie ich.

Immer wieder stiegen neue Hemingway-Klone auf die Bühne von Sloppy Joe's und warben für sich: «Ich bin zum achten Mal dabei. Ich habe ein Alkoholproblem, ich brauche den Sieg.»

«Ich war mal in Havanna – wie Hemingway!»

«Ich will Hemingway immer ähnlicher werden – wer hier im Saal will meine dritte Frau werden?»

«Ich habe zwar rote Haare und einen Bart, aber ich heiße Wilbur Hemingway, so steht's in meinem Pass. Ich bin der einzig echte Hemingway!»

«Nein, ich bin das, denn ich sehe ihm ähnlicher als er selbst. Gott schütze Amerika, Gott schütze unsere Truppen, und Gott schütze mich, den nächsten Papa.»

«Papa», so erfuhr ich in der Pause von einem Papa, nannte sich der alte Ernest selbst, als er schon reifer und fülliger war. Und nur der Sieger dieses legendären Lookalike-Contests dürfe sich öffentlich und offiziell «Papa» nennen.

Meine Mitbewerber machten wahrlich keine gute Hemingway-Figur. Wer schlechte Witze machte, wurde gnadenlos abgewürgt und ausgebuht. Ein Millionär aus Texas hatte eine Gruppe von fünfzehn Cheerleadern dabei, die für ihn johlte. Ohne Erfolg, er schaffte es nicht ins Finale. Kaum einer sah wirklich aus wie Hemingway. Die meisten waren einfach nur ältere Männer mit Bart. Misstrauisch wurden sie von der Jury beäugt, einer mürrischen Clique alter bärtiger Männer in Safarikleidung. In einem Meer aus Bier.

Dass sich einmal im Jahr alte Männer zusammenfanden, um etwas sehr Merkwürdiges zu machen, fand ich eigentlich ganz okay. Es muss ja nicht immer ein CDU-Parteitag sein. Der Hemingway-Lookalike-Contest war so was wie die amerikanische Version des Ingeborg-Bachmann-Wettbewerbs, nur lustiger und unterhaltsamer. Weil auf die langweilige Prosa verzichtet wurde.

«Fuck literature!», hatte Hemingway in einem Brief an Ezra Pound geschrieben. So trafen sich nun einmal im Jahr Lehrer, Ärzte und Alkoholiker, die Elite Amerikas, um in brüderlicher Eintracht einen Wettbewerb auszutragen.

«Fuck brüderlich», sagte Wilbur Hemingway am Ende dieses ersten Abends, nachdem ich ihm sechs Biere ausgegeben hatte. «Wenn du Papa werden willst, musst du der Jury in den Arsch kriechen. Jahrelang. Du musst ihrem Verein beitreten, du musst spenden, du musst sie toll finden, und dafür lassen sie dich zappeln», sagte Wilbur und hörte nicht auf, einen wahren Satz an den nächsten zu hängen. «Früher war das ein Spaßwettbewerb, heute geht es nur noch um Vereinspolitik und um Geld. Mit Lookalike hat das gar nichts mehr zu tun. Nicht mal Hemingway würde bei diesem Contest gewinnen.»

Gerade eben war ich meiner Sache noch ganz sicher gewesen. Nun kamen Zweifel auf. Hatte ich überhaupt eine Chance?

Am nächsten Abend war endlich ich an der Reihe und stand auf der Bühne von Sloppy Joe's. Mein weit geschnittener Vintage-Anzug mit breitem Dreißiger-Jahre-Revers saß perfekt und das durchgeschwitzte weiße Hemd wie eine zweite Haut. Dazu Binder und Schuhe mit Gamaschen, Haare voll zurückgepappt. Die zweite Vorrunde war im Gange, einige Hemingways waren bereits zusammengebrochen, kollabiert bei mörderischer Hitze und hundert Prozent Bierluftfeuchtigkeit. Sie wurden von anderen Hemingways nach draußen geschleift, an die frische heiße Luft von Key West.

Ich gab den jungen Hemingway von 1924 und war total aufgeregt, weil ich mich die ganze Zeit darauf konzentrieren musste, keine Gefühle zu zeigen. Und gleichzeitig zu reden. Ich erzählte etwas Wirres von einer betrunkenen Wette unter Freunden und dass Hemingway ja mal gesagt habe: «Tue nüchtern immer das, was du betrunken angekündigt hast. Das wird dich lehren, die Klappe zu halten.» Mit diesem Zitat schloss ich, es ging aber in den Buhrufen des Publikums und der Jury unter.

In der Pause kam einer der Juroren auf mich zu, der Papa des Jahres 1999, und sagte: «Du hättest Deutsch sprechen sollen. Dann hätte man dich nicht verstanden. Das wäre interessanter gewesen.» Dann reichte er mir seine Hand und zerquetschte meine' mit seiner Schraubstockpranke. Wilbur Hemingway klärte mich hinterher auf, dass man mir schon nach den ersten Worten den Saft abgedreht habe. Sie lauteten seiner Erinnerung nach so: «Hemingway hat gesagt, er trinke, um andere Leute interessanter zu machen. Leider gibt es auf Key West nicht genug Alkohol, um sich diese Jury interessant zu trinken.» Und das hätte ich mal besser nicht gesagt. Ich schied in der Vorrunde aus.

Das ohne meine Beteiligung gefeierte Finale am nächsten Abend zog an mir vorüber wie ein Film, bei dem man eingeschlafen ist. Ausgewachsene Männer bitteten und bettelten um die Siegermedaille. Weil ihr Leben sonst keinen Sinn habe. Weil sie so viel für den Verein gespendet hätten. Weil Kameradschaft für sie das Allergrößte sei. Weil, weil, weil. Winsel, winsel, wimmer. Am Ende hatte einer der Juroren sogar einen Hundertdollarschein unterm Hut. Ein erbärmliches Spektakel. Plötzlich wirkten die vielen Hemingways in ihren Bärten und kurzen Hosen noch gruseliger und zombiehafter als der Aufmarsch der hundert Heinos im ersten Otto-Film.

Ich wankte nach Hause, durch die Toilette Amerikas. Sehr langsam. Auf dem Weg kaufte ich mir eine kubanische Zigarre bei einer schönen Mulattin. Sie erbleichte, als sie meinen Teilnehmerbutton am Revers sah.

«Sie haben … beim Hemingway-Lookalike mitgemacht?»

«Genau.»

«Aber … aber … Sie sind doch …»

«… nicht alt genug?»

«Ja! Und nicht …»

«… fett genug? Nicht bärtig genug?»

«Ja. Beides.»

«In zwanzig Jahren schon! Warten Sie's ab, dann komme ich wieder, schöne Mulattin! Älter, fetter und weißhaariger als je zuvor! Und dann können sich die Papas hier auf was gefasst machen!»

Sie verstand nicht, ich ließ sie stehen.

Die Luft war drückend. Es wurde unruhig. Blitze tanzten über den Himmel, ein wütender Donner kündigte die heraufziehende Hurricane-Saison an. Ein Tropengewitter goss Kübel heißen Wassers über mir aus.

Hemingway, dieser Penner! Der war für mich erledigt, ein für alle Mal. Was hatte der schon groß geleistet? Er war ein rettungsloser Angeber und der schlimmste Nebensatzkiller aller Zeiten. «Ein Mann kann vernichtet werden, aber nicht besiegt», schrieb er in *Der alte Mann und das Meer*. Werde ich eben woanders siegen. Mir doch egal. Vielleicht in Lübeck, wenn sie dort endlich einen Günter-Grass-Lookalike-Contest auf die Beine stellen. Dann werde ich mit Prachtschnauzer, Pfeife und SS-Uniform auflaufen und abräumen. Oder wenn am Bodensee die «MartinWalserDays» stattfinden. Dann hole ich mir mit feuchter Aussprache und meterhohen Augenbrauenhecken den Pokal. Oder ich gehe mit Weltraumfrisur und Lippenstift als krasse Oma zum Herta-Müller-Ähnlichkeitswettbewerb. Und gewinne. Mit wahren Sätzen. Dann bin ich es nämlich: dem die Stunde schlägt.

Du sollst nicht lärmen!

E y, der Kevin hat die Sophie beim Chillen krass abgelinkt und gesagt: Ablage C! Frau Kübler, ich hab doch ganz klar gesagt: Ablage C! Da liegt das Angebot Erlenmaier & Hämmerle, und jetzt geben Sie mir mal bitte die Eckdaten durch! Helmut, ich bin gerade losgefahren, ich sitz im Zug, hörst du, Helmut? Echt jetzt, die Sophie auch? Ey, Luisa, das ist so total krass, dass die Sophie mit dem Kevin dann noch beim Mäckes war. Frau Kübler, das war so 'ne rote Angebotsmappe, Herrgott noch mal! Helmut, hörst du? Frau Kübler? Julia, bist du noch da?

Nein, sie sind nicht mehr da. Ich habe nämlich soeben den Knopf gedrückt. Verwundert starren die Gesprächspartner von Luisa, Helmut und Frau Kübler auf ihre mobilen Endgeräte – aber da ist nichts mehr. Kein Empfang, kein Gespräch.

Seit einigen Jahren ist der *Phone Jammer* mein treuer Begleiter bei Zugfahrten. Das kleine schwarze Gerät mit den drei Antennen liegt gut in der Hand und verschwindet diskret in jeder Tasche. Wenn ich es einschalte, haben sämtliche Kommunikationsgeräte in einem Umkreis von zehn Metern Sendepause und kein Handy mehr einen Balken. Dann ist Ruhe, und die Landschaft gleitet lautlos vorbei.

Ruhe vor nervigem Beziehungsquark, vor Geschäftsleuten, die die Umgebung ihres Sitzplatzes zum Großraumbüro umgestalten, vor Menschen, die so fassungs- wie sinnlos ihren Aufenthaltsort kommunizieren. *Phone Jamming* reaktiviert verschüttete Allmachtsphantasien. Ich bin wieder Kind und spiele ein bisschen Gott. Denn Gottes elftes Gebot lautet, so hat Robert Gernhardt es dereinst überliefert: «Du sollst nicht lärmen!»

Jaja, ich weiß: Besitz und Betrieb eines solchen Geräts sind in Deutschland streng verboten. Ich kann also vor der Anschaffung dieses – übrigens erstaunlich preisgünstigen – Geräts nur warnen. An einem Dienstagabend habe ich es online in Hongkong bestellt, und schon am Donnerstagmorgen war es da. Wenn ich das Ding einschalte, habe ich natürlich immer ein sehr schlechtes Gewissen. Im Gegensatz zu denen, die mich ungefragt in ihr Privatgespräch einbeziehen. Dabei ist ja nicht mal die rüpelhafte Lautstärke das Problem, sondern die gestreute Informationsverschmutzung. Neben Telefonierern zu sitzen ist so, als würde man gezwungen, ununterbrochen Spammails zu lesen. Meine elektronische Selbstjustiz ist also ein klarer Fall von existenzieller Notwehr. Gerade hier, im ICE-Nichtquasselbereich.

Handyblocker sind nicht nur verboten, sondern auch umstritten. Eine aktuell durch den Äther rauschende Katastrophenmeldung, heißt es, könnte so unterbrochen werden. Oder Leute, die auf eine lebensrettende Organspende warten, könnten nicht informiert werden. Okay, das sehe ich ein. Vielen Zugtelefonierern wäre ohnehin ein leistungsfähiges Spenderhirn zu wünschen, das sie in die Lage versetzte, sich auch einmal in eine andere Person zu versetzen. Wer aber äußerst dringend auf neue Nieren, Lebern oder gar ein Herz wartet und keinen Handyempfang hat – der spreche mich bitte an. Ich bin der da vorne im Großraumabteil, um den herum es gerade so still ist.

Mischen: Impossible

Gerade will ich meiner Tischrunde einen ordentlichen Schluck aus dem Rückschüttgefäß aufdrängen, da schreitet das Stadtoberhaupt ein. Alain Juppé steht auf und ergreift das Wort. Das Bordeaux, verkündet stolz der Bürgermeister und ehemalige Premierminister Frankreichs, sei die berühmteste und größte zusammenhängende Erzeugerregion für Qualitätswein auf der ganzen Welt. Und das wolle man heute Abend feiern. Mit vielen Gästen, exzellenter Küche und dem Besten, was die Weinwelt zu bieten hat.

Wir sitzen im obersten Stock eines Bankgebäudes, die Sonne sinkt, unter uns fließt träge die Garonne, vom Ufer gegenüber prostet uns roséfarben das endlose Fassadenband der UNESCO-geschützten Weinmetropole zu – und in unsere Gläser fließen ganz unträge die besten Gewächse der Welt. Der Bürgermeister hat zu einer kleinen Gourmandise geladen. Obwohl im Bordelais Krisenstimmung herrscht. Die Fässer sind zu voll, die Lager ebenfalls. Weil die Preise zu hoch sind, die Franzosen zu wenig trinken, die Chinesen nicht genug kaufen, weil das Wetter zu schlecht ist und überhaupt. Doch das solle uns heute nicht kümmern, sagt der Bürgermeister – und hebt das Glas zum Toast.

An Tisch elf sitzen hochangesehene Vertreter des Nasswarengewerbes, gerade haben wir uns einander vorgestellt: der Weinhändler aus Bordeaux, der Weineinkäufer aus Hongkong, der Manager eines weltberühmten Châteaus, der gefürchtete Kritiker vom Speiseführer Gault-Millau und die Verbandsdame der Grand-

Cru-Vereinigung, des Hochadels der Weingesellschaft. Und ich, der Weinforscher aus Deutschland.

Der Händler checkt sein Handy, der Gault-Millau macht Notizen, dann übernimmt er souverän die Tischregie und kommentiert die anstehende Getränkefolge. Das ist gut, denn ich verstehe eigentlich nichts von Wein. Genau genommen verstehe ich nur, ihn zu trinken. «Dann sind Sie hier genau richtig», bescheidet freundlich die Verbandsdame, «denn der Rotwein aus Ihrer Heimat wird in Frankreich nicht mal zum Kochen verwendet.»

Aber warum ist das so? Das ist die Frage, die mich umtreibt: Warum ausgerechnet Bordeaux? Warum kommt von hier der beste Wein der Welt? Was ist sein Geheimnis?

Um das herauszufinden, habe ich bereits am Vormittag die Spitze des Weinbergs erklommen. Sie lagert in den alten, weitläufigen Hallen von Millésima, dem größten Weinhandelshaus der Stadt. Hier stapeln sich zweieinhalb Millionen Flaschen der besten Weine der Welt, ein bis zum Überlaufen voller Flüssiggoldspeicher. Eine Probe, die organoleptische Prüfung der Primeurs stand an, der Jungweine des Vorjahres. Unter konsequenter Hinzuziehung der Sinnesorgane Auge, Nase und Mund galt es, den neuen Jahrgang zu degustieren. Ein Mann mit scharf geschnittener Brille händigte mir am Eingang einen Block aus und führte mich durch das riesige Depot. Zwischen Kisten von Château Latour, Cheval Blanc und Mouton-Rothschild, in denen die Fünftausend-Euro-Flaschen der Jéroboam-Klasse verwahrt wurden, waren die Stände sämtlicher Grand-Cru-Classé-Weingüter aufgebaut. Der Olymp der Weinwelt.

Der Mann reichte mir ein Glas. «Junge Weine verkosten ist besonders schwer», raunte er mir zu. «Sie sind eigentlich noch nicht trinkbar, doch die Händler können jetzt schon erkennen, welches Potenzial ein Wein hat und wie er sich entwickeln wird.»

Welche Rebsorte denn ausgeschenkt werde, wollte ich wissen.

Er lachte. Das sei schwer zu sagen. «Meistens zwei, manchmal aber auch fünf.»

Ich staunte.

«Ja, das ist eben die Kunst der Assemblage. Wir können auch ‹Mariage›, ‹Cuvée› oder ‹Mélange› dazu sagen und meinen doch immer die Vermählung der Weine zu etwas Neuem, ganz Außergewöhnlichem.»

«Bei uns in Deutschland nennt man das ‹Mischen›. Oder ‹Verschneiden›. Manche sagen sogar: ‹Panschen›.»

«Das zeigt ja schon, welches Ansehen die Assemblage bei Ihnen genießt», erwiderte er maliziös.

Im Bordelais dürfe man maximal fünf Sorten Rotwein miteinander vermählen. Doch sei das ja noch gar nichts, im Vergleich etwa zum Chianti: Der dürfe aus bis zu elf verschiedenen Weinen gemischt werden. Manche Chiantis enthielten sogar Weißwein – das müsse man sich mal vorstellen! «Es geht um Geschmack», dozierte der Experte über seine Brille hinweg. «Verkosten ist eine anspruchsvolle Tätigkeit. Man muss nicht nur die Aromenpalette im Wein erschmecken, sondern sich auch vorstellen, was man dazu essen könnte. Für uns Franzosen ist Wein immer ein Essensbegleiter. Ohne eine Mahlzeit würden wir einen Wein niemals trinken.»

Während wir zum ersten Probierstand gingen, schenkte er mir vertrauliche Anfängertipps ein: «Sie müssen beim Verkosten eigene Begriffe bilden, denn nur Sie können beschreiben, wie und was Sie schmecken. Lassen Sie sich bloß nicht einschüchtern, wenn andere Minze, Leder, Unterholz, Kräuter oder Feuerstein im Wein erspüren. Notieren Sie nur, was Sie persönlich schmecken!»

Zum Auftakt nahm ich einen tiefen Schluck vom Château Léoville-Poyferré, der sich bei der ersten optischen Ansprache eindeutig als Rotwein entpuppte. Ich schlürfte, kaute und schluckte ausgiebig und notierte: «Schmeckt astrein.» Am Stand von Cantenac-Brown vermerkte ich: «Schmeckt nicht so gut.» Bei Château Siran: «Der ist jetzt wieder besser.» Léoville-Barton: «Fiese Nase.» Grand-Puy-Ducasse: «Riecht wie ungelüftete Umkleidekabine.» La Fleur de Gay: «Schmeckt wie schon mal getrunken.»

Am Stand von Château Olivier schenkte mir ein alter Mann reinen Wein ein: «Unser Wein ist der charakteristischste Bordeaux, den es zu kaufen gibt.» Dann verfinsterte sich sein Antlitz: «Aber es gibt kaum etwas, was man dazu essen kann. Mir fiele allenfalls eine sautierte Beinscheibe vom Rind mit Meerrettich und etwas Salbei ein. Oder … oder …» – im Geiste schien er sämtliche Gerichte zu verkosten, die er je verdaut hatte – «… oder vielleicht einen stark frittierten Barsch. Aber wo soll man den herkriegen?», heulte er, während ich mir schnell noch mal das Probierglas bis oben hin vollgoss.

Derart gestärkt ließ ich die Stadt hinter mir und fuhr vorbei an Reben, Reben und nochmals Reben. Allein im Bordelais wachsen so viele wie in allen deutschen Anbauregionen zusammen. Rund achttausend Winzer befüllen jedes Jahr siebenhundert Millionen Flaschen Wein, darunter etwa dreitausend Châteaus.

Eines davon war meine nächste Station, das Château du Taillan, ein charmantes kleines Schlösschen im Haut-Médoc, eine halbe Autobusstunde von Bordeaux entfernt. Von der Terrasse schaut man auf die Weinberge, die die Familie von Madame Falcy-Cruse in der vierten Generation bewirtschaftet. Aber nur weil Madame Winzerin ist, heißt das noch lange nicht, dass sie Besuch in legerer Garderobe, gar Arbeitskleidung empfinge. An diesem Nachmittag stakste sie im Chanel-Kleid auf Stilettos hinüber zum alten Kellereigebäude, einem architektonischen Kleinod aus dem 16. Jahrhundert. Die studierte Önologin wies mich ein in die Kunst der Assemblage.

Madame Falcy-Cruse reichte mir zwei Gläser, die ich gegen das Licht halten sollte. «Welche Farbe hat dieser Rotwein? Schauen Sie auf den Flüssigkeitsrand: Blau? Violett? Purpur? Gelb? Braun?»

«Rot», sagte ich und lag damit ganz vorn.

Dann reichte sie mir zwei weitere Gläser, dazu einen Standkolben mit Maßeinheit und eine Pipette. Ich sollte so lange hin und her mischen, bis ich den für mich optimalen Geschmack gefunden hatte: «Die ideale Balance zwischen der Fruchtigkeit des Merlot und der Samtigkeit des Cabernet Sauvignon – die müssen Sie finden!» Und zwar durch unablässiges Schmecken. Madame goss uns den 2009er des Hauses ein, wir schmatzten ein wenig, schließlich sagte sie: «Samtige Tannine. Aber am besten gefällt mir der pfeffrige Lakritzton.»

Ich nickte.

«Und jetzt blenden Sie mal selbst. Probieren und vergleichen Sie, immer schnell hintereinander. Achten Sie bei der Mundprobe auf die drei Phasen: Attacke, Entwicklung und Abgang!»

Ich mischte, panschte, verschnitt die beiden Rotweine, aber egal, ob drei zu vier, zwei zu acht oder eins zu eins – das Resultat schmeckte immer gleich.

«Junge Weine verkosten ist besonders schwer», sagte ich und erntete einen respektbezeigenden Blick von Madame. Ja, da helfe eben nur Probieren, Probieren und nochmals Probieren. Jeden Tag, dreißigmal. Sie mache nichts anderes.

Und ich schon gar nicht. Es ist Abend geworden, ich sitze inzwischen am gedeckten Tisch. Unter uns fließt noch immer gelbbraun die Garonne, die ein paar Kilometer weiter mit der Dordogne zur Gironde verschnitten wird. Endlich kommt der Bürgermeister zum Ende seine Rede. Wird auch höchste Zeit. Ich will jetzt weiterprobieren!

Sterneköche kredenzen Kleinkunstwerke, die eigentlich viel zu schade sind zum Essen. Dennoch überwinden wir uns. Zum ersten Gang wird ein Château Prieuré-Lichine vom guten Jahrgang 2005 gereicht. Nachdem alle ausreichend geäugt, genäselt und geschlürft haben, lege ich los: «Dieser Wein schmeckt sehr gut.»

Zustimmendes Kopfnicken. Nur der Hongkong-Chinese verzieht das Gesicht, ordert aber bei seinem Nebensitzer, dem Weinhändler, sofort zwanzig Kisten. Auch der nachfolgende 98er Château Pichon-Longueville-Comtesse de Lalande aus der Magnumflasche findet Gefallen. Monsieur Gault-Millau lobt vor allem die animalischen Noten: Er rieche herrlich nach Kuhstall. Aber auch nach Leder, Unterholz, Kräutern, sogar Mokka, Tabak, und eine kleine, aber feine Feuersteinnote sei erahn-, ja erschmeckbar.

Ich nicke und sage: «Samtige Tannine. Aber der pfeffrige Lakritzton ist ungewöhnlich.»

«Oh, là, là», meint der Château-Manager, der Chinese verzieht das Gesicht und bestellt zwanzig Kisten.

«Wir brauchen dringend neue Absatzmöglichkeiten!», beschwört nun der Händler die Runde.

Das lasse ich mir nicht zweimal sagen, winke den Weinreinbringer her und deute auf meine leeren Probiergläser: «Vollmachen, s'il vous plaît!»

Der 99er Branaire-Ducru gefällt sehr gut, der Gault-Millau schlackert anerkennend mit seinen zwei Kinnen, und der Chinese bestellt sofort zwanzig Kisten. Der nachfolgende Smith Haut Lafite von 1998 aber bereitet plötzlich Probleme.

«Dieser Wein schmeckt wie …», beginnt Monsieur Gault-Millau, «er hat so eine Art Champignonton, wie ein Waldboden nach dem Regen.» Kurz hält Monsieur inne, wie um dem Rotweinregen zu lauschen, der in ihm rauscht. «Das ist ein Fehlton, der dürfte nicht sein, vielleicht hat ja die Flasche einen Fehler. Ich kenne diesen Jahrgang sehr gut, ich habe erst kürzlich sehr viel davon getrunken.»

Wir lassen ein Glas des gleichen Weines vom Nebentisch kommen. Jeder darf mal schnuppern. Da ich den größten Durst habe, leere ich das Glas in einem Zug. Ich schlucke und kaue, knabbere und schlürfe, wälze und lutsche den Wein, alle Blicke sind auf mich gerichtet. Ich sage: «Hier ist keinerlei Fehlton drin. Dieser Wein schmeckt super.»

Erleichtertes Lachen aller Tischteilnehmer, Schulterklopfen, ich bekomme Visitenkarten zugesteckt.

«Es lag an der Flasche!», triumphiert der Kritiker und ruft mir zu: «Monsieur, vous êtes un connaisseur!»

«Richtig!», rufe ich rotweinbefeuert.

Darauf stoßen wir an, dass die Kristallgläser fast splittern. Die Expertenrunde liegt mir zu Füßen, das spüre ich. «Diese Assemblagen sind doch das Geilste!», informiere ich sie. «Die Zukunft gehört den Mischgetränken, messieurs dames! In Deutschland trinken die Menschen schon wie verrückt Bier-Mixe und Saftschorlen! Und jetzt, mit Ihrer und meiner Hilfe, werden wir sie mit Rotweinverschnitten beglücken!»

Merkwürdigerweise ist der Applaus äußerst verhalten. Ich muss also nachlegen und schlage vor, mittelgute deutsche Weine mit sehr gutem Bordeaux zu verschneiden – so wie man ja auch amerikanischen mit schottischem Whisky verblende. Angewidert verzieht das Château das Gesicht. Nur der Händler schaut interessiert. Der Chinese auch.

«Hergehört, Herrschaften!», rufe ich, weil mir gerade was einfällt. «Mir fällt gerade ein, dass es bei uns ja auch Wein-Assemblagen gibt!» Ich hätte da nämlich neulich einen sehr interessanten Tropfen entdeckt, in Berlin, bei Mäc-Geiz. «Rot & Süß» heiße der. Leider ohne Jahr. Herkunftsbezeichnung: «Aus den besten Lagen Europas.» Das sei doch ein Knaller, brülle ich. «Der ist echt spitze, Leute, kostet nicht mal eins sechzig die Pulle und hat Attacke, Entwicklung und Abgang ohne Ende!»

Der Gault-Millau hält sich die Hand vor Augen, die Pressedame ordert Riechsalz, ich assembliere gekonnt die Reste des Prieuré-Lichines mit dem ollen Champignonwein in meinem Glas. Voilà! Dann frage ich den Kritiker, wie er denn als Experte das in Deutschland nicht unbeliebte Getränk beurteile, das sich etwa zur Hälfte aus einem sehr guten, körperreichen Rotwein und zur Hälfte aus sehr guter Cola zusammensetze und, je nach Gegend, «Korea» oder «Bambule» genannt werde. Oder auch «Kalte Muschi». Er erbleicht und lässt sein Glas sinken, der Manager starrt apathisch ins Leere.

Noch bevor ich ergänzen kann, dass ich eine Rotwein-Cola-Cuvée natürlich niemals anfassen würde, weil dazu nicht mal stark frittierter Barsch passe, außerdem sei die klassische Mélange aus Rotwein und Fanta, auch «Panzersprit» genannt, viel fruchtiger, ja gleichsam rassiger – noch bevor ich dies sagen kann, noch bevor ich überhaupt anregen kann, dass sich aus den vollen Rückschüttgefäßweinen hier auf dem Tisch ja auch noch hervorragender Glühwein machen ließe – löst sich unsere gerade noch so fröhliche Runde in Wohlgefallen auf. Auch der Bürgermeister ist verschwunden.

Nur der Chinese ist noch da, zieht sich den Mantel über, gibt mir seine Karte und fragt mich diskret nach diesem Rotwein-Cola-Mix. Daran habe er Interesse. «Aber nur exklusiv! Und nur mit bestem Rotwein und mit allerbester Cola», sagt er. «Keine Pepsi!» Wenn ich ihm diese Abfüllung beschaffte, dann hätten wir einen Deal. Ich schlage ein. Vierzig Kisten.

Lebenslänglich Sommer

Und es war Sommer. Ich war kein Kind mehr. Aber auch kein Mann, der entschlossen sein Schicksal gemeistert und sich, allen Widrigkeiten zum Trotz, zu ihr durchgeschlagen hätte. Ich war sechzehn, und sie war es auch. So süß und so unerreichbar fern, wie es nur eine Sechzehnjährige für einen haltlos verschossenen Sechzehnjährigen sein kann. In Italien saß sie mit ihren Eltern in einem Wohnwagen herum, ich darbte in meinem posterverkleisterten Zimmer in der Heimat. Allein. Die Freunde verreist, das katholische Jugendzeltlager hatte ich aus Coolnessgründen verweigert, die Eltern erfolgreich außer Landes geschickt – jetzt hatte ich den Salat.

Balkonien solo und total. Sommertage, die sich anfühlten wie lebenslänglich. Klingelnde, dröhnende, ja bald zirpende Langeweile. Sechs Wochen. Zweiundvierzig Tage warten. 1008 Stunden absitzen. 60 480 Minuten sich verzehren, sehnen und leiden. Das Nachmittagsprogramm der beiden großen Sender bot für die Rentner *Schaukelstuhl* und *Ihre Heimat – Unsere Heimat* für die geschätzten «Gastarbeiter». Als besonderen Service hatte Südwest 3 ein völlig niederschmetterndes «Ferienprogramm» gestartet, jeden Tag um sechzehn Uhr irgendein Scheiß in Schwarzweiß: *13 kleine Esel und der Sonnenhof* mit Hans Albers und *Die Mädels vom Immenhof* mit Heidi Brühl. Dideldum, didelda, auf der Mundharmonika. Ich war eindeutig die falsche Zielgruppe. Aus meinem eiernden Dual-Plattenspieler grölte die Hamburger Punkband Slime, dass Deutschland sterben müsse. Ich wäre am liebsten mitgestorben. Vor Ödnis und Verzweiflung. Briefträger schlichen mit schlaffen Ledertaschen durch die menschenleere Stadt. Liebesbriefe? Fehlanzeige. Ich aß Joghurt mit künstlichem Erdbeergeschmack und stapelte die leeren Becher zu Gebirgen. Den Hamster im Laufrad feuerte ich an, noch schneller zu flitzen, auf dass sich die Erde schneller drehe.

Eine Million Umdrehungen später waren die Ferien endlich zu Ende. Nach sechs endlosen Wochen war sie wieder da, und mit ihr die frohe Botschaft, dass die sich neu verliebt hatte. In irgendeinen Trottel auf dem Campingplatz.

Und der Sommer war vorbei.

Ich bin dann mal Ertugrul

Ich bin zu beneiden. Ich habe alles, was ein erfolgreicher Autor braucht: einen sehr guten Namen, ein Wahnsinnsmanuskript, einen mitreißenden Titel und schon sehr bald einen Verlag, der hinter mir steht wie eine Eins mit sieben Nullen. Der mir beim Geldverdienen hilft. Jetzt müssen nur noch Manuskript und Verlag zueinanderfinden. Doch das ist kein Problem, denn ich habe das absolute Knüllerangebot in der Tasche, eine Fusion zweier gigantischer Bucherfolge der letzten Jahre: *Ich bin dann mal weg*, das Jakobsweg-Wanderbuch von Hape Kerkeling, und *Feuchtgebiete*, das mit einem Hämorrhoidenpflaster versehene Körpersäftebuch von Charlotte Roche. Beides legendäre Longseller, und nun gibt es die beiden Werke in nur einem Buch – von mir! Um auch noch von der grassierenden Ethnowelle zu profitieren (*Antonio im Wunderland* etc.), kommt dieser künftige Bestseller nicht von einem Deutschen, sondern – viel besser – von einem Türken. So werde ich die traditionell freundlichen Gefühle, die man gegenüber der Türkei hegt, synergetisch für mich nutzen. Und auf der Frankfurter Buchmesse, wo in diesem Jahr die Türkei als Gastgeberland fungiert, ein Manuskript anbieten, das nicht ich geschrieben habe, sondern der junge, vielversprechende, aber leider noch unbekannte türkische Autor Ertugrul Osmanoglu.

Gerade hat mein osmanisches Alter Ego die Arbeit an dem Zweihundert-Seiten-Werk beendet, ihm den Titel *Ich bin dann mal in der Nasszelle* gegeben und ist insgesamt hochzufrieden.

Dieses Manuskript, das spüre ich, wird sich auf der Messe verkaufen wie von selbst. Die spektakuläre Rahmenhandlung: Ein junger Türke wandert aus lauter Liebe von Istanbul bis nach Berlin. Trotz einer äußerst schmerzhaften Analfissur, die ihm das Gehen erschwert. Sein Ziel ist die urologische Abteilung der Charité. Dort arbeitet die deutsche Krankenschwester Ingeborg H. Ertugrul ist unsterblich in sie verliebt und will ihr einen Heiratsantrag machen. Auf der langen Wanderung denkt er pausenlos über die Liebe nach und muss wegen seiner nässenden Wunde immer wieder neue Sanitärräume aufsuchen. Vor dem Hintergrund einer romantischen Liebesgeschichte wird so der lange, beschwerliche Weg der Türkei nach Europa nachempfunden, außerdem werden neue, attraktive Wanderwege für Jung und Alt vorgestellt, und mit den Armeniern wird obendrein auch noch elegant abgerechnet. Ein schonungsloses, ein offenes, ein leidenschaftliches Buch. Ein Welterfolg.

Bevor ich das Manuskript am Mittwoch an den Mann bringe, bevor alles losgeht, will ich mir einen ersten Überblick verschaffen. Die Stimmung auf dem Buchmarkt checken. Und zwar beim dienstagabendlichen Empfang des Berlin Verlags. Er gilt als die inoffizielle Eröffnung der Buchmesse.

In den Katakomben des Frankfurter Hofs ist die Stimmung merkwürdig ausgelassen, ja aufgepeitscht. Am Eingang zum Saal steht eine alte Frau. Es ist Ingo Schulze. Er lacht. Kein Wunder, der hat sein Buch ja auch schon verkauft. Auf hundert aufgestellten Plasmabildschirmen laufen Interviews mit Autoren, die allesamt aussehen wie Businesstypen. Geld liegt in der Luft. Ideales Klima für Vorverhandlungen. Ich hole meinen dicken Manuskriptpacken aus der Umhängetasche und platziere ihn demonstrativ auf einem freien Stehtisch. Um mich herum erbleichen die Gesichter. Sofort bildet sich ein etwa fünfzig Meter breiter Graben um meinen Tisch. Frechheit. Und das nur, weil ich ein türkischer Autor bin!

Ich entdecke den mächtigen Literaturkritiker Denis Scheck. Wenn dieser Mann einem Buch den Segen erteilt, kann es in Deutschland zum Welterfolg werden. Ich schildere ihm mein Projekt, ruhig und konzentriert folgt er meinen Ausführungen. Das könne ein sehr erfolgreiches Buch werden, meint er, nur sehe er da zwei entscheidende Schwachpunkte: Erstens sei der Titel «zu lang, zu sperrig». Zweitens das mit der Wanderung. Das sei «unglaubwürdig» und dauere außerdem viel zu lang. Der Erzähler solle einfach nach Berlin *fliegen*, dann sei er schneller bei seiner Krankenschwester. Meinen Einwand, dass das Buch dann aber viel dünner werde, höchstens zwanzig Seiten, lässt er nicht gelten. «Umso besser», sagt Scheck und übergibt mich an einen mir unbekannten Herrn.

Der heißt Lutz Wolff und ist Cheflektor bei dtv. Er hat bereits von meinem Projekt gehört, nämlich gerade eben. Sagenhaft, diese Buchmesse, denke ich. Eine echte Kontaktbörse. Wolff ist auf meinen Wanderroman extrem heiß. Vor vielen Jahren sind ihm mal die Lizenzrechte für *The Beach* durch die Lappen gegangen, eine solche Schlappe will er nicht noch einmal erleben. Er erklärt mir, dass mein Buch ein «*Me-too*-Titel» sei, ein «Nachahmerprodukt», ein «Trittbretttitel». Sollte ich mit meinem *Me too* bei einem anderen Verlag Erfolg haben – sein eigener sei ihm dafür zu schade –, sei er bereit, einen Auszug davon («vielleicht so zehn, fünfzehn Seiten») in eines seiner jährlich erscheinenden «Strandbücher» zu packen: «Klassische Ferienlektüre zum Hinterher-Wegwerfen». Empört verlasse ich den Frankfurter Hof.

Mittwochmittag. Heute erobert Ertugrul Osmanoglu die Buchmesse. Mein Landsmann Abdullah Gül ist auch schon da. Der türkische Staatspräsident informiert sich über neue Bücher, die er demnächst in seiner Heimat zensieren lassen will. Ich gehe direkt zur Halle Sechs-zwei, ins «Agentenzentrum». Dort werden die wahren Geschäfte gemacht. Ich darf an einem freien Verhandlungstisch Platz nehmen, gemeinsam mit dem absoluten Topagenten Joachim Jessen. Der ist absolut topschockiert, als er erfährt, dass ich das Agentenzentrum mit einem Manuskript betreten habe. Offenbar habe die Taschenkontrolle am Eingang versagt. «Irre mit Manuskripten» flögen hier sofort raus. Er sucht auf seinem Terminkalender nach einer freien Minute für unsere Verhandlung – findet aber keine. Seit Sonntag sei er schon im Einsatz. Bevor die Buchmesse öffne, würden die Geschäfte im Frankfurter und im Hessischen Hof gemacht. Rechte und Lizenzen im Minutentakt. Gelesen werde da gar nichts mehr, das habe man längst vorher erledigt.

Um etwas Schärfe und Feuer in die stockende Verhandlung zu bringen, greife ich zu einem genialen Bluff. Ich sage, dass er sich schnell entscheiden müsse, denn es seien schon etliche große Publikumsverlage hinter meinem Buch her. Aber das sei ja hervorragend, ruft Jessen begeistert und springt auf. Dann solle ich doch mit denen reden und ihm nicht weiter wertvolle Sekunden stehlen. Und dort, wo er gerade hinzeige, sei übrigens der Ausgang.

Verdammt. Um ein Haar gescheitert. Also suche ich tatsächlich einen großen Publikumsverlag auf. Der diesjährige Buchpreisinhaber Uwe Tellkamp sitzt am Stand einer großen Tageszeitung und erklärt, dass viele Autoren das ja nicht zugeben würden, aber er kontrolliere jeden Tag seinen Chartplatz bei Amazon.

Beim Rowohlt Verlag kann ich Marcus Gärtner, den Programmchef der Taschenbuch-Belletristik, in eine ausweglose Sitzecke pressen. Ruhig und konzentriert hört er sich meinen Plan an. Er ist begeistert, ja er sei generell «für Erfolgskombinationen».

Na also! Erst neulich habe sein Verlag erfolgreich die Genres Krimi und Jakobswegliteratur kombiniert und nach tagelangem Gerhirnzermürben den genialen Titel «Tod auf dem Jakobsweg» gefunden. Mein Wanderbuch sei wahrscheinlich «klassischer Erfolgsstoff», nur der Titel sei zu sperrig. Hat er hinter meinem Rücken mit Scheck gesprochen? «Ich bin dann mal feucht», fände er besser. Ich aber nicht. Die Verhandlung ist beendet.

Ich bewege mich auf den schicken Stand des Branchenneulings Edition Edel zu. Gegenüber sitzt schon wieder Uwe Tellkamp und erklärt einem anderen Mikrophon, dass er täglich stundenlang das eigene Amazon-Ranking kontrolliere. Bei Edel will man das Geld, das mit Platten nicht mehr zu verdienen ist, jetzt mit Büchern machen. Mit schönen, aufwendig gestalteten Büchern. Genau das Richtige für mich. Verlagschef Michael Haentjes hört sich mein Angebot ruhig und konzentriert an. Die Sache klinge gut, sagt er. Sein Gesicht hellt sich auf, meines auch, ich reiche ihm die Hand, um den Deal perfekt zu machen, da meint er: «Ja, klingt gut – muss aber auch gut klingen.» Ich verstehe nicht. Na ja, er setze ja derzeit voll auf sein Erfolgsprodukt «Ear-Books», opulente Bücher mit beigelegtem Soundtrack. Nun müsse ich meine Wanderung eben noch mal machen und alles mitschneiden: die Laufgeräusche und das Quietschen meines Rollkoffers. Von Istanbul bis nach Berlin. Gut abgemischt auf vier CDs – die müssten dann dem Buch beiliegen. Ich bin ratlos, bin überfordert, bitte mir Bedenkzeit aus und verschwinde.

In Halle Vier-null steht eine alte Frau. Es ist nicht Ingo Schulze. Sie weist mir den Weg zum Stand des hochangesehenen Verlags von Antje Kunstmann. Unterwegs treffe ich den traditionell gutaussehenden Literaturkritiker Uwe Wittstock. Er ist von meinem Projekt sofort begeistert. Die Analfissur, umgangssprachlich auch «Afterriss» genannt, sei ja im Prinzip «immer ein Thema», so was lese man gerne, meint er, «vor allem, wenn's jemand anderes hat». Wenn das Buch kunstvoll geschrieben sei und auch nur annähernd so gut wie das seiner Meinung nach beste aller Wanderbücher, nämlich *Vom Gehen im Eis* von Werner Herzog, dann könne er mir schon jetzt eine hymnische Besprechung garantieren. Allerdings schlage er einen griffigeren Titel vor, vielleicht «Der sich den Wolf läuft».

Mit dieser phantastischen Rezension in der Tasche spreche ich bei Antje Kunstmann persönlich vor. Die erfahrene Verlegerin hört sich mein Angebot ruhig und konzentriert an und winkt sofort ruhig und konzentriert ab. Ich käme zu spät, sagt sie. Gerade habe sie ein Manuskript mit dem Titel «Nasszelle» auf dem Tisch, das Thema sei also schon «abgefrühstückt». Mist. Das Ziel um Sekunden verfehlt.

Kraftlos wanke ich durch Halle Vier-eins. Am Stand von Dumont wird Gratiswein verklappt. Ich entdecke den legendären Kleinverleger Klaus Bittermann. Meine letzte Rettung. Er hat vier Weißweingläser in und acht Ringe an der Hand. Die Geschäfte gehen gut. Dass er einer der berüchtigten dreiundzwanzig Verleger ist, die seinerzeit das Bestsellermanuskript *Schlafes Bruder* von Robert Schneider abgelehnt haben, kratzt aber noch am Gemüt. Eine solche Schlappe will er nicht noch einmal erleben. Interessiert hört er sich mein Angebot an, trinkt seine vier Gläser leer – und lehnt ab: «Aus drei Gründen», sagt er und setzt sein kältestes Verlegergesicht auf. «Erstens interessieren mich keine Wanderbücher. Zweitens interessieren mich keine Bücher über Körperflüssigkeiten. Wenn ich als Kleinverleger das Charlotte-Roche-Buch gemacht hätte, wären davon keine fünftausend weggegangen. Und drittens interessiert die Türkei keine Sau.» Ob das sein Ernst sei, frage ich entsetzt. Ja, sagt er, daran könne nicht mal «dieser Orhan Pumuckel» etwas ändern.

Verstört wende ich mich ab. Ungeheuerlich, wie hier mit einem unbescholtenen türkischen Autor umgesprungen wird. Das hat Ertugrul Osmanoglu nicht verdient!

Ich verlasse das Messegelände und gehe los. Mein Schritt ist fest. Ich gehe immer weiter. Dorthin, wo man mein Buch zu schätzen weiß. Istanbul, ich komme.

————◆◆◆————

Nudelbeißerdämmerung
bei Maria

Wenn bei Maria die rote Sonne im Meer versinkt und das Trommeln der Hippies am Strand erklingt – dann bin ich auf La Gomera angekommen. Nirgendwo anders will ich sein. Eigentlich heißt sie «Las Jornadas», die zentrale Strandbar auf der kreisrunden Kanareninsel, man nennt sie aber nur «Casa Maria». Das kleine Etablissement mit angeflanschtem Fischrestaurant ist der sichere Hafen der Sonnenuntergangsanbeter. Denn hier, links von Afrika, siedelt vor allem winters eine Spezies, die anderswo als ausgestorben gilt: der gemeine Hippie. Sein Biotop ist das fruchtbare, in den westlichen Inselrand gefurchte Valle Gran Rey, dort ist auch er in Arkadien, lebt gesellig in kleinen Schwärmen, stammt aus Essen oder Kreuzberg, meistens aber aus Schwaben und nistet in preiswerten *apartamentos* – es mangelt eh an teuren Hotels. Bei Maria trifft man sich zum Sundowner. Gebatikte Pluderhosen, ausgebleichte Genesis-T-Shirts und Grauhaarzöpfe verschwinden im blau gefliesten Schankraum und sichern sich Flaschencerveza oder *Campari naranja* als Dämmerschoppen.

Ich sitze davor auf dem Bänklein, warm ist das Holz von den letzten Sonnenstrahlen, verheißungsvoll das anschwellende Fischaroma, das dem Auspuff der Küchenlüftung entströmt. Die Beine hochgelegt, den Blick gen Westnordwest. Den einen mag das hier viel zu deutsch sein, die anderen meckern über zu wenig Strand und zu viele Berge. Mir wurscht. Hier genieße ich die Abwesenheit alles Spektakulären, das ewige Zweierlei aus Regenwald und

Runzelkartoffeln mit *mojo rojo* entspannt mich, der Dreiklang aus Basaltfelsen, Bananenplantagen und Balmenhonig erwärmt mein Herz.

Jetzt geht's los, gleich ist sie weg. Jongleure halten inne und lassen alle sechs Bälle fallen, Sonnenanbeter, die ihr Chakra zuvor durch stundenlanges Mantrawiederkäuen in Nullstellung gebracht haben, richten sich aus zum Zentralgestirn. Für einen Moment vergesse ich sogar die Angst vor dem «Nudelbeißer», einem geheimnisvollen Fischgetier, welches männlichen Nacktbadern auflauert. Davon habe ich gerade im *Valle-Boten* gelesen, dem amtlichen Pflichtblatt der deutschen Gemeinde, «unabhängig – überparteilich – abgedreht», Erscheinungsweise «je nach Bock- und Wetterlage». Das Informationsangebot ist vielseitig. Nach der reißerischen Aufmachergeschichte über den tückischen Schniedel-Schnappfisch kommen knallharte Serviceinfos: Der Dieter bietet jeden Montag «Regenwaldwanderungen» an, Melanie hilft beim «Reinigen deines Energiefeldes» und beim «Auflösen alter Muster», Ria pendelt und «reinigt dein Chakra», Katy ebenfalls, hat aber noch die «Spirituelle Haus- und Geschäftsreinigung» drauf, die «Auflösung karmischer Gelübde» und sogar – da steht's schwarz auf lila – «Kaffeesatzlesen». Wenn ich Katy meinen kalten Kaffee bringe, wird sie mir dann sagen können, ob ich nur an Land vor dem Nudelbeißer sicher bin?

Die camparifarbene Sonnenscheibe hat sich dem Verlöschungspunkt genähert. Die Teilnehmer des strandnahen Congakurses verstärken den Handballenaufschlag, Handykameras werden in Stellung gebracht, Mündungsfeuer aus etlichen Marihuanarohren – dann ein Dämmern, Zischen, Verglimmen. Weg ist sie. Maßarbeit. Applaus. Alle Muster aufgelöst. La Gomera sei Dank.

Nahtod in Tony Sopranos Endstationszimmer

Ich starrte an die Decke und konnte mein Glück kaum fassen: Ich hatte tatsächlich Zimmer 449 bekommen! Später sollte ich es noch bereuen. Als hätte sie das geahnt, war die Dame an der Rezeption des Nobelhotels Boscolo Exedra in Rom alles andere als kooperativ gewesen.

«Ich kann Ihnen ein gleichwertiges Zimmer anbieten.»

«Ich möchte aber kein gleichwertiges. Ich möchte die 449.»

«Die ist leider schon reserviert.»

«Dann geben Sie doch der Person, die reserviert hat, das gleichwertige Zimmer. Und mir die 449.»

Mählich merkte die Rezeptionistin, dass sie es mit einem Problemgast zu tun hatte, und gab mir endlich das ersehnte Zimmer.

Als ich die Tür zur 449 aufschloss und meinen nassen Regenschirm in die Badewanne legte, erschauderte ich. Heute war Mittwoch, und es war ebenfalls ein Mittwoch, als es in diesem Zimmer geschah: Tony Soprano, der sympathischste Mafiaboss aller Zeiten, starb in diesem Raum.

Wochen zuvor, in einer Juninacht, war er hier mit einem schweren Herzinfarkt zusammengebrochen. Rumms. Seitdem hatte ich versucht, an Zimmer 449 ranzukommen. Doch es war immer ausgebucht. Manche Menschen haben merkwürdige Ziele im Leben. Ich habe immer davon geträumt, mal in einem Hotelzimmer zu übernachten, in dem ein berühmter Mensch gestorben ist. Und obwohl ich schon häufig drauf und dran war – geklappt hat es bislang nie.

In Los Angeles hätte ich um ein Haar im Hotel Chateau Marmont eingecheckt, um in ebenjenem Bungalow zu wohnen, in dem der Schauspieler John Belushi starb. Allerdings passte der Preis von 2200 Dollar pro Nacht nicht zu meinem Budget. Im legendären New Yorker Chelsea Hotel, in dem schon Salvador Dalí, Dylan Thomas, Jimi Hendrix und Janis Joplin gewohnt haben, schaffte ich es nur bis ins Zimmer 101. Die Nummer 100, wo der Punkrocker Sid Vicious seine Geliebte Nancy Spungen erstach und im Jahr darauf an einer Überdosis Heroin starb, war leider belegt. Apropos 100: In Weimar, wo ich im Traditionshotel Elephant ebenfalls mal in Zimmer 100 wohnen wollte – Hitlers Lieblingszimmer –, hatte ich auch Pech, weil dort gerade Udo Lindenberg logierte. In Genf wollte ich im berühmten Beau-Rivage einchecken, um in Zimmer 317 in der berüchtigten Barschel-Badewanne zu übernachten – was die Hotelleitung aber nicht zuließ. Und das Zimmer 343 im Beverly Hilton bei Los Angeles ist seit dem Tod von Whitney Houston dortselbst noch immer nicht zugänglich. Da war man in Rom weitaus fixer: Tony Sopranos Sterbezimmer wurde schon am nächsten Tag wieder vergeben.

Warum sollte man auch ein Zimmer nicht mehr vermieten, nur weil es der letzte Gast mit den Füßen voran verließ? Schon das Einchecken in ein Hotel ist doch wie ein kleiner Tod. Das Zuhause ist das Diesseits – und das Hotelzimmer ein Jenseits auf Zeit. Man wohnt irgendwo, ist aber nicht zu Hause. Ein Freund sagte mir, man nenne das, was ich mache, wohl «Thanatourismus»: Eine diffuse Mischung aus Neu- und Sensationsgier, aus Grusel und Überlebensdusel treibe die Reisenden an, ehemalige Unglücksziele, Bombenabwurfstätten, Konzentrationslager oder Unfallstellen aufzusuchen. Doch mich interessierte sein Geschwätz nicht. Gestorben wird schließlich immer und überall. Sogar auf Kreuzfahrtschiffen. An Bord eines solchen beobachtete ich einmal, wie im Hafen vier Särge auf das Schiff geladen wurden. Als ich den Ersten Offizier darauf ansprach, meinte er, darin würden dann die Passagiere befördert, die das Ziel nicht mehr lebend erreichten. Bei dreitausend Rentnern an Bord und einer Woche Fahrzeit bräuchte man mindestens ein bis zwei Särge. Dass also fern der Heimat gestorben wird, ist völlig normal: Oscar Wilde, Bobby Farrell von Boney M., Dirk Bach – sie alle waren Hotelgäste bis zuletzt.

Ich drehte den Kopf nach links. Da, auf dem Teppich vor dem Bad, diese dunklen Schatten – waren das etwa Blutflecken? Warum haben Hotelzimmer überhaupt Teppiche? Und wie oft werden die hygienisch einwandfrei tiefengereinigt? Nein, das wollte ich lieber nicht wissen. Ich stand auf und schaute nach draußen. Regen. Starenschwärme malten wabernde Muster an den Himmel. Um den Najaden-Brunnen auf der Piazza della Repubblica brandete der Verkehr. Die Diokletiansthermen nebenan schienen geschlossen. Warum auch in die Bäder gehen? Da drin konnte es auch nicht nasser sein als draußen. Es prasselte, schüttete und goss. Dass Rom, besonders im Herbst, eine Totenstadt war, dass ich selbst nur knapp dem Tod entgehen sollte, das konnte ich da noch nicht wissen. Als Hotelgast ist man ja sowieso immer unwissend. Man weiß nie, was als Nächstes kommt: ein Anruf? Der Zimmerservice? Feueralarm? Der Tod?

Mit dem Mafiaboss Soprano starb auch der Schauspieler James Gandolfini. Der kam mit der Rolle des Titelhelden der Mafia-Familienserie zu Weltruhm. Mit Hingabe und Verve spielte er Tony Soprano, den Clanchef und Familienvater, einen gestressten Helden der Moderne, geplagt von Panikattacken, rivalisierenden

Gangstern und pubertierenden Kindern. Soprano war freundlich und fies, charmant und schamlos, warmherzig und brutal zugleich, er war Ehemann, Vater, Freund, Killer und Beschützer. Vor allem ihm war es zu verdanken, dass *Die Sopranos* zur besten TV-Serie aller Zeiten gewählt wurde. Sie trat den weltweiten TV-Serienboom seit 1999 erst los.

Ich schaute ein paar Folgen *Sopranos* auf dem Laptop und dämmerte dann weg. Unruhiger Schlaf. Schiebe- und Rumpelgeräusche von oben. Es hörte sich an, als wohnte ich unter einem Rangierbahnhof – dabei war ich im obersten Stockwerk. Poltergeister? Ich träumte von Tony, von Schießereien, von alten Kumpelinos, die Betonsandalen verpasst bekamen. Sein Geist war also noch in meinem, ja in seinem Zimmer. Kein Wunder, er hatte ja nie persönlich ausgecheckt.

Als ich erwachte, fühlte ich mich hundeelend. Mir war zum Sterben zumute. Irgendwie war wohl Tonys Ungeist in mich gefahren, ich war auf einem schrägen Todestrip. Plötzlich wurde mir klar, dass Rom gefährlich war, dass die Stadt mir nach dem Leben trachtete. Tony war ihr wohl nicht genug. Schon das Frühstück überlebte ich nur knapp. Man wollte mich mit Muffins morden. Mit kriminell dicken, fettigen und vor allem süchtig machenden Schokomuffins, Kalorienkillerbomben aus halbfester Schokolade. Aber nicht mit mir! Anstatt nach dem ersten weiterzuessen, packte ich den zweiten heimlich ein und verließ den Frühstücksraum rückwärts, damit ich alles im Blick hatte. Die Gäste starrten mich an. Ich starrte zurück.

Weil es noch immer wie aus Kübeln goss, ging ich wieder aufs Zimmer und las in Wolfgang Koeppens *Der Tod in Rom*. Ein echter Gute-Laune-Schmöker. Der Erzähler wandert durch Ruinen, delektiert sich am Anblick der «sinnlos gewordenen, nichts mehr tragenden Säulen» und stellt fest: «Der Tod wirft sein unsichtbares

Netz über die Stadt.» Ich ging raus in den Regen. Allmählich bereute ich meinen kranken Plan, ein Sterbezimmer zu bewohnen. Ich musste Tonys Geist wieder loswerden. Aber wie?

Wenn hier einer weiterwusste, dann ja wohl Goethe. Der kannte sich aus, er hatte auf alles eine Antwort, sogar in Rom. Ich ging den Corso hinunter zur Piazza del Popolo und klingelte am Haus Nummer 19 – Goethes Wohnung. Mir wurde geöffnet, er war also da. Doch als ich mich gerade darauf eingroovte, dem Olympier endlich persönlich zu begegnen, kam der nächste Schicksalsschlag. «Goethe ist tot», murmelte die Dame an der Eingangstür.

«Wie bitte? Wollen Sie mich verarschen? Erst neulich hab ich doch noch ein Buch von ihm gelesen!», schrie ich. Aber mein Klagen verhallte ungehört im Treppenhaus der Casa di Goethe. Die Tür war schon wieder zu. Verdammt. Wahrscheinlich ist er am Regen zugrunde gegangen. Im Spätherbst 1786 war der Italienreisende in Rom und notierte: «Heute Nacht fiel ein entsetzlicher Regenguss mit Donner und Blitzen, nun regnet es fort und ist immer warm dabei.»

Ich war orientierungslos, benötigte die Hilfe eines Experten. Auf der Piazza Navona traf ich unter einem Regenschirm Alessandro Patrizi. Der dunkelblonde Mittzwanziger bot Stadtführungen jenseits des touristischen Trubels an, er wollte nicht mal Geld dafür. Nur eine gute Bewertung auf Tripadvisor. Gefälligkeit gegen Gefälligkeit – das kam mir vertraut vor. Ob die Mafia in Rom eigentlich ein Problem sei, wollte ich wissen. «Die Mafia, wie du sie dir vorstellst, gibt es gar nicht», sagte er, während wir über Pfützen und Rinnsale sprangen. Das seien ganz einfach Leute, die auf kriminelle Weise versuchten, Geld zu verdienen. «Es ist eher die Frage, wo der Staat aufhört und wo die Mafia anfängt.»

Dann zeigte mir Alessandro barocke Brunnenbecken aus antiken Sarkophagen, Beinhäuser und Ruinenfelder. Wie hatte Rolf Dieter Brinkmann in *Rom, Blicke* geschrieben? «Rom ist, das habe ich schnell begriffen, eine Toten-Stadt; vollgestopft mit Särgen und Zerfall und Gräben.» Gleich hinter dem Kapitol befand sich ein riesiges Trümmerfeld, für das man sogar noch Eintritt bezahlen musste. Obwohl dort seit zweitausend Jahren keiner mehr aufgeräumt hat. Alessandro zeigte mir den *umbilicus urbis*, den Nabel der Welt. Dort berührten sich Oberwelt und Unterwelt. Ich starrte hinunter in den Abgrund und begann zu taumeln. Im letzten Moment zog mich Alessandro weg, und wir stapften weiter durch den Regen. «In Rom regnet es mehr als in London, vor allem im Herbst», sagte er und hob die Faust drohend gegen die Starenschwärme, die immer wieder den ohnehin schon grauen Himmel verdunkelten. «Tagsüber holen sie sich die reifen Oliven auf dem Lande, zum Schlafen fliegen sie am Abend wieder in die Stadt, dort haben sie keine natürlichen Feinde.» Eine Pest seien sie und ließen von den Schlafbäumen tonnenweise ihre ölige Scheiße ab. Auf den steilen Hügelstraßen Roms seien schon viele ausgerutscht und zu Tode gekommen. Und falls ich in Rom stürbe, sagte Alessandro, dann würde ich wahrscheinlich auf dem Campo Santo Teutonico begraben werden, dem Deutschen Friedhof direkt neben dem Petersdom.

Wir gingen sofort hin, ich wollte mir eine Grabstelle aussuchen. Die Schweizer Gardisten ließen uns aber nicht durch. Also latschten wir zur Kapuzinergruft an der Via Veneto. Sämtliche Räume des muffigen Gebeinkellers waren bis unter die Decke mit Schädeln, Knochen und Skelettresten ausdrapiert. Sogar die Leuchter waren aus Menschenknochen gemacht. Auch dort war für mich kein Platz mehr.

«Du könntest es noch draußen bei den Katakomben probieren, da müsste noch was frei sein», meinte Alessandro, als wir uns verabschiedeten. «Und nimm dir 'ne Vespa! Die Busfahrer streiken, und die Metro ist überschwemmt.»

Der Mann beim Motorroller-Verleih gab mir Überlebenstipps: «Hier gibst du Gas, und da ist die Hupe.» Wie man bremste, wollte er mir aber nicht zeigen. Er sah mir tief in die Augen: «Vergiss das Bremsen! Du musst immer weiterfahren. Wenn du Angst zeigst und zögerst, dann bringen sie dich um.» Ich schloss die Augen und fuhr los. «Mitten wir im Leben sind mit dem Tod umfangen», dichtete einst Martin Luther, und dem hatte Rom auch übel mitgespielt. Als dicke, mit Wasser vollgesogene Hummel taumelte und schlingerte ich durch den Verkehr, während die anderen Vespas wie kleine gefährliche Wespen an mir vorbeizogen. Mit der Vespa bei Dunkelheit und Regen auf der glitschigen und holprigen, zweitausend Jahre alten Via Appia entlangzuschlittern – alleine das war schon eine beeindruckende Nahtoderfahrung. Als ich völlig durchnässt bei den Calixtus-Katakomben ankam, war dort alles zu. Klarer Fall: wegen Überfüllung geschlossen.

Wenn das kein Zeichen war! Auf einmal spürte ich, dass ich weiterleben, dass ich nicht so enden wollte wie Tony. Schiere, verzweifelte Lebenslust wallte auf und pochte in meinen Adern. Ich fühlte, dass es vielleicht doch noch irgendwie weiterging. «Ich wische mir den Arsch aus mit deinen Gefühlen», sagt Tony in einer *Sopranos*-Folge. Dieser Blödmann, der konnte mir jetzt mal gestohlen bleiben! Höchste Zeit, den Typ endlich loszuwerden. Mein Plan war klar: Ich musste wieder zurück ins Hotel und auschecken. Sobald der Regen etwas nachgelassen hätte, nahm ich mir vor, würde ich losfahren. Raus aus Rom. Zurück ins Leben.

Janusborstenkopf
Höhe Qufu

Ta-tack, ta-tack. Stoisch schleppt die schwere Diesellock den Nachtzug Peking–Hefei südwärts durch die Han-Ebene. Die Millionenstadt Jinan und der heilige Berg Tai Shan liegen hinter uns, näher rückt Qufu, die Geburtsstadt von Konfuzius. Die Hälfte der Dreizehn-Stunden-Eisenbahnfahrt ist geschafft.

Mit tropfender Zahnbürste kehre ich vom Waggonwassertank zurück. Vor dem Schläfchen, nach dem Essen, Zähneputzen nicht vergessen. Die Schlagermusikbeschallung ist gnädig verstummt, nach hingebungsvollem Nudelsuppenschlürfen und dem nicht minder anstrengenden Ausspeien von Essensresten schnarcht die Holzklasse endlich zufrieden vor sich hin. Ta-tack, ta-tack.

Viertausend Schäfchen, viertausendundein Schäfchen, dann zwei auf einmal, dann – klopft da was! Aber nicht schon wieder der Schienenstoß an die Räder, nein: Ein Fingerknöchel pocht an meine Schulter. *Wei, qi-chuang!* Hallo, aufwachen! Auf der Sitzbank gegenüber hockt plötzlich eine winzige Dame im Neonschummer. *Qi-chuang!* Aufgeregt hält sie mir einen abgegriffenen Werbeprospekt unter die Nase, vierfarbig und in englischer Sprache. Die «sensationelle DENTRUST-Doppelkopfzahnbürste», verkündet darin ein um Seriosität bemühter Zahnarztdarsteller, sei die nach langen Jahren der wissenschaftlichen Forschung endlich erreichte Revolution auf dem Gebiet der Zahnhygiene. Mit blitzendem Lächeln präsentiert er eine überdimensionale, grellgelbe Plastikkonstruktion, die aussieht wie eine längs gespaltene Klobürste. Ein furchterregender Janusborstenkopf zur Parodontoseabwehr.

Ob es diese Bürste, will die winzige Dame wissen, ob es dieses Wunderding modernster Dentaltechnologie bei uns im Westen wirklich gebe? Ob ich eine solche Bürste schon mal gesehen hätte, gar besäße? Ich bin ratlos und bleibe stumm. Doch da schiebt mir mein Nebensitzer, offensichtlich ein Komplize der Bürstenforscherin, schon einen flink bekrakelten Zettel zu: *She asked: toothbrush.*

Erwartungsfroh grinst das Doppelkopfduo. Toothbrush? DEN-TRUST-Doublebrush? Ich schüttle den Kopf. Von Hand zu Hand wandert die sensationelle Broschüre, an Nachtruhe ist nicht mehr zu denken. Der ganze Waggon erörtert nun aufgeregt das Für und Wider der geheimnisvollen Doppelkopfzahnbürste. Radebrechend berichtet die Frau, sie sei Zahnarztassistentin und auf dem Weg nach Hefei, wo morgen ein gewaltiger Hygienekongress tage. Falls sie dort mit harten Fakten über die neuartige Doppelkopfbürste aufwarten könnte, käme das einer wissenschaftlichen Sensation gleich.

Plötzlich ein Schrei! Drei Sitzbänke weiter deutet einer auf einen faltigen Greis mit Mao-Mütze und hält triumphierend den Prospektzettel hoch. Der Greis lacht, die Umsitzenden fallen mit ein, grölend und jauchzend. Endlich kann auch ich sehen, warum: Der Alte hat nur noch zwei Zähne im Mund, einen oben und einen unten. Haha! Speziell für ihn hat man also diese Wunderbürste erfunden. Der außerordentliche Nachthygienekongress Peking–Hefei, Höhe Qufu, ist erfolgreich beendet. Noch sechs Stunden. Ta-tack, ta-tack.

Wenn ich mal so alt bin wie dieser Greis, dann möchte ich vielleicht noch ein paar Zähne mehr haben – ganz bestimmt aber will ich dann noch so lachen können. So frisch, so hell, so strahlend.

Oman

———◆———

Mein Chakra in Arabien

Unsere Mission war der Weltfrieden. Den galt es zu retten, ja überhaupt erst herzustellen. Jetzt, sofort, gemeinsam, in der weiten Wüste von Oman. So viel hatte unser Schamane bereits durchblicken lassen. Lange, sehr lange schon war er auf der Suche nach der anderen der beiden Gesetzestafeln, die Moses einst auf dem Berg Sinai von ganz oben erhalten hat. Eine der Tafeln hielten ja bekanntlich die Hopi-Indianer in Nordamerika in Verwahrung, wovon der Schamane sich selbst überzeugt hatte. In die unmittelbare Nähe der Tafel sei er freilich nicht gelangt, denn wer sich ihr nähere, bekomme sofort «Probleme mit der Schilddrüse». Würden beide Tafeln wiedervereint, sei «überhaupt kein Krieg» mehr möglich, herrsche mithin «Weltfrieden». Und dass diese zweite Tafel hier, im stillen Sultanat Oman, zu finden sei, daran bestehe für ihn, den alemannischen Geistheiler und Schamanen aus Passion, keinerlei Zweifel.

Raschid verstand nur Bahnhof, lächelte aber freundlich. Die Reiki-Meisterin erwiderte, sie könne in der Wüste kein Fleisch essen, allenfalls Fisch, den habe Jesus schließlich auch gegessen, «der hat ihn ja sogar vermehrt». Neben ihr strahlte die Masseuse, ebenfalls «im energetischen Bereich» tätig, beredt nach innen. Und ich? Was suchte ich eigentlich hier in der Wüste? Weltfrieden? Fisch? Wenn ich das nur wüsste. Wahrscheinlich wollte ich den Alltag hinter mir lassen, neue Lebenslust gewinnen, Energie tanken und zur inneren Harmonie finden, ja überhaupt «Kraft zur Bewältigung der vielfältigen Anforderungen in Beruf und Pri-

46

vatleben schöpfen» – so hatte ich es doch in dem Prospekt gelesen, der zur «Energiereise in den Oman» lud. Ich wollte einer allfälligen persönlichen Energiekrise zuvorkommen: chillen im Sand, tiefenentspannt, mit ganz viel Stille und Einsamkeit.

Still war es hier ja, wenn niemand sprach. Unser Nomadencamp lag klein und unscheinbar wie ein Sandkorn in der Ramlat al-Wahiba, der roten Wüste im Osten Omans, errichtet in einer windgeschützten Senke. Aber war ich auch einsam? Eigentlich schon. Jedenfalls fast. Lediglich eine erfahrene Landeskennerin war im Gefolge, ein entspannungbedürftiger Ökonom, das Filmteam eines bedeutenden deutschen Nachrichtensenders, Raschid und sein Bruder Abdullah, Söhne der Wahiba. Und natürlich die Fachkräfte, die mir beim Entspannen helfen sollten: die zwei bayrischen Therapeutinnen und der Schamane aus Südbaden. Wir wohnten in *barasti*, einfachen, auf dem Sandboden kauernden Hütten aus rasierten Palmwedeln, durch die nächtens frisch der Wind pfiff. Gemeinsam wollten wir unsere Gedanken erden, Blockaden lösen und, wenn alles klappte, sogar «transpersonale Erfahrungen» in Gang setzen.

Der Himmel über der Wüste, er würde das Unterfangen bestimmt geduldig ertragen. Groß genug war er ja; tags eine leere, heißblaue Ätherkuppel, durch die gelegentlich ein verirrtes Wölkchen vagabundierte, nachts überraschte er mit direkter Weltallanbindung, fiel funkelnd, schwarz und kalt auf uns hernieder. Majestätisch regierte er von oben herab, so blieben unsere Gedanken schön flach, gerade auf Höhe des Sandbodens, auf dem ich saß.

Vom glücklichen Arabien weiß man und vom unglücklichen. Letzteres flackert täglich durch die Fernsehnachrichten, vom ehemals glücklichen berichtet der britische Forscher Wilfred Thesiger, der in den vierziger Jahren die Rub al-Chali, das «leere Viertel», die gigantische Zentralwüste der arabischen Halbinsel als einer der Ersten bereiste und später resigniert feststellte: «Wer heute nach dem Leben sucht, das ich in der arabischen Wüste geführt habe, wird dies nicht finden; denn nach mir kamen die Ingenieure und Ölsucher. Heute ist die Wüste, durch die ich reise, von den Spuren der Lastkraftwagen gekerbt und von den Abfällen der Importe aus Europa und Amerika übersät.»

Während die Sandmassen der Rub al-Chali wandern, bleiben die Dünen der viel kleineren Wahiba an Ort und Stelle. Weil es dort so schön ist. Und weil keine Hauptverkehrswege und Ölsucher ihren Frieden stören. *Arabia felix*, glückliches Arabien, nannte man im Altertum den Süden dieser Halbinsel zwischen Rotem Meer und Persischem Golf, Land der Datteln und des Weihrauchs, dessen Gestade Sindbad bereiste; heute heißt man sie Jemen und Oman. Groß wie das alte, noch unvereinigte Deutschland ist das Sultanat, aber mit einer Bevölkerung von rund drei Millionen eines der dünnstbesiedelten Länder der Welt. Und weil seit über vierzig Jahren ein weiser und extrem gepflegter Bilderbuchsultan dort regiert und man, im Gegensatz zum Jemen, praktisch nie entführt wird, ist der Oman, obwohl nicht anähernd so reich wie Saudi-Arabien oder Kuwait, vielleicht das glücklichste aller Arabien.

«I hope you know well about our country», hatte der Flughafen-Zöllner mit einem vieldeutigen Lächeln gesagt, bevor er gewissenhaft die Säume meiner Kleidung abtastete. Bei den saudischen Nachbarn steht auf Drogenbesitz der Tod. Des Sultans Reich gilt als vergleichsweise gemäßigt, denn Oman huldigt dem Ibadismus, einer maßvollen und toleranten Variante des Islam. Gleichwohl wird man die strengen Gesetze des Sultans respektieren, um nicht in dessen Nähe zu gelangen, denn das gutgesicherte Staatsgefängnis der Hauptstadt Maskat steht fast direkt neben dem Sultanspalast.

Unser Nomadencamp ist lediglich durch einen einfachen Maschendrahtzaun gesichert, der jedoch nicht uns ein-, sondern die umherstreunenden Ziegen aussperren soll. Schon früh am Morgen meckern sie uns vorwurfsvoll aus dem Schlaf, nur zu gerne würden sie unsere Palmwedelhütten mal eben aufessen. Hunger aber ist nur eine Illusion. Der Schamane berichtet von australischen Eingeborenen, die acht Jahre nichts gegessen hätten. Er selbst habe, als er noch bei den Hopi-Indianern lebte, vier Wochen lang nichts gespachtelt, die Speisen nur angeschaut und sich von «Lichtphotonen» ernährt. Alles eine Frage des Willens.

So saßen wir im *majlis*, dem offenen, schattenspendenden Beduinenzelt, auf Orientteppichen und diskutierten unsere Aura. Honigfarben glitzerte der Sand unter der Mittagssonne, die Helligkeit brannte schon, die Hitze schlich heran, garte den Sand und allmählich auch die Aura um unsere Astralkörper. Deren Existenz, raunte nimmermüd der Schamane, werde von der deutschen Ärzteschaft, die sich gegen die Alternativmedizin verschworen habe, «systematisch unterdrückt». Die Therapeutinnen vermaßen Akupunkturpunkte und Meridiane auf der Astralmatrize. Wiedergeborene berichteten vom früheren Beduinenleben. Eine Blauracke käckerte vom First der Plumpsklohütte. Kein Wölkchen am Himmel. Stunden und Tage der Entspannung und Belehrung. In uns rotierten die Chakren, feinstoffliche Kraftzentren, die ständig Lebensenergie aus dem Kosmos aufnehmen und abgeben, um uns herum huschten Raschid und Abdullah, um die dehydrierten Odkörper der Okzidentler mit Wasser, Datteln und feingewürztem Lammfleisch zu versorgen.

Was war mit der zweiten Gesetzestafel? Wollten wir die nicht suchen? Vielleicht an der unweit gelegenen Moho? Nahe Maskat nämlich ist ein geophysikalisches Weltwunder zu besichtigen: die Mohorovičić-Diskontinuität, kurz Moho, die nach einem kroatischen Seismologen benannte Schicht zwischen Erdkruste und Erdmantel, die sonst gute fünfunddreißig Kilometer unter der Erdoberfläche vor sich hin knarzt. In Oman aber schiebt sich das Mantelgestein schwarz glitzernd ins Freie, und es zu berühren frommt dem dorthin pilgernden Geologen so sehr wie dem Muselmanen das Küssen der Kaaba. Ob da nicht vielleicht auch mal eine Moses-Tafel aus dem Bauch der Erde an die Oberfläche gespült wurde?

Es gebe in der Politik enorme Schwierigkeiten, entgegnete der Schamane, da sei nämlich alles mit zionistischen Freimaurern durchsetzt, die FDP bestehe gar «ausschließlich» aus Juden. Sage man das öffentlich, würde man gleich als «Nazi» abgestempelt. Im Auge zu behalten seien auch die Rotarier und der Lions Club, welche als «zahlende Mitglieder» der Freimaurer agierten, freilich ohne etwas davon zu ahnen. Das seien Leute, die sich die Unterwerfung der Welt aufs Panier geschrieben hätten. Und wer letztlich hinter dem 11. September stecke, darüber müsse man ja wohl gar nicht erst reden.

Abends verschwor sich sogar die Sonne gegen uns, fiel hinter die Dünen und schickte taufrische Winde. Leise rieselte der Sand durch die klammen Hütten, drei Celsiusgrade und fünfundneunzig Prozent Luftfeuchtigkeit zur Morgendämmerung, da rutschte das Chakra tief in den Schlafsack. Eiskalte Astralabspaltungen. Luzide Träume von Filmteams, die uns beim Kamelreiten zuschauen, die aufzeichnen, wie wir mit blendend weißen Jeeps durch den roten Sand schlenzen. Denn Jeeps sind die echten Wüstenschiffe, sie rauschen und tuckern durchs Wüstenmeer, schwimmen Hänge hinunter und treiben eine Bugwelle vor sich her. Träume? Ist doch alles passiert!

Raschids Vater, der drei Camps weiter Rennkamele für saudische Millionäre züchtet, kam mit den langsamsten ihrer Art vorbei und gab uns Reitstunden. Sein silberner Krummdolch klapperte, als er unsere Karawane anführte. Viel freundliche Verwandtschaft brachte er mit, scheue Menschen in prächtigen Gewändern, mit denen saß man abends im Kreis und musste gleichzeitig darauf achten, ihnen niemals die Fußsohlen hinzustrecken (Affront) oder gar die gereichten Dattelmusklumpen mit der linken Hand zu futtern (Sakrileg). Sie reichten Kaffee nach Art der Omanis: schwarz, zuckerlos, mit Kardamom aufgekocht, würzig und bitter. Nach dem dritten Tässchen musste man dieses hin und her schütteln und wieder an den Gastgeber aushändigen. *Shukran!* Raschid machte vertrauliche Scherzvorschläge: Er wisse, wo man Skorpione findet; man könne sie vom Giftstachel befreien und sie dann unterm Lagertisch laufen lassen, um die Damen zu erschrecken.

Nein, zum Skorpionsuchen ist es schon wieder zu heiß. Steinadler kreisen und suchen nach den Wüstenmäusen, deren Sandspuren jeden Morgen unter dem Esstisch zu besichtigen sind. Über zweihundert Tierarten verzeichnete die Royal Geographical Society, als sie dieses Millionen Jahre alte, in sich geschlossene Sandmeer vermaß, dazu hundertfünfzig Pflanzen- und über sechzehntausend Insektenarten. Wann aber sehen wir endlich die Oryx? Die arabische Wüsenantilope? Durch Wilderei nahezu ausgelöscht war sie, bis der Sultan im Jahre 1976 ihre Wiedereinführung anordnete. Er schützt das zarte Tier wie alles hier.

Sultan Qabus ibn Said schützt sein Volk vor islamistischen Radikalisten und schickt die Frauen in Scharen auf die Sultan-Qabus-Universität; er schützt sein Volk vor Sonne, denn alle Männer im öffentlichen Dienst sind zum Tragen der *dishdasha* verpflichtet, der traditionellen weißen Kutte, die Damen hingegen dürfen unverschleiert sein; er schützt sich selbst, indem er die Medien kontrolliert und Parteien nicht zulässt; er schützt die Nase, denn er ließ «Amouage», das kostbarste Parfüm der Welt, entwickeln; er schützt sein Privatleben, indem er in einem Land, in dem Familiengründung oberste Muselmanenpflicht ist, demonstrativ als Unverheirateter lebt, was fast schon einem Outing gleichkommt; er schützt sein Amt, regiert absolut und ist in einer Person Staatsoberhaupt und Regierungschef, Außen-, Finanz- und Verteidigungsminister; bisweilen schützt er auch Arbeit vor und kümmert sich um seine vielen Residenzen, eine davon steht in Garmisch-Partenkirchen, weil dort sein Zahnarzt wohnt; er schützt die bedrohte Klangwelt, hat ein eigenes Sinfonieorchester, und auf des Sultans allerhöchsten Wunsch spielt Radio Oman vormittags ausschließlich klassische Musik.

Die Oryx hausen nun schon wieder mit einigem Erfolg in der Wüste. Aber werden auch deutsche Schamanenpriester und Klangschalentherapeutinnen, ohnehin weltweit bedrohte Arten, hier im Oman heimisch werden? Scheint so. Nachdem sich in den umliegenden Bediunencamps die Ankunft der «German doctors» herumgesprochen hat, stellen sich überraschend neue Patienten ein. Ein kleine alte, wie gedörrt wirkende Frau leidet an Migräne. Diagnose: schwere Chakren-Blockaden. Ein Zahnweh-Beduine, der, wie des Schamanen Pendeldiagnose ergab, «kurz vor dem Exitus» stand, kann mit Gaben von Belladonna und Honig wieder in die Wüste geschickt werden. Und selbst genest und genießt man auch: die Segnungen einer kundigen Mandelöl-Massage, das geübte und wohlige Durchkneten der Fußreflexzonen in der schattigen Behandlungshütte – herrlich!

Ein britisch-belgisches Expeditionsteam brummte vorbei, Bekannte von Thesiger, die sich aber nicht, wie dieser, mit Kamel und Sextant durch die Sandhaufen schaufelten, sondern mit Jeeps und GPS auf der Suche nach den *booming dunes* waren, nach den sagenumwobenen dröhnenden Dünen. Am Lagerfeuer bestimmten sie ihre Position und verorteten sich auf der Landkarte, fragten nach Pistenkreuzungen und berichteten von dem eigenartigen Naturphänomen, welches bei geeigneter Luftfeuchtigkeit, Windstärke und Sandbeschaffenheit eine Düne zum gewaltigen Resonanzboden werden lasse, zu einem rostrot leuchtenden, hallenden, brummenden und dröhnenden Sandhaufen.

Am Lagerfeuer dröhnte der Schamane: Die Teufelszahl 666 sei ja nicht nur im ASCII-Code des Namens «Bill Gates III» versteckt, sondern auch auf den Barcodes im Supermarkt häufig anzutreffen. Überdies sei ein weiterer Beweis für die Weltherrschaftsansprüche der Freimaurer ja die Initiative des Oberlogenbruders Dr. Kohl, der über dunkle Fernsehkanäle durchgesetzt habe, dass Teile der Apollo-Mondlandung in unterirdischen deutschen Fernsehstudios gedreht worden seien. Zur Belohnung habe ihn die UNO, die größte Freimaurervereinigung der Welt, eine Zeitlang auf dem Hologramm der Euroscheckkarten verewigt. Dem Volk indes habe man erklärt, der Abgebildete sei Beethoven, die Lüge sei niemals aufgedeckt worden – mehr müsse man ja wohl nicht mehr sagen.

Nein, muss man nicht. Und wie ergreifend doch die Stille ist. Wie einen schützenden Mantel umhüllt sie meinen zivilisationsmüden Ätherleib und gibt ihm Ruhe und Zuversicht. Man will ja schon gar nicht mehr weg. Worin uns Raschid nur bestärkt. Heiß mag es in der Wahiba schon werden im Sommer, aber wenigstens bleibe es trocken. In Maskat hingegen käme zu den vierzig Grad Hitze noch die Luftfeuchtigkeit von über neunzig Prozent, die der Monsun bringe. Unmenschlich sei das. «Ich hasse Maskat», sagt Raschid. Mit den Küstentypen will er eh nichts zu schaffen haben. Jahrhundertelang gab es Zwist und Krieg zwischen den Stämmen im Landesinneren, die in düsterer Abgeschlossenheit lebten, und den Klans an der Küste, die zur See fuhren, mit Sklaven, Weihrauch und Gewürzen handelten.

Was versteht man an der Küste auch schon von der Lebenskunst der Wüstlinge? Abschiedsabend im Nomadencamp: Die Bedus schlagen die Felltrommeln, tanzen wie vom Skorpion gestochen zum Rhythmus der besten Musik, fuchteln heftig mit den Kameltreiberstöckchen und rufen ein ums andere Mal: «Hatrabah!» Oder so ähnlich. Tanz, wilder Teufel, tanz! Munter qualmt der *mabakhir*, der Weihrauchbrenner, es duftet nach Luban, Sandelholz, Moschus, Rosenblättern und Myrrhe. Wasserpfeifen werden gereicht, durch die kein Tabak, sondern kokelndes Fruchtgelee inhaliert wird, das nach Erdbeerkaugummi schmeckt.

Der Schamane indes berichtet von den Segnungen des *salvia divinorum*, des mexikanischen Wahrsager-Salbeis. Außerkörperliche Erfahrungen! Man fühle sich wie frische Farbe oder wie Pommes frites. Leider spreche er als Magier und Heiler nicht darauf an, weil sein Wille zu stark sei. Er sei halt «a bissle verrückt», sagt er und saugt am Erdbeergelee. Das hat der Sultan erlaubt.

Sex-Dreaming mit Henry Miller

Die Januarsonne Kaliforniens stand gleißend über dem Pazifik und kickte die klare Luft auf Frühlingstemperaturen. Ich fuhr den Highway One hinunter, von San Francisco nach L. A. Mir war schwindelig. Lag es an den vielen Kurven, durch die der schwabbelig gefederte Chrysler schwamm wie ein betrunkener Wal? Oder doch an Henry Miller? Ich hatte seine Bücher als Reiselektüre dabei, den *Steinbock* und den *Krebs*, *Nexus* und *Sexus*, schließlich hatte er lange Zeit hier gelebt, in Big Sur, der wildesten und schönsten Ecke der kalifornischen Küste. Irgendwie war mir wohl sein überdrehtes und aufgesextes Parlando auf den Magen geschlagen.

Hundert Kurven später kehrte ich in Deetjen's Big Sur Inn ein – wo sonst? Als Mitte der dreißiger Jahre die legendäre Küstenstraße eingeweiht wurde, zimmerte der Deutsch-Norweger Helmuth Deetjen hier seine erste Hütte aus Redwood-Holz zusammen und gab Durchreisenden Obdach. Nach und nach kamen weitere Häuschen hinzu, beherbergten erst die Beatniks, dann die Hippies. Und natürlich die Schriftsteller: Jack Kerouac, Hunter S. Thompson und auch Henry Miller. Dem gefiel es hier so gut, dass er sich ein paar Meilen weiter niederließ.

«Sie wohnen in *Edy's room*», sagte die Rezeptionistin. Handyempfang, Internet oder TV gebe es nicht, dafür aber Tagebücher.

«Tagebücher?»

«Ja, Tagebücher. Unsere Gäste lieben es, ihrer Inspiration, ihren Gefühlen freien Lauf zu lassen.»

Edy's room roch nach Sauna. Bei der geringsten Bewegung knarzte die Holzhütte wie ein alter Schoner bei Sturm, also legte ich mich in die Koje. Doch weil mein Nachbar nebenan wohl von gewaltigen Sägearbeiten träumte, war an Schlaf nicht zu denken. Ich knipste das Licht an und vertiefte mich in die Tagebücher, die sich neben dem Bett stapelten.

Da feierte ein Richard in blumigen Worten das «erprobte Bett», auf dem ich gerade seelenruhig lag. Eine Kelley schrieb: «Gestern Nacht kamen wir in *Edy's Room*, vollbepackt mit CD-Player, Champagner, Liebesspielzeug und Wandersachen. Die Musik war leise, wir waren es nicht. Auch wenn der Nachbar ständig klopfte – es war unbeschreiblich. Hallelujah!» Eine Carolyn gab sogar ganz konkrete Anweisungen: «Leute! Kauft Viagra, kauft alles auf! Mein sechsundsiebzigjähriger Freund und ich, wir hatten ein *nonstop bonkfest*. Bin überzeugt, dass es da draußen schöne Natur gibt und alles, aber davon haben wir nichts mitbekommen. Er ist ein Sexmonster! *Oh my god!*» Während ein gewisser Chuck bekundete: «Heute Morgen bin ich an diesen magischen Ort an der Küste gegangen und habe die Asche von Kristy verstreut, meiner Hündin.» Und eine Tami schrieb: «Hier habe ich mit Mark, meinem Lehrer, Lover und Lebensmensch, zum ersten Mal geschlafen. Und heute, zehn Jahre später, sind wir wieder an diesem Ort, um unsere Körper» – genug! Die spinnen, die haben alle zu viel Henry Miller gelesen, dachte ich, feuerte die Tagebücher in die Ecke und knipste das Licht aus.

Oder hatten sie am Ende recht? Lebten sie nicht Millers Schriften? Ich träumte unruhig. Von schwankend schwimmenden Walen, wild kopulierenden Rentnern und greisen Sexmonstern, von sägenden Hunden und eingeäschertem Liebesspielzeug.

Am nächsten Morgen verbrannte ich meine Millers auf einem Grillplatz, verstreute die Asche in den Redwood-Wäldern von Big Sur und fuhr los, zum nächsten Drugstore. Viagra kaufen.

Capri (Italien) und
Split (Kroatien)

―――⊸⬦⬦⊷―――

Vom Schwelgen im Eis

Whiskytrinker pilgern nach Schottland, Trüffelsucher ins Périgord – wohin aber reist der Leckbedürftige, der Freund von Eis am Stiel? Natürlich nach Capri. Oder nach Split. Am besten nach Capri *und* Split. Das sind seit über fünfzig Jahren die Klassiker auf deutschen Eistafeln und noch immer die großen, verheißungsvoll leuchtenden Namen in der Welt der Stieleisesser. Wie nennt man solche Leute überhaupt? Stielies? Scheiden sie sich sogar in Untergruppen, in Splitologen und Capricionados? Ich bin jedenfalls beides und weiß es durchaus zu schätzen, dass der Hersteller Langnese Modellpflege betreibt. Deshalb schmeckt *Capri* inzwischen weniger nach Fanta und mehr nach Orange, und auch der *Split*-Vanilleeiskern ist nicht mehr mit schnödem Fanta-Eis ummantelt, sondern mit einem aromatischen Orange-Maracuja-Blend und darf sich *Cuja Mara Split* nennen.

«Nur wer leckt, der weiß, wie's schmeckt», lautet eine alte Stielie-Weisheit. Ich will die Eisprobe vor Ort machen: Was hat die Stadt Split mit dem gleichnamigen Eis gemein? Was kündet in Capri von *Capri*? Werden die beiden Gelato-Orte ihrem Ruf gerecht? Wo schmeckt das Eis am besten?

Im hochsommerlichen Split herrscht bestes, sonnig heißes Eisspeisewetter. Kroatien ist gerade Mitglied der EU geworden, und schon wird auf den Stadtbussen Splits stolz mit der «No. 1 Hühnchenwurst in Europa» geworben. Wie aber steht's mit Gefrorenem? Auf der Riva, der Hafenpromenade, ist am Wochenende alles auf den Beinen. Viel junges Urlaubsvolk. Die Boys führen Bierflaschen spazieren, die Girls schlecken Gefrorenes. Ein paar ältere Herrschaften scharen sich um Musikanten und singen aus vollem Halse: Volksweisen und Mozart-Arien von polyphoner Pracht. Mit Eis in der Hand. Das motiviert. Denn während meiner Recherchen will ich mich ausschließlich von Eis ernähren. Wennschon, dennschon.

Gleich am ersten Kiosk wühle ich mich durch die Eistruhe. Merkwürdig. Eigentlich ist ja alles da: bunte Wassereiszapfen, konische *Cornetto*-Kopien, *Magnum*-Imitate, sogar ein *Milka*-Eis in Schokoladentafelform, auch viele Kombi-Eise mit Vanille – aber kein *Split*! *No Split* in Split? Irritiert schnappe ich mir gleich zweimal irgendwas mit Schoko: *Snjeguljica*, was wohl so viel wie «Schneewittchen» heißen soll, wenn ich die Eistafel des kroatischen Herstellers Ledo richtig deute, und *Macho*, eine Art *Nogger*-Nachbau.

Ich eisspeise beidhändig, mal rechts, mal links mit der Zunge größere Schokoglasurabbrüche verhindernd. Das Schneewittcheneis schmeckt nicht wirklich märchenhaft, der *Macho* hingegen punktet mit mächtiger Nougatnote. Mein Schritt ist federnd, fast juvenil. Stieleis macht irgendwie jung. Woran liegt das? An den verschmierten Fingern, mit denen ich die Hölzchen halte? An den schnullerartigen Lutschobjekten? Am infantilen Gesichtsausdruck beim Nuckeln? Was auch immer – Stieleisessen macht definitiv glücklich. Und zwei Eise machen doppelt glücklich. Ich denke an all die Schleckeise, die ich mir früher nicht leisten konnte. Auf dem Normalmarkt kostete *Capri* fünfzig Pfennig, *Split* sechzig, beide im mittleren Preissegment angesiedelt. *Capri* war solider Mittelstand, quasi der Opel Kadett der Eislutscher, *Split* ein diskreter Luxus; *Nogger* hingegen war unerschwinglich. Wer sich einen noggerte, der hatte es geschafft.

Mit klebrigen Fingern irre ich durch die antiken Gassen der alten Palaststadt. Wahrscheinlich ist Split die belebteste Römerruine der Welt. Hier, in seiner alten Heimat, baute sich der römische Kaiser Diokletian mit zusammengeraubten Riesenquadern aus Luxor eine gigantische Palastanlage an die Küste. Warum? Weil es hier das bessere Eis gab? Höchste Zeit, vom Fabrikeis zum Hausgemachten zu wechseln!

Überall, drinnen wie draußen, stehen Kühltheken, randvoll mit kunstvoll modellierten und garnierten Eisbergen: bunte Ananasgesichter, üppige Pistazieneishügel, bestreuselte Schokoklötze. Die Sorten zeugen von unbeschwerter Entdeckerfreude, sie heißen *Napolitana, Monchery, Schwarzvald*. Viele sind selbstgerührte Spin-offs erfolgreicher Markenprodukte, die es ohnehin schon als Eisriegel gibt: *Snickers, Bounty, Kitkat*. In manchen Geschäften drehen sich sogar futuristische Waschtrommeln, gestopft voll mit den schrillsten Eissorten. Da ich den ganzen Tag noch nichts Richtiges gegessen habe, nehme ich einen Riesenbecher mit *Kinder-Pingui, Kinder-Bueno, Jaffa Cake*, eine Kugel Zitrone und, aus Farblichkeitsgründen, *Tutti Frutti*. Das Eis ist cremig, sehr fett und extrem süß. Die Fruchtsorten sind von beneidenswerter Künstlichkeit. Bei uns gibt's so was gar nicht mehr. Man hat den Geist des Split-Eises – die ungewöhnliche Kombination – also durchaus weitergedacht. Aber warum gibt es in Split kein Split?

Professor Zdravko Banovic weiß Antwort. Er sitzt vor seinem kleinen Lokal in der Šperun ulica am anderen Ende der Riva, saugt Rauch aus einer silbernen Zigarettenspitze und unterhält sein Publikum live und simultan in fünf Sprachen. Ratlosen Eisforschern hilft er gerne weiter. Nachdem ich ihm den legendären Split-Eislolli genau beschrieben habe, sagt er: «Das ist doch klar, warum der Split heißt – weil er zweigeteilt ist: Vanille und Orange. Mit unserer Stadt hat das gar nichts zu tun.»

Hätte ich da nicht selbst drauf kommen können?

Dass man Eis hinterherforscht, könne er aber gut verstehen, meint der Professor. Schließlich erinnere er sich noch sehr genau, wie er 1956, als Zwölfjähriger, mit den Eltern nach Zagreb gereist sei. Dort habe es das erste Stieleis Jugoslawiens gegeben, eine ungeheure Errungenschaft der aufblühenden sozialistischen Planwirtschaft. Mit den großen Augen eines Zwölfjährigen strahlt er mich an: Ein ganz einfaches Vanille-Milcheis sei das gewesen – für ihn jedoch ein unbeschreiblicher und bis heute unvergessener Genuss. Dergleichen gab es sonst im ganzen Land nicht. Weil es aufgrund der nicht minder blühenden sozialistischen Misswirtschaft keinerlei Gefriertruhen gab.

Dankbar verabschiede ich mich und ziehe noch mal zum Palast. An einem Kiosk neben dem Jupiter-Tempel angle ich mir ein kunterbunt gedrehtes *Kontiki*-Fruchteis aus der Truhe und zum Abschluss ein rosarotes *Rumenko*. Das *Kontiki* tut gut bei der Hitze, es schmeckt annähernd so gut wie Dosen-Obstsalat, wobei unklar bleibt, wonach genau der grüne Eisstrang schmecken soll. Nach Waldmeister definitiv nicht. Das anfangs noch krustige, dann aber schnell schleimig werdende *Rumenko* setzt einen hauptsächlich süßen Schlusspunkt. Nun nichts wie ab nach Capri!

Seit der deutsche Dichter August Kopisch 1826 beim Schwimmen die sagenhafte Blaue Grotte entdeckte, hat der ewig sonnige Felsbrocken im Golf von Neapel einen festen Ankerplatz im grauen deutschen Gemüt. Wir haben die Fischer der Insel besungen, schnittige Siebziger-Jahre-Autos nach ihr benannt, ihre Sonne in Plastikgetränkebeutel gefüllt – und Deutschlands bekanntestes Eis am Stiel nach ihr benannt. Aber schätzt man das auch auf Capri selbst?

Sofort nach Ankunft am quirligen Hafen stöbere ich in der

ersten Truhe nach billigem Orangen-Wassereis. Aber nichts da – kein Capri, niente! Nur Cola-, Minze- und Zitroneneis. Ich entscheide mich für *Jack Lemon* – und bin spontan begeistert: diese Konsistenz! Mundfüllender Zitronengeschmack als hart-herber Eispanzer über einem geschmeidig süßen Sorbetkern. Ein Aroma, zwei Aggregatzustände, das Gegenteil von Split sozusagen – eine echte Überraschung.

«Limone! Sempre limone!», sagt der Taxifahrer, als er mich von der Marina Grande, dem Hafen, auf die andere Inselseite bringt und ich nach seiner Lieblingseissorte frage. Zitrone natürlich. Obwohl – *Fantasia di Capri*, das sei auch nicht schlecht, meint er, aber das gebe es nur bei Buonocore, der besten Eisdiele der Insel. Sie sei ganz einfach zu finden: zur Piazzetta gehen, dem Hauptplätzchen Capris, und dann immer der Nase nach.

Kaum aus dem Taxi geklettert, wird es eng: Auf der Piazzetta sind bereits zur Mittagszeit die Stehplätze knapp. Tagestouristen warten in endloser Schlange auf die Abfahrt des nächsten Funicolare, der sie wieder hinunter zur Fähre und zurück aufs Festland bringt. In den engen Gässchen wartet glimmernder Luxusschnickschnack auf gelangweilte Kunden, die Herrenhemden in den Schaufenstern sind so bunt wie die Eissorten. Plötzlich erreicht mich der sirenengleich lockende Duft frischgebackener Waffeln. Er führt mich geradewegs zur nächsten Schlange – die der Wartenden vor Capris bester Eisdiele.

Giovanna Buonocore ist irgendwo in ihrer kleinen Gelateria und überall gleichzeitig. Während sie eben noch kassiert, telefoniert und Kindern den eisverschmierten Mund sauber gewischt hat, steht sie nun schon wieder hinter der Kühltheke und modelliert mit dem Eisspatel pittoreske Häufchen auf warme Waffeln. Gemeinsam mit ihren Geschwistern stellt Giovanna allerlei süße und salzige Delikatessen her und natürlich vor allem: Eis. Das britische Luxuskaufhaus Harrods wollte *Gelato di Buonocore* schon in seinen Filialen anbieten – doch die kleinen Eismaschinen des Familienbetriebs gaben solche Mengen nicht her.

Bereits als Kind stand Giovanna an den Eismaschinen, die sie mit Früchten aus dem eigenen Garten befüllt, mit Aprikosen, Feigen und Zitronen. Letztere enden in weiß schimmernden Gelato-Gletschern von maximaler Köstlichkeit, Süße, Säure und Herbheit halten sich kunstvoll die Waage. Waren es 1972, als die Eltern das Eiscafé eröffneten, noch neun Sorten, sind es heute an die fünfzig, die im Rotationssystem auf die Hörnchen kommen. Neben den Klassikern ist ihre *Fantasia di Capri* der Renner, eine sahnige Vanille-Mandel-Karamell-Kombo. Ein paar Flops gab es freilich auch: Das *Rice-Crispie*-Eis lief nicht gut, um das Lakritzeis machten die Leute einen Bogen – und das Parmesankäse-Eis wollte auch keiner wirklich haben. Dabei schmeckte es, wie sich Signora Buonocore sehr diplomatisch ausdrückt, «ziemlich interessant».

Während sie so redet, wischt und modelliert, reicht sie mir unaufhörlich Proben ihres kalten Könnens. Ihr persönlicher Favorit: Maulbeere und *Baba au rhum* mit Sahne. Ich ordere von allem noch mal die dreifache Menge nach. Ob sie denn auch manchmal ein Stieleis äße, frage ich. «Aber natüüüürlich», lacht sie, «am Strand zum Beispiel. Zum Strand gehört unbedingt ein Eis am Stiel!» Für ein Orangeneis namens Capri hat sie allerdings keinerlei Verständnis. «Orange ist kein guter Eisgeschmack! Allenfalls Mandarine. Am besten ist aber Zitrone, das ist der Geschmack Capris.» Spricht's und zieht hinter der Theke eine kleine Gebäckkugel hervor, ein Caprilú, den Stolz des Hauses. Eine köstliche Kugel aus Mandelmus, Zucker und Zitrone.

Das macht Lust auf mehr, auf etwas Herzhaftes. Ich lasse mir von der Signora einen Brioche servieren, eine sizilianische Spezialität: aufgeschnittenes Hefegebäck, drei reingedrückte Eisportionen, Schokoladensauce darüber, Deckel drauf – fertig. «Danach werden Sie vier Wochen kein Eis mehr essen können», sagt sie lachend und verschwindet wieder hinter der Eistheke.

Bestens gestärkt eiskugle ich die steile Via Krupp hinunter zur Marina Piccola. Die berühmten Faraglioni-Felsen ragen aus dem Wasser wie petrifizierte Stieleise. In tiefstem Türkisblau leuchtet die See. Ich hole mir ein *Tropical*, Signora Buonocores Lieblings-strandeis: ein rosagelbgrün schimmernder Wassereisprügel von atemberaubender Künstlichkeit. Nicht schlecht. Dann lege ich noch ein Schiebeeis nach, *Push up with Haribo*, mit Gummibär-chen im Plastikstiel.

Ich schaue mich um. Eine kleine Anlegestelle auf einer Felsen-insel, zwei Strandbäder mit leeren Liegen, dazwischen kleine Kie-selstrände mit aufgekratztem Badevolk, sommerbraun gebrutzelte Bambini werden von ihren Eltern mit Eis kaltgestellt. Der von Ril-ke einst bedichtete Feigenbaum ist nicht mehr da, er musste wohl Eisbuden weichen. Macht aber eigentlich nix. Hätte es damals schon das *Tropical* gegeben, Rilke hätte es garantiert bedichtet: *Uraltes Wehn vom Meer / Im Eisstiel blinkt der Gummibär / O wie füllt dich ein / schmelzender* Push up Haribo */ da unten im Sonnen-schein.* Oder so ähnlich. Bin ich eigentlich noch bei Verstand? Ich muss versuchen, mal an etwas anderes zu denken als an Eis.

Zum Beispiel an Sex. Warum eignet so vielen Stieleisen etwas unverhohlen Sexuelles? *Flutschfinger, Push Up, Brauner Bär* und der notorische *Ed von Schleck*. Wie war seine Parole? «Schlecken, Schieben, Action, nur das bringt Satisfaction» – und das gab es an jeder Straßenecke zum jugendfreien Oralverkehr? Ginge das heu-te noch durch? Müßige Fragen. Ich lege mich hin, mein Körper scheint irgendwie ungelenkig geworden zu sein. Bin ich innerlich bereits vereist?

Über der drängenden Frage, warum es eigentlich kein Waldmeistereis mehr gibt, dämmere ich weg. Mittagsschlaf. Träume von *Himbi, Happen* und *Caretta*. Gemeinsam mit dem Helden *Banana Joe* reite ich auf einem *Grünofant* durch die *Big-Nut*-Wälder von *Zonga*, um den *Braunen Bär* zu jagen. *Biene Maja* und *Kermit* begleiten uns, die Vorräte sind knapp: nur noch *Berry, Cola Pop* und ein *Tschisi* in der Truhe, und *Miami Flip* ist noch weit. Doch da! Am *Kilimandscharo* warten schon *Pumuckl* und die süße *Granita*, um uns mit *Calippo, Cortina, Solero* und *BallaBalla* zu versorgen. Wir müssen nur noch einem *Twister* aus *Bottermelk fresh* ausweichen, dann ist der Weg nach *Abraxas* frei. Doch plötzlich explodiert die Sonne am Horizont als gewaltige Eisbombe und –

Benommen wache ich auf. Durch meinen Kopf rauschen alle in Zukunft noch zu bezwingenden Eissorten. Was habe ich da gerade aus dem Eispanzer meines Unterbewusstseins gesprengt? *Abraxas*? Diesen caprigrottenblau leuchtenden Vorgänger des Schlumpfeises – kennt den eigentlich noch jemand? Er leuchtete nur einen Sommer, dann verschwand er wieder aus den Eistruhen.

Wo sind überhaupt die Eistruhen? Schon alle geschlossen? Mist. Es ist kurz vor Dämmerung, der Strand ist menschenleer. Komisches Gefühl in der Magengrube. Schon lange kein Eis mehr gehabt. Aber will ich hier überhaupt noch eins? Capri und Split sind eindrucksvolle Orte – aber was das bessere Eisziel ist, kann man kaum sagen, so wie man Äpfel nicht mit Birnen vergleichen kann. Steht das eine für Reinheit, Purismus und Sorbet solo, steht das andere für Reichtum, Barock und Kombi.

Und je mehr bei Capri die rote Sonne im Meer versinkt, desto klarer wird mir, dass meine Eis-Expedition hier nicht enden darf, nicht enden kann und nicht soll. Schon ragt ein neuer Eisberg aus den Tiefen meiner Erinnerung: *Dolomiti* – dieses unbeschreiblich dreizackige Dolomiti, das allerbeste Schleckeis überhaupt und von der ganzen Welt! Mit seinem herrlich künstlichen Aromenakkord aus Zitrone, Himbeere und Waldmeister – wie lange gibt es das schon nicht mehr? Ein Lebensmittelforscher hat mir mal erklärt, dass dieses Eis heute unters Chemiewaffenkontrollgesetz fallen würde, wegen der krassen Farbstoffe und Aromen. Mir hat es jedenfalls nicht geschadet.

Nichts wie los – hinaus ins ewige Eis, in die Dolomiten! Vielleicht gelingt es mir ja, irgendwo in einer gottverlassenen Eistruhe eines aufgegebenen Bergdorfes das letzte noch lebende *Dolomiti* zu erlegen. Ich werde es finden.

Rauchbotschaften

Viel einfacher und letztlich doch viel schöner, als ohne Sauer-stoffgerät alle Achttausender dieser Welt zu erklimmen, ist es, sämtliche Dächer abgewickelter US-Botschaften zu besteigen. Nicht nur, weil man mit diesem Programm wesentlich schneller durch ist – um die Immobilie der ehemaligen Bonner Ami-Bot-schaft wird noch verhandelt, die in Ho-Chi-Minh-Stadt ist ver-rammelt und auch nicht zugänglich –, nein, es macht auch viel mehr Spaß.

Erst recht, wenn man in Havanna weilt, sich ins Zentrum der Altstadt aufmacht, den Touristenkorridor Calle Obispo entlang-trottet zur Plaza de Armas, am ehemaligen Gouverneurspalast vorbeigeht und das Gebäude rechter Hand, an der Südseite des Platzes, betritt: die ehemalige Amerikanische Botschaft in Kuba. Heute beherbergt der eher triste Bau neben einer Galerie und ei-ner gut ausgestatteten Bibliothek das naturgeschichtliche Museum und, auf dem Dach, die Cafeteria «Mirador de la bahia».

Fertigmachen zum Aufstieg! Teilnahmslos schaukelt einen die Fahrstuhlmadame fünf Stockwerke höher, man betritt die kleine Freiterrasse und: staunt! Rastlos scannt die Netzhaut das Croquis, kreiselt der Blick über Fidel Castros dampfendes und dümpelndes Havanna nebst sanft schwappender Hafenbai. Vom Leuchtturm der Festung El Morro, der die Hafeneinfahrt markiert und der mit etwas Glück bis nach Florida funzelt, nach links zum Torre del Sol, dem Sonnenturm des Hotels Sevilla, in dessen sechstem Stock zu Zeiten des verschärften Hochkapitalismus Al Capone mit seiner Entourage fette Orgien zu feiern pflegte, bis hinüber zum Kuppelbau des Kapitol-Nachbaus. Genau hundertvierzig Grad weiter, jenseits des riesigen Hafenbeckens, in dem sich Rostkübel dubioser Provenienz ein Billigflaggenstelldichein geben, flammt eine Fackel. Nicht die der Freiheit, nur die der Abgase einer Ölraffinerie.

In rhythmischen Abständen werden auch anderswo pechschwarze Rauchballons in den karibikblauen Himmel entlassen. Höchste Zeit, nun selbst das ortsübliche Sauerstoffgerät zu entzünden: die frischgerollte Havanna. Piff, paff! Sogar die unvermeidliche Salsaband ist der Majestät des Ortes gewahr und lässt ihre *Chan-Chan*-Version erstaunlich maestoso aus den Boxen plätschern. Freilich ist der Havanna-Tourist auch hier gesetzlich verpflichtet, sich dem Staatsgetränk Nummer eins, dem Mojito, hinzugeben. Kein Wunder – Hemingways Stammhotel, das «Ambos Mundos», liegt nur eine Straße weiter. Ob der alte Mojito-Vernichter ahnte, dass der Ausblick hier noch einen Tick prächtiger kommt als der aus seinem Hotelzimmer? Ob er die Pfefferminzblätter nach dem Cocktailschlürfen aufaß?

Müßige Gedanken in Müßiggangumgebung. Ich habe alles weggeguckt, mählich wird's auch finster. Der Mirador macht dicht. Also Abstieg. Die letzten Besucher der vietnamesischen US-Botschaft haben 1975 das Dach mit Hubschraubern verlassen. Da habe ich's doch viel einfacher. Ich wecke die Fahrstuhlmadame und überlege, welche Botschaft mir jetzt noch fehlt. Wissen Sie's? Antworten bitte nicht an mich.

Finnland

Lufttangokönig für
eine helle Nacht

F ühren!», rief der Mann im dunklen Anzug. Sein sorgsam ge-
trimmter Schnauz bebte vor Erregung. «Der Mann führt immer beim Tango!» Åke Blomqvist war unzufrieden. Nein, dafür
war er nicht der legendärste Tanzlehrer Helsinkis geworden, dass
er nun mit seinen sechsundachtzig Jahren einem Kretin den finnischen Nationaltanz beibringen musste. «Mit Gefühl! Und kleinen Schritten! Nicht marschieren wie ein deutscher Soldat!» Er
rang sich ein Lächeln ab. «Tango ist Gefühl, man tanzt ihn mit
dem Herzen!»

Er drückte mich fester an den Busen seiner Gattin, in deren
Klammergriff ich übers Parkett der Tanzschule Blomqvist im Süden Helsinkis eierte. «Wenn Sie auf dem Tangomarkt in Seinäjoki
aufgefordert werden, dann müssen Sie tanzen können», fauchte
sie und schob mich weiter.

«Vielleicht hätte ich vorher was trinken sollen?»

«Wir mögen es nicht, wenn der Mann mit Fahne tanzt», erwiderte Leena Blomqvist. «Er sollte zumindest so nüchtern sein,
dass er beim Tanzen nicht mehr als die Hälfte der Zeit auf den
Zehen der Dame herumtrampelt.»

Doch wie ich auch schritt – ich fand nicht den Tritt. Warum
hatte ich keine Sensoren für die Mysterien des finnischen Tangos?
Hatte ich die falschen Gene? Nach zwei weiteren schlechtgeführ-
ten Runden war die Tanzstunde beendet. Ob mir der argenti-
nische Tango vielleicht leichter fiele? Åke winkte ab: «Nein, da ist

kein Gefühl dabei, das ist Angeber-Akrobatik. Da rechnet man nur die ganze Zeit.»

Seine Gattin tröstete mich: «Wenigstens waren Sie nicht betrunken. Ganz im Gegensatz zu den meisten finnischen Männern. Nüchtern sind die nämlich völlig gehemmt und kontaktscheu.» Viele mieden sogar den Augenkontakt, ergänzte Åke, und Händeschütteln sei für Finnen fast schon so was wie Geschlechtsverkehr. Da sei der Tango oft die einzige Möglichkeit, überhaupt Kontakt zur belebten Welt zu finden.

Damit endete meine erste Berührung mit der Tangowelt. Ich entschuldigte mich bei Leena für die neuen Hühneraugen, und beim Hinausgehen zeigte mir Åke noch, wie ein Herr einem anderen richtig die Hände schüttelt: nämlich entschlossen, sportlich und etwas länger als gedacht. Schon nach kurzem Üben konnte ich mich stilgerecht von ihm verabschieden.

In Helsinki tanzte selbstvergessen der große skandinavische Sommer, hell und warm und frisch zugleich. Die Straßen waren leer, die Parks, die fast ein Drittel der Stadtfläche ausmachen, voller Menschen. Im Alppipuisto-Park, nördlich des Stadtzentrums, stand im Schatten einer hohen Felswand ein weißer Hase. Auf einer Festivalbühne. Er spielte auf einem schwarzen Banjo und wurde von einer Katze am Akkordeon begleitet. Das waren Gommi und Pommi, die kannte in Finnland Jung und Alt aus dem Kinderfernsehen. Vor der Bühne tanzten zwei tätowierte Rocker Tango zur Gommipommi-Musik und lachten. Kontaktscheu schienen sie nicht zu sein.

«Ja, Åke ist ein tüchtiger Mann, er tut alles für den Tango», sagte der Hase nach dem Konzert, stieg verschwitzt aus seinem Kostüm und verwandelte sich wieder zurück in M. A. Numminen, den originellsten Musiker und berühmtesten Kulturschreck Finnlands. In Turku lehrt er trotz seiner zweiundsiebzig Jahre noch immer Soziologie und Philosophie, spricht fünf Sprachen, spielte schon als Schuljunge in der Kapelle des großen Tangomeisters Unto Mononen, komponierte das *Nordische Tango-Oratorium*, vertonte Wittgensteins *Tractatus logico-philosophicus* mit der von ihm entwickelten «speziellen Krächz-Stimme», und sein legendärer Tango *Ich mit meiner Braut im Parlamentspark* von 1966 stand wegen angeblicher Anstößigkeit jahrelang auf dem Index.

«Das Hasenkostüm ist nicht meine bevorzugte Rolle», sagte er und ordnete seine imposante Wischmoppfrisur. Er sprach ein eigentümlich gebildetes Deutsch. «Wir können nun in ein Lokal gehen, das übersetzt ‹Müllkippe› heißt, aber es ist nicht sehr hochrangig. Meistens ist dort Saufen. Wir können aber auch in mein Lieblingsrestaurant ‹Elite› gehen, ich bin nämlich *mies elitese* – der Elite-Mann.» Wir verabschiedeten uns von Pedro Hietanen, der Akkordeonkatze, und gingen elitär einen trinken.

Warum der finnische Tango so traurig sei, fragte ich ihn. Numminen nippte an seinem Portwein, lächelte und sprach: «Wir Finnen werden fröhlich, wenn wir Melancholisches hören. Der Tango gibt mehr Hoffnung als Depression.» Der Experte klärte mich über die Geschichte des Finntangos auf und erzählte von Toivo Kärki: «Er ist der Vater unseres heutigen Tangos. Er nahm die Modemusik aus Argentinien, verrührte sie mit deutschem Marschtritt und slawischer Romantik zum Finn-Tango. Der schönste Tango überhaupt stammt von Unto Mononen, er heißt *Satumaa*, Märchenland.»

Wenn Numminen vom Tango erzählte, klang das selbst wie ein Märchen: Es handelte von merkwürdigen Waldbewohnern, die es nach langen Wintern aus ihren Saunen überall im Land auf die Tanzböden trieb, um im Tangoschritt den Sommer zu feiern. Das größte Fest von allen sei der Tangomarkt in Seinäjoki. «Er ist das größte Tangofestival außerhalb des Argentiniens. Diesen Ort sollten Sie bereisen», sagte der Elite-Mann und nahm einen Schluck aus dem Portweinglas.

Viele Schlucke später schüttelte ich Numminen vorbildlich die Hand. «Ob Sie da oben im Norden der Tango ereilen wird, ist nicht garantierbar», sagte er. «Bei manchen macht es Parbleu! – und der Tango hat sie erwischt. Bei manchen allerdings auch nicht. Machen Sie unterwegs Station in Tampere, dort besichtigen Sie bitte das Lenin-Museum, es ist das einzige außerhalb des Russlands. Vielleicht finden Sie dort einen Aufschluss, ob Lenin ein Tangotänzer war.» Dann entschwand der wundersame Mann in Richtung Müllkippe.

Ich rauschte nach Norden, vorbei an Birken, Fichten und Föhren, und hörte die CDs, die Numminen mir mitgegeben hatte. Trauriges Timbre troff aus den Lautsprechern, und ich bildete mir ein, allmählich zu verstehen, warum dieses Land einerseits die niedrigste Geburten- und die höchste Selbstmordrate Europas hatte, andererseits aber auf der Liste der glücklichsten Staaten stets auf den vordersten Plätzen landete.

In Tampere, der drittgrößten und, wie viele sagen, schönsten Stadt des Landes, inmitten großer Seen gelegen, ging ich weisungsgemäß ins Lenin-Museum. Es war in einem tristen Gebäude der Jahrhundertwende untergebracht, in dem der Revolutionär 1905 persönlich gesprochen hatte, als Finnland noch russisch war. Vielleicht hätte er vor Freude getanzt beim Anblick der mediokren Memorabilien, die ihm die Nachwelt gewidmet hatte: Lenin auf Banknoten und Briefmarken, Lenin auf Tellern und Tassen, Lenin als Getreidekörner-Mosaik. Prunkstück der Ausstellung war ein grünes Sofa mit Umklapplehnen, auf dem nachweislich sowohl Lenin als auch Maxim Gorki übernachtet hatten, allerdings nacheinander. Als ich den Museumspfleger fragte, ob Lenin auch

Tangotänzer war, lachte er mich nur aus. Ich war einem Scherz Numminens aufgesessen.

Am Abend war ich mit Markko, einem dicken Finnen, zur Gartensauna verabredet. Ein junger Schwede, der seltsamerweise aussah wie ein Wiedergänger Lenins, begleitete uns. Markko war Vorsitzender der Saunagesellschaft von Tampere und liebte diese öffentliche Sauna, eine leicht angestoßene Holzhütte aus den vierziger Jahren, in welcher der Saunaofen munter vor sich hin glühte. Wir saßen im Männerabteil, die Frauen saunierten der Landessitte gemäß getrennt, und Markko goss unaufhörlich nach – Wasser in den Ofen und Bier in seinen Körper. Wie glühende Lava lief uns der Schweiß den Leib hinab.

Im Garten war es viel angenehmer. Dampfend saßen wir unter sanft sich wiegenden Birkenästen, dicke und dünne Finnen pflegten ihr klangvoll unverständliches Idiom, fast konnte man von Geselligkeit reden, und Markko goss weiter Bier in sich hinein. Der Vorsitzende war Anhänger der Ionen-Theorie, die postuliert, dass elektrisch beheizte Saunen schädliche positive Ionen in die Luft entließen und deshalb abzulehnen seien. Während er mir dies erzählte, schaute er mich nicht an. Dafür fixierte mich Lenin derart verschwörerisch, dass ich nicht zu widersprechen wagte. «Kippis!», sagte Markko, Prost! Und leerte sein Bier. Dann gingen wir wieder rein, um uns kaputt zu schwitzen.

Am nächsten Tag lag meine Körpertemperatur noch immer bei gefühlten achtundvierzig Grad. Weiter ging es nordwärts, durch endlose Wälder, vorbei an Föhren, Birken und Fichten und Hunderten von Elchwarnschildern. Immer wieder blitzte einer der 187 888 offiziell gezählten Seen auf, die Finnland sprenkeln. Manche schimmerten wie ein riesiges Silbertablett, auf dem viele kleine Binneninseln serviert wurden.

Seinäjokis Straßen waren gesäumt von Wohnmobilen und

Campingwagen, der «Tangomarkkinat» war schwer im Schwange. Endlich fand ich die Halle, in der das Finale des Tangokönig-Wettbewerbs über die Bühne ging. Leider verstand ich die finnischen Songtexte nicht, doch das war kein Problem. «Höre einfach, was die Musik dir erzählt», hatte Numminen mir geraten. Also spitzte ich die Ohren.

Als Erster trat eine Art singender Schornsteinfeger auf, ganz in Schwarz. Er knödelte eine strenge Tangoballade, die vermutlich davon handelte, dass er als angehender Schornsteinfeger wohl nie ganz in Weiß heiraten könne. Nun hob eine Kurzhaarbrünette, Typ unschuldige Schönheit, mehrfach kunstvoll die Arme, sie schien entweder von Lampions in der Nacht zu singen oder aber von entlaufenen Tieren, so genau konnte ich das nicht heraushören. Sie wurde von einem singenden Elektriker abgelöst, der wohl davon sang, dass er drei Hobbys habe: Frauen, Frauen und nochmals Frauen. Ein sehr junger Mann aus Turku trällerte eine Nummer mit dem Refrain «Tango, Tango, tä-hättätää». Wahrscheinlich teilte er mit, dass ihm praktisch alles egal sei, solange er nur «Tango, Tango, tä-hättätää» singen durfte. Am Ende gewann schließlich Mervi Koponen, eine Automechanikerin aus Tampere, die in einem Kleid aus merkwürdig gerafftem Vorhangstoff offenbar davon sang, wie schwer es doch heutzutage sei, einen guten Schneider zu finden. Unter pompösem Getöse wurde sie zur offiziellen Tangokönigin gekürt.

Als ich die Halle gegen elf Uhr nachts ergriffen verließ, stand noch immer die Sonne am Himmel. Ich stürzte mich in das Getümmel des Tangomarkts. Einmal im Jahr verwandelte sich die Kirkkokatu, die Kirchstraße, zur Tangokatu. Musik spielte, säuselte und wummerte von Bühnen, aus Festzelten und Tanzpavillons, viel Tango, aber auch Disco und Rock.

In der Bierausgabeschlange stand ich plötzlich hinter dem

Schornsteinfeger. Ich wollte ihm zu seinem schlechten Abschneiden kondolieren, doch er war gar nicht traurig. Eigentlich sang er ja in einer Metalband, doch das war für ihn kein Problem. «Tango ist hart und traurig, genau so wie Metal – beides geht übers Herz», sagte der Schornsteinfeger und machte mich mit einem ehemaligen Tangokönig bekannt, der gerade vorbeiwankte. Brav machte ich einen Knicks, dafür schob mir der König eine Portion *snus*, schwedischen Lutschtabak, unter die Lippe. Daran solle ich mal schön nuckeln, sagte die musikalische Majestät und wankte weiter. Der Nikotinstoß katapultierte mich auf eine endlose Nachtumlaufbahn.

Ich stopfte mehrere Handvoll *muikku* in mich hinein, kleine frittierte Fische, und zog mit den Nachtschwärmern von Stand zu Zelt und Zelt zu Stand. Die Kleiderordnung changierte zwischen Freizeithorror und Ascot, karierte Dreiviertelhosen zum gestreiften Shirt, Cowboyhut und Netzhemd, Katzenshirt und Polkadots, Shorts, Crocs und Pepitahut – und das alles an nur zwei Personen. Ich war schwer beeindruckt. Die unumstrittenen Royals waren die Tangokönige und -königinnen der Vorjahre, die immer wieder auf Tanzflächen und Gesangsbühnen auftauchen, sangen und tanzten.

In einem kleinen Festzelt spielte sich Merkwürdiges ab: Menschen tanzten alleine vor sich hin, aber mit ausgestreckten Armen, als würden sie einen unsichtbaren Partner führen. Hochkonzentriert. Auf einem Transparent an der Hallendecke stand: «Lufttango Semifinale». Der strahlend blonde Tanzmeister, der die Musik auflegte, fragte mich, ob ich mittanzen wolle. Sein Name sei Sami, er sei der Erfinder des Lufttangos. Man tanze numerisch gesehen zwar allein, jedoch mit einem imaginierten Partner und habe daher eine schier unbegrenzte Auswahl an gutaussehenden Tanzpartnern – und denen müsse man nicht mal in die Augen blicken.

Ich war begeistert und schaute zu. Pomadisierte Schwerenöter schoben imaginierte Sexbomben übers Parkett, fulminante Finninnen gaben sich der eingebildeten Führung eines nüchternen Argentiniers hin und bogen sich kunstvoll nach hinten durch. Satumaa, tä-hättätää. Es war wie in einem bizarren Tango-Märchenland. Bis auch der letzte Bierstand schloss.

Das Frühstück in Form eines Bagels mit Rentierfleisch machte mich sofort wieder schläfrig. Erst der Nachtisch, ein gelb-schwarzes Lakritzeis, das wesentlich gefährlicher schmeckte, als es aussah, brachte mich nach vorn. Die ganze Stadt war voller Buden und kleiner Bühnen, in denen getanzt und gesungen wurde. Rot und grün leuchteten die Marktstände, kistenweise wurden Erdbeeren und Erbsen verkauft. Erst wenn man die kleinen süßen Murmeln aus der Zuckerschote schälte und knabberte, dann war Sommer in Finnland.

Vom Tangomarkt mal abgesehen, gab es in Seinäjoki wohl nichts zu entdecken – dachte ich. Bis ich im Stadtinneren auf eine architektonische Sensation stieß: Das ausgewucherte Kaff besaß das einzige komplett von Alvar Aalto gestaltete Stadtzentrum der Welt! Der legendäre Architekt, Designer und Wegbereiter des organischen Bauens stammte nämlich exakt aus dieser Gegend. Ende der fünfziger Jahre baute er, damals heillos großspurig für die kleine Ortschaft, ein Ensemble von Kirche, Stadthalle, Bibliothek und Theater, federleichte, fast fliegende Betonskulpturen, alles im Topzustand, im Inneren mit Tischen, Stühlen, Lampen, Klinken vom Meister selbst ausgestattet. Die schwungvollen Formen der Aalto-Vasen schienen Tango zu tanzen.

Inzwischen hatte auch der Tangomarkt den Betrieb wiederaufgenommen. Ich trank ein wenig Bier, aß noch ein Zitrone-Lakritze-Eis und fühlte mich immer wohler, auch weil ich plötzlich viel Finnisch verstand. Worte wie *kapellimestari* und *tanssikurssi* kamen mir ganz selbstverständlich über die schwarz-gelben Lippen. In krasser Selbstüberschätzung meldete ich mich erneut bei einem Tanzkurs an. Eine zierliche Blondschopf-Dame tänzelte auf Stöckelschuhen Tango vor: *Yksi, kaksi, lähestyi* – eins, zwei, ran.

Weil ich nicht rechtzeitig flüchtete, wurde ich mit einer Matrone aus Turku verkuppelt. Ich schob sie nur kurz übers Parkett, dann sagte die Tanzlehrerin: «Du musst führen, junger Mann! Tango ist wie Gehen, man muss immer nur den Fuß wechseln.» Das ließ ich mir nicht zweimal sagen, schützte einen wichtigen Termin vor und wechselte die Füße, so schnell ich konnte. Ich war wohl doch ein hoffnungsloser Fall.

Stunden später fand ich mich wieder beim Finale der Lufttango-Meisterschaft. Sami hatte mir einfach eine Nummer verpasst. Jetzt war mir schon alles egal. Ich rekapitulierte die Schrittfolge, die Åke Blomqvist mir eingehämmert hatte, dachte mir eine Frau aus und legte zaghaft los.

Parbleu! Auf einmal klappte das mit dem Tango!

«Satumaa», sang die Stimme von Unto Mononen, ich fühlte mich wie im Märchenland, atmete positiv ionisierte Waldluft und fegte schwungvoll über die Tanzfläche. Åke konnte stolz auf mich sein – vorbildlich führte ich meine imaginäre Partnerin, eine federleichte, weizenblonde finnische Schönheit, vor mir her, ihr Teint war hell wie die Nacht über Seinäjoki. Ich sagte: «Tango, Tango, tä-hättätää», sie sagte nichts. Verträumt schauten wir uns nicht in die Augen, selig schob ich sie übers Parkett. Und tanzte göttlich und wild und nur mit dem Herzen.

Ganz in Weiß und Weich

Richtig angekommen in der Fremde ist erst, wer eingecheckt, geduscht und dann den weißen Hotelbademantel übergestreift hat. Hach, wie der sich anfühlt! So rein und weiß und weich – und doch auch knuffig fest, irgendwie gestärkt. Textilrüstung mit Kuschelfaktor. Das könnte der eigene Bademantel zu Hause niemals leisten. Kein Wunder, dass der weiße Hygienetalar zu den meistgeklauten Hotelzimmergütern gehört. Selbst der selige Udo Jürgens, der noch niemals in New York war, obwohl er ein gefühltes Jahrhundert durch die Welt getourt ist, hat zeit seines Lebens auf die magische Kraft des weißen Badegewandes gesetzt: Nach jedem seiner umjubelten Auftritte ließ sich der verschwitzte Sänger schnell ins Hotel fahren und machte sich frisch – um kurz darauf in einem blütenweißen Bademantel für die Zugabe auf die Bühne zurückzukehren.

In flauschig-festem Frotté fühlt man sich sofort wie ein kleiner Lord. Und da immer mehr Hotels über einen Spa-Bereich verfügen, kann man im Hotelbademantel auch ganz problemlos in der Herberge umherwandeln. Die weiße Hülle kleidet und demokratisiert: Ganz in Weiß und Weich sind wir letztlich alle gleich.

In Singapur logierte ich einmal in einem etwas besseren Hotel. Irgendwie muss der damalige thailändische Ministerpräsident Thaksin Shinawatra davon Wind bekommen haben, denn er stieg im Rahmen seines Staatsbesuchs im gleichen Hause ab. Da wir beide in der Executive Lounge wohnten, benutzten wir denselben

Aufzug: Ich, vom Pool im Untergeschoss kommend, im weißen Bademantel – Thaksin stieg in der Lobby zu.

Angesichts meines eher legeren Outfits war der in Dreiteiler und Schlips aufmarschierende Regierungschef eindeutig overdressed. Ich ließ mir aber nichts anmerken und grüßte höflich. Der mitfahrende Hotel-Securitymann, der mich bereits kannte, war über meine unverhoffte Liftpräsenz offenbar genauso verblüfft wie der Staatsmann und raunte diesem beinah verschwörerisch zu: «This is Mr. Schmitt.» Was ich durch freundliches Kopfnicken diskret bestätigte.

Drei Monate später wurde Thaksin in einem Militärputsch gestürzt. Ganz sicher wäre ihm eine längere Amtszeit vergönnt gewesen, hätte er als Regierungsoberhaupt mehr Lockerheit und Volksnähe demonstriert und auch mal eine Kabinettssitzung im Bademantel geleitet. Gerade im notorisch heißen Thailand.

Und so wie mir der Hotelbademantel in der Ferne ein Stück Heimat ist, so lässt er mich zu Hause ganz einfach auf Reisen gehen. Ich muss nur den großen Kleiderschrank öffnen und eines der zahllosen Frottésouvenirs aus meiner Sammlung überstreifen – und schon bin ich in Zürich, Bangkok, New York oder Singapur.

Neulich fand ich in einem Hotel eine Nachricht am Gewand befestigt: «Dieser Bademantel gefällt Ihnen? Sie erhalten ihn in unserer Hotelboutique für 49,90 Euro.» Da musste ich wirklich lachen. Wieso um alles in der Welt sollte ich mir denn noch einen dazukaufen? Ich war doch mit diesem schon voll zufrieden!

Das Lächeln der Kumari

E s war mein erster Tag in Kathmandu. An einem klaren, kühlen Frühlingsmorgen war ich gelandet, mein Hotel mitten in
der umtriebigen Altstadt hieß «Nirvana Garden», ich feierte den
Austritt aus *samsara*, dem Kreislauf des Leidens in zu engen Eco-
nomy-Class-Sitzen, und befand mich in einer diffusen, höheren
Bewusstseinsstufe. Ich lief einfach los.

Gegen Mittag wurde die Luft trübe, milchig und heiß, der Stadt-
plan erwies sich als unbrauchbar, weil es keine Straßenschilder
gab. Dafür aber alle hundert Meter, an Straßenkreuzungen, auf
Plätzen oder versteckt in Hinterhöfen: große und kleine Tempel
zu Ehren von Shiva oder Vishnu, weiß getünchte buddhistische
Stupas, hier ein umzäunter Altar, da eine Pagode – kleine Ruhe-
punkte im ewigen Tumult Kathmandus.

Es gebe so viele Götter wie Menschen in Nepal, heißt es, und
schon jetzt, nach wenigen Stunden, schien mir Kathmandu bis
oben hin bevölkert mit Göttern und Gottheiten, Inkarnationen
und Manifestationen, mit Buddhas, Bodhisattvas und Avataren,
und dazwischen fuhrwerkten Millionen Menschen, Mopeds und
Maultiere herum, quetschten und quälten sich durch staubige
Straßen, lärmten, beteten und fluchten. Buntgewandete Frauen
breiteten ihre Früchte auf dem Boden aus, rotzverschmierte Kinder lächelten, sehnige Männer mit ganzen Möbelgeschäften auf
dem Rücken schlurften ihrer Wege, aus dunklen Häuserhöhlen
quollen Gerüche von Koriander, Zimt und Kurkuma.

Plötzlich reckten sich immer höhere Pagodentürme dem Himmel entgegen, in perfekt harmonischer Perspektive aufgestapelte Dächer. Auch die Tempel wuchsen an, wurden größer, voluminöser. Sie waren aus roten Ziegeln gemauert und mit prächtigen Holzschnitzereien versehen, die metallbeschlagenen Fensterfriese leuchteten golden in der Sonne. Ich war am Durbar Square angekommen, dem Zentrum der alten Königsstadt Kathmandu. Rund um den ehemaligen Palast machte sich allerhand Pracht- und Prunkarchitektur breit, zwischen mächtigen Palastbauten standen verstreut kleine und große Tempel, eine große Leistungsschau des Volksstammes der Newar, der jahrhundertelang das Kathmandutal regierte und beherrschte und der hier, auf dem Handelsweg vom hinduistischen Indien hinauf ins buddhistische Tibet, seinen ganz speziellen Religionenmix installiert hatte.

An einem besonders schönen Palast stand auf einem Messingschild: «Kumari Ghar – House of living Goddess, Kumari.» Das prächtige kleine Tor war geöffnet, man konnte den Innenhof betreten. Dort standen Menschen und schauten nach oben. Da war aber nichts. Und während ich noch nach oben schaute, hatte ich – patsch! – einen roten Punkt auf der Stirn. Ein Sadhu, ein alter Mann mit geflochtenem Bart und weiß-orange bemaltem Gesicht, erklärte, dass ich nun von ihm gesegnet sei, dass ich ein Tika erhalten hätte aus einem Gemisch aus Pulverfarbe und Joghurt und dass mich dieser Service nur hundert Rupien koste. Ich zahlte mit einem großen zerknitterten Schein und ließ mich, weil er fließend Englisch sprach, von dem seltsamen Heiligen aufklären.

Die Kumari, sagte er, sei eine lebende Gottheit im Körper eines jungen Mädchens. Sie sei die Inkarnation der Göttin Taleju Bhawani, der Patronin des Königs und Schutzgöttin des Kathmandutals, welche wiederum eine Manifestation der fürchterlichen zehnarmigen Göttin Durga sei, diese wiederum eine Manifestaton Shivas, des großen Erschaffers und Zerstörers. Und seit König

Jayaprakash Malla vor über zweihundertfünfzig Jahren das erste Mädchen zur Gottheit erhoben und diesen Klosterpalast errichtet hätte, werde ungefähr alle zehn Jahre eine neue Kumari gekürt, denn sie sei nur eine Göttin auf Zeit.

Die amtierende Kumari sei ein neunjähriges Mädchen, das im früheren Leben Preeti Shakya hieß und das auch wieder so heißen wird, wenn sie zum ersten Mal Blut verliere, sei's durch eine Verletzung, sei's durch die einsetzende Menstruation. Dann nämlich weiche der Geist der Göttin Taleju aus ihrem Körper, sie gilt als unrein, und eine neue Kumari muss her. Für die ehemalige Kumari sei es später leider schwer, einen Mann zu finden. Der Ehemann einer Kumari sterbe jung, heißt es, außerdem gelten Kumaris als schwierige Ehepartien. Wer zuvor eine echte Göttin war, wird sich wohl kaum zum Reiskochen an den Herd stellen lassen.

Der Sadhu nahm mich bei der Hand und ging mit mir im Uhrzeigersinn in dem kleinen Klosterhof spazieren. Andersrum sei es verboten, sagte er. Es sei leicht, den gottgleichen Status zu verlieren, erfuhr ich, doch schwer und kompliziert, zur Kumari zu werden. Dem gehe nämlich eine Art Nepal-sucht-den-Superstar-Wettbewerb voraus. Wenn feststeht, dass eine neue Jungfrauengöttin gefunden werden muss, treten weise Männer zusammen, königliche Prieser und Astrologen, um in der niederen Kaste der Shakaya, der Gold- und Silberschmiede, geeignete Kandidatinnen zu finden. Die kleinen Anwärterinnen werden genau geprüft, schon äußerlich müssen sie «zweiunddreißig Vollkommenheiten» aufweisen: Haar und Augen pechschwarz, die Hände und Füße anmutig und wohlgeformt; sie müssen vierzig Zähnchen besitzen und eine Reihe weiterer Vorzüge, nämlich «den Hals einer Schneckenmuschel, den Körper wie ein Banyanbaum, die Wimpern einer Kuh, die Schenkel eines Rehs, die Brust eines Löwen und die Stimme weich und klar wie die einer Ente».

Schönheitsideale sind ja verschieden, und man kann nur hoffen, dass der Anforderungskatalog nicht zu wörtlich ausgelegt wird – oder will man wirklich eine zentnerschwere Göttin mit Krummhals und Stelzenbeinen, die mit Donald-Duck-Stimme krächzt?

Wenn ihr Horoskop mit dem des Königs günstig korrespondiere, krächzte der Sadhu mit der anmutigen Stimme eines alten Erpels, müsse die Kandidatin noch weitere harte Prüfungen bestehen: Sie müsse ohne Furcht eine Nacht alleine in einem dunklen Tempelhof zubringen, wo im Schein flackernder Kerzen die abgehackten Köpfe von Tieren herumlägen und maskierte Männer Springteufeleien veranstalteten. Eine echte Göttin könne dergleichen natürlich nicht beeindrucken. Schließlich müsse sie noch aus einem Haufen persönlicher Gegenstände die der Vorgänger-Kumari herausziehen – für eine wahre Göttin ein Klacks.

Und dann, nach einer Reihe geheimer tantrischer Reinigungsrituale, trete sie aus dem Kreis ihrer Familie und lebe fortan mit ihren Dienern und Priestern im Palast, den sie nur an hohen Feiertagen verlasse. Auf ihrer Stirn trage sie das dritte, das göttliche Auge, mit dem sie auf die andere Seite der Welt schauen könne. Sie gewähre rare Audienzen oder zeige sich an einem Fenster im Innenhof. Wir schauten nach oben – keine Kumari.

Ihre göttliche Kraft sei so stark, dass schon ein Blick, ein Augenzwinkern ausreiche, um Glück oder Unglück zu bringen. Da das göttliche Gör in der Öffentlichkeit nicht spreche, sei man darauf angewiesen, ihre Gesten und Bewegungen zu interpretieren, und da gebe es eindeutige Erfahrungswerte: Ein Lächeln bedeute Krankheit, lautes Lachen sogar eine tödliche, auf Augenreiben oder Weinen folge der sofortige Tod, ein Zittern kündige eine nahende Haftstrafe an, und wenn sie von dargereichten Nahrungsmitteln nehme, bedeute das finanziellen Ruin. Sagte der Sadhu, ließ sich für die Überlassung dieses Informationsvor-

sprungs stolze vierhundert Rupien aushändigen und schob mich
nach draußen, denn der Innenhof des Kumari Ghar wurde gerade
polizeilich geräumt.

Ich solle nur warten, sagte der Sadhu, heute Nachmittag, gegen
drei Uhr, werde die Kumari ihren Palast verlassen, denn heute sei
Neumond und der Tag des Ghode Jatra, des Festes der Pferde. Im
nahegelegenen Tundikhel-Park veranstalte die Armee ein großes
Pferderennen, dem auch die Kumari traditionell beiwohne, denn
das Klappern der Hufe vertreibe den bösen Dämon Tundi.

Wir warteten. Der Platz vor dem Palast füllte sich mit Menschen, Polizisten hielten einen schmalen Korridor frei, auf dem
Boden stand eine rote Sänfte mit einer gefüllten Opferschale.
Endlich öffnete sich das Tor. Zwei Soldaten erschienen, dann ein
schneeweißes Pferd. Und schließlich ein Mann, der auf seinem
Arm ein grell geschminktes Mädchen in rotem Brokat zur Sänfte
trug. Menschen schrien und drückten, Glücksmünzen schlugen
neben uns ein. Die Sänfte wurde angehoben, Polizisten hielten
den Korridor frei, alle versuchten, die Sänfte zu berühren.

Ich sah die Kumari. Ihre schwarzen Augen waren mit Kajal-
stift bis an die Schläfen verlängert. Sie war schön. Cool und un-
nahbar thronte sie in ihrer Sänfte. Sie schwebte direkt an mir
vorbei. Für eine Sekunde erhaschte ich ihren Blick. Ich bot ihr
keine Nahrungsmittel an. Dennoch schien sie zu lächeln. Ja, jetzt
sah ich es ganz deutlich: Sie lächelte – mir zu! Ich erschauderte.
Sie entschwand. Auch mein Sadhu war plötzlich verschwunden.
Vielleicht hatte er seine Manifestation gewechselt. Verstört ging
ich zurück zum Hotel.

Jahrhundertelang war Nepal das einzige Hindu-Königreich der
Welt, seit einigen Jahren versucht man sich, noch unruhig, noch
tastend, in parlamentarischer Demokratie. Da dürfte es eigentlich
nur eine Frage der Zeit sein, wie lange man diese Kumari-Kinder-

käfighaltung noch gestattet. Der Rezeptionist im Nirvana Garden Hotel, dem ich von der Begegnung berichtete, wusste sogar, dass sich der Oberste Gerichtshof gerade mit der Frage beschäftigte, ob das Dasein einer Kumari überhaupt mit den Menschenrechten vereinbar sei.

Von mir aus sollten sie diesen tantrischen Zinnober ruhig abschaffen. Ist doch eh alles Quatsch, dachte ich, und sank erschöpft in einen Jetlagschlaf. Stunden später wachte ich auf, schweißgebadet, von Schüttelfrost geplagt. Dann kamen die Durchfallattacken. In meinem Kopf tanzten Springteufel. Angefeuert und beschützt durch eine kleine Gottheit: eine pathogen lächelnde Kumari.

————◆◆◆————

Impalahodenfrühstück in der Waschmaschine

Schnella, schnella!» Ein Rumpeln und Krachen, es wirft mich hin und her, es prasselt, tost und zischt. Wie eine gigantische Kegelkugel rollt der Donner durch die tiefen Schluchten des Sambesi. Pechschwarz hängt der Gewitterhimmel über uns, steil ragen die Basaltwände empor, üppiges Grün wankt im Regen. Vom Ufer winken Fischer, aufgeschreckte Krokodile verschwinden in Felsspalten, dann schlagen die Wellen der Waschmaschine meterhoch über uns zusammen. Mir ist elend. Ich habe keine Kraft mehr, weder Kondome noch Tampons. Und jetzt melden sich auch noch die rohen Impalahoden und das Pissbeutelfrühstück in meinem Magen. Was soll ich denn noch alles überleben? «Schnella, schnella!», ruft Käpt'n Simon.

Als wir die Schlauchboote bestiegen, trieb der «mighty Zambezi», wie man ihn hier respektvoll nennt, noch ruhig und gemächlich dahin. Dass er kurz zuvor die gigantischen Victoriafälle hinuntergestürzt war, sah man ihm nicht mehr an. Jetzt aber kocht und gurgelt die lauwarme braune Brühe, und wir rudern um unser Leben. Achtern sitzt Käpt'n Simon, ein drahtiger Herr mit Rastafrisur, dem es sichtlich Freude bereitet, sich an uns aufgeschwemmten Weißen für sämtliche erlittenen Kolonialverbrechen des letzten Jahrtausends zu rächen. «Schnella!», ruft er immer wieder, und seine Stimme überschlägt sich dabei noch mehr als gleich unser Boot. «Rudert endlich schnella!»

Wir paddeln panisch, ja verzweifelt. Der Sambesi ist eines

der anspruchsvollsten Wildwasser-Reviere weltweit, seine Strom-schnellen sind fast durchgehend mit der Schwierigkeitsstufe fünf klassifiziert, sechs gilt als nicht befahrbar. Sie tragen Namen wie «Waschmaschine» óder «Terminator 1 und 2» oder «Gewerblicher Selbstmord». Es ist Regenzeit, der Fluss ist voll, gleich gurgeln wir durch die Terminator-Doppelschnelle. Es ist meine erste Wild-wasserfahrt überhaupt. Und wohl auch meine letzte. Hätte ich das alles geahnt, ich wäre niemals ins Survival-Dschungelcamp nach Afrika aufgebrochen.

«Schnella, ihr seid zu langsam!»

Das Boot richtet sich auf, Schreie gellen, ein Rauschen und ein Tosen. Ich verliere den Halt, gehe über Bord. Rotiere unter Wasser. Mein Helm schlägt an Stein. Dann wird es schwarz.

Ich habe in meinem Leben schon allerlei Extremsituationen über-standen. Ich war von Anfang bis Ende auf einem Konzert der Flip-pers, ich bin mit der Deutschen Bahn ohne Platzreservierung zur Oktoberfestzeit nach München gefahren, ich habe bei Kentucky Fried Chicken den Zweipersoneneimer mit panierten und frittier-ten Hähnchenabfällen gegessen, inklusive Sour Cream und zwei mittleren Coleslaw. Und ich habe in den Achtzigern *Die Kunst zu überleben* gelesen, den Survival-Bestseller von Rüdiger Nehberg. Er war der Erste, der hierzulande das Überleben zum Abenteuer, ja zur Profession machte. Weil er Gefallen daran fand, sein Leben «völlig neu zu gestalten, es zu multiplizieren zu einem zehnfachen Leben».

Der Rüdiger Nehberg Englands heißt Edward Grylls, doch alle nennen ihn nur «Bear», den Bären. Als Star erfolgreicher Survi-val-Fernsehsendungen ist der blendend aussehende, immer noch jung wirkende Mann in Britannien weltberühmt. Er überlebte Hai-Angriffe, einen Fallschirmsprung mit defektem Schirm und bezwang als jüngster Brite mit zweiundzwanzig Jahren den Mount Everest. Natürlich diente er in einer Spezialeinheit der britischen Armee, so wie fast alle unsere Ausbilder. Allen voran *lead instructor* Scotty, ein rotblondes Kraftpaket mit feinen Lachfältchen, der sich nach Einsätzen in Nordirland und im Irak nunmehr um die Sicherheit bei den Survival-Drehs seines Freundes Bear kümmert.

Heute steht Scotty, in nagelneuer Bear-Grylls-Akademieuniform, in der Bar einer luxuriösen Safari-Lodge unweit der Victoriafälle, umrahmt von seinen Ausbilderkollegen. Auch sie tragen diese Hemden und Hosen mit besonders überlebensfördernden Aufnähern an Ellenbogen und Knien. Sie mustern uns. Wir sind die Teilnehmer des ersten Afrika-Überlebenskurses der weltweit operierenden Bear Grylls Survival Academy. Wir wissen nicht, was uns erwartet. Aber Scotty spricht uns Mut zu: «Wir haben in der Regel nur zehn Prozent Verluste – die meisten von euch werden also zurückkehren.»

Das hier sei kein Bootcamp, kein Folterlager und keine Schule für alternative Ernährung. Es gehe ganz einfach ums nackte Überleben jenseits von Zivilisation und Technik. Schließlich könne uns das jeden Tag passieren: Man stürze mit dem Flugzeug ab, das Auto bleibe in der Wüste liegen, man verliere seine Gruppe beim Dschungelcampen – und schon habe man den Salat. Deshalb sollten wir lernen, uns selbst zu helfen. Bis Rettung komme.

Die kommt nun in Form des Helden persönlich. Bear Grylls begrüßt uns mit einer launigen Videobotschaft. Er ist unheimlich stolz auf uns, verspricht unvergessliche Grenzerfahrungen und schließt mit den Worten: «Und … ach ja: Es könnte ein bisschen wehtun.»

Sofort spüre ich einen aufkeimenden Schmerz. Es ist ein Abschiedsschmerz. Gerade hier, in dieser gemütlichen Safari-Lodge. Allerfeinster Kolonialstil, Messing, Leder und Holz – und das soll ich jetzt aufgeben? Warum bin ich überhaupt hier, warum macht man so was? Seit der Mensch technisch dazu in der Lage ist, Fünfsternehotels mit Pool, Wellnesslandschaft und Live-Cooking-Stationen zu bauen, gibt es keinen wirklich guten Grund mehr, irgendwo im Freien zwischen Käfern, Ameisen und Riesentausendfüßlern zu übernachten. Wahrscheinlich, so denke ich, brachte mich diese Mischung aus Unrast und Neugierde hierher, die der Urgrund allen Reisens ist – die Lust nach *âventiure*. Einst ließ sie die Tafelrundenritter ins Ungewisse aufbrechen, heute treibt sie uns in die Arme von Scotty und seinen Ausbildern, tief im Herzen Afrikas.

Schon die Anmeldung hatte extreme Ausdauer und eisernen Überlebenswillen erfordert. Etliche Seiten Formulare waren auszufüllen, Telefonnummern von Ärzten und Versicherungen wurden abgefragt, von nächsten Angehörigen, die im Todesfall benachrichtigt werden sollten. Um nicht zu viele Überlebensunfähige durch den Busch bugsieren zu müssen, stellt die Bear Grylls Survival Academy klare Mindestanforderungen an die Fitness der Kursteilnehmer: Schwimmen, Wandern mit Gepäck, ein mehrminütiger Mix aus Liegestützen, Kniebeugen und Sit-ups sollten ebenso wenig ein Problem sein wie eine halbe Stunde Joggen ohne Pause. Keine Ahnung, wer so was schaffen kann. Ich hatte mich beim Tausend-Meter-Lauf in der zehnten Klasse zum letzten Mal länger als fünf Minuten schnell zu Fuß bewegt. Heute finde ich es schon anstrengend, länger als eine halbe Stunde ohne Pause Auto zu fahren.

Dann begann die Ausbildung: Überleben in der Wildnis. Ausgestattet mit Rucksack, Fahrtenmesser, Schlafsack und Helm, mit Batterie, Stahlwolle, Tampons und Kondomen. Ohne diese, das würden wir nun lernen, war ein Überleben da draußen unmöglich. In offenen Jeeps fuhren wir durch den sommerlichen

Februarregen und wurden irgendwo im Grenzland zwischen Simbabwe und Sambia ausgesetzt. Zehn verwegene Überlebenswillige beiderlei Geschlechts. Und vier Ausbilder.

Als verweichlichter, entfremdeter Städter hat man nach einem Flugzeugcrash im Irgendwo des Urwalds natürlich keine Ahnung, wo man ist und wie weit es woandershin ist. Wir erlernten die Orientierung anhand von Sonne und Bäumen, die Nester seien meistens im Westen. Wir mussten Wasser aufnehmen, wo wir welches fanden, es mit Socken filtern und mit Tabletten reinigen. Und wie transportierte man die Brühe, wenn man keine Trinkflasche hat? Natürlich mit dem Kondom, das wir in unserem Daypack fanden. Im Gegensatz zum Menschen kann ein Präser über zehn Liter Wasser halten. So liefen wir mit schwabbelnden Kondomen durch den Busch. «Trinkt!», prostete uns Scotty mit seinem Überzieher zu. «Wenn ihr Durst verspürt, seid ihr schon dehydriert!»

Viele der Überlebenstricks hatten sich seit meiner Jugendzeltlagerzeit nicht geändert. Nur dass wir damals weder Tampons noch Kondome dabeihatten. Die wichtigste aller Übungen war nach wie vor das Feuermachen. «Feuer gibt Wärme, Helligkeit und Schutz!», rief Scotty und schickte uns im Regen los, um brennbares Holz zu suchen. Falls wir unterwegs Elefantenscheiße fänden, sollten wir die unbedingt einstecken. Die trockne in der Hosentasche und sei ein idealer Zunder.

«Feuer machen ist eigentlich ganz einfach», sagte der Brite, nachdem wir ein Fuder feuchter Äste aus dem Busch gezerrt hatten. Man brauche lediglich eine Batterie und Stahlwolle als Zünder. Noch besser gehe es aber mit einem Tampon. Zufällig hatten wir alle Zutaten im Gepäck. Man musste den Wattetorpedo nur in zermürbender Kleinarbeit Faser für Faser aufzwirbeln, und schon hatte man den schönsten Feuerschwamm. Der Anblick im nächtlichen Dschungel kniender Männer, die im Schein ihrer Stirnlampen in zerzausten Tampons wühlten, gehörte zu den erschütterndsten Eindrücken dieser Tour. Ich habe auch das überlebt. Am Ende einer langen, ergebnislosen Zwirbel- und Zunderorgie waren wieder mal wir Raucher im Vorteil, denn mit einem Feuerzeug ist das Feuermachen erstaunlich einfach. Vielleicht waren deshalb alle unsere Outdoor-Ausbilder engagierte Raucher. Bei jeder Gelegenheit übten sie an weißen Tabakstäbchen das Feuermachen in Gesichtsnähe.

Rauchen macht auch hungrig, und für die Nahrungsbeschaffe war Ausbilder Big Dean zuständig. Der sanfte Riese mit dem Pandabärenblick war in Simbabwe aufgewachsen, seit zwanzig Jahren führte er Fremde durch Busch und Savanne. Der Wald war für ihn vor allem eine gigantische Speisekammer. Mit weit aufgerissenen Augen ging er hindurch, zupfte hier ein Blatt und da eine Blüte. Praktisch alles entpuppte sich als essbar. Über Geschmack redete er nicht. Nur über großen Hunger und den großen Protein- und Fettgehalt von Insekten. Glücklicherweise war in Afrika alles noch größer als anderswo: Die umherbrummenden Mistkäfer waren mausgroß, die Achatschnecke auf dem Waldboden wog so viel wie ein ganzes Pfund Weinbergschnecken, und der Afrikanische Riesentausendfüßler dort im Sand sah aus wie ein kriechender Fahrradschlauch. Deshalb war auch die Angst davor größer.

Um sie zu überwinden, servierte man uns lebende Regenwürmer und frittierte Mopane-Raupen, eine lokale Delikatesse der Einheimischen. Dazu rohe Impalahoden. Wo die herkamen? Natürlich von dem toten Impala, das unsere fürsorglichen Ausbilder bereits am Vortag geschossen und heimlich mitgebracht hatten. An der starren Impalaleiche durften wir das Ausnehmen und Häuten üben, wobei sich besonders die Damen hervortaten. «Fast zweitausend Insektenarten sind essbar», sagte Big Dean. Und während eine Dame noch mit ihrem Messer im Impala stocherte und sich eine andere interessiert das abgetrennte Skrotum besah, verteilte er die fetten Raupen als Abendessen. Sie glänzten schwarz, waren außen knusprig, innen weich und schmeckten leicht nach Seetang. Jedenfalls viel besser als die lebenden Regenwürmer, die wir anschließend auszutzeln mussten. Die Impalahoden hingegen schmeckten nach fast nichts, höchstens ein bisschen ranzig. «Die schmelzen auf der Zunge», jubelte Big Dean und legte zufrieden noch ein Stückchen nach.

Zum Frühstück gab es Pipibeutel – *wee in a bag*, wie die Briten scherzten: zwei unterschiedlich große Plastikbeutel, einer enthielt einen Brei aus Ei, Bohnen und Fleisch, der die Farbe von Erbrochenem hatte, im anderen war ein Natriumkissen, das zu kochen begann, wenn man es befeuchtete. «Den Bohnenbeutel in den großen, und dann Flüssigkeit draufgeben», kommandierte Scotty. Bei Expeditionen sei Trinkwasser dafür natürlich zu schade, da empfehle es sich, in den Beutel zu pinkeln, um so den Brei aufzukochen. Beim anschließenden Verzehr sei darauf zu achten, eine saubere Beutelecke außerhalb des Pissbeutels zu belassen, an der man dann sauge. Nun durften wir Wasser zugeben.

Wenig später schlürften wir den Nahrungsbrei in uns hinein und diskutierten die ideale Farbe von Urin. Sei der nämlich orangegelb, könne man nur schlecht überleben, dann sei man dehydriert. Wasserklar sei aber auch nicht gut, dann sei man ausgeschwemmt und demineralisiert. «Ideal ist ein leichtes Hellgelb», dozierte Scotty – und ließ vor Schreck plötzlich seinen Behälter fallen. Einer der Kursteilnehmer hatte tatsächlich eine eindeutig hellgelbe Flüssigkeit in seinem Aufkochbeutel.

Nach dem Frühstück mussten wir Selbstverteidigung üben und im Zweikampf gegeneinander antreten. Meine Gegnerin war Marisa, die in Südafrika Impalas und Giraffen züchtete. Eine Frau zu verprügeln ist viel schwieriger, als man glauben möchte. Ich konnte keinen einzigen Treffer setzen, dafür schlug sie mir die Oberarme grün und blau. Ich war stinksauer. Danach wurde ich von Jabu aus Johannesburg verdroschen. Wären die beiden Männer gewesen, ich hätte sie zu Frühstücksbrei gehauen. So aber blieben mir nur zwei Niederlagen und acht blaue Flecken.

Ich schleppte mich durch die Wildnis Afrikas, das ständig schwächer werdende Aggregat wurde durch immer neue Adrenalinstöße vorangepeitscht. Als wir einen Abhang im Wald erreichten, mussten wir uns abseilen. Das hatte ich noch nie in meinem Leben gemacht. Also schlug ich Scotty vor, lieber weiterzugehen und nach einer Seilbahn oder einer Treppe zu suchen. Der Ausbilder lächelte gequält, ließ den Karabiner in meinen Sitzgurt einrasten, sagte mir, ich solle «den Schmetterling» machen, und schon hing ich voll in den Seilen. Zu meiner Verwunderung kam ich lebend unten an.

Auf und ab ging es über Stock und Stein, Fels und Fluss. Wir hangelten uns an Seilen entlang und flogen in offenen Helikoptern über die Viktoriafälle. Wer hinfiel, wurde aufgehoben, wer aufgab, wurde weitergeschleift. Ohne dass Scotty es angeordnet hatte, achteten wir auf- und sorgten füreinander. Dass wir ein Team geworden waren, sollte ich am letzten Tag am eigenen Leib erfahren.

Die Waschmaschine hatten wir mit Mühe überstanden, im Sog von Terminator 1 hatte sich das Boot aufgerichtet, Schreie gellten, Gurgeln und Tosen: Ich hatte den Halt verloren, war über Bord gegangen und durch den mächtig reißenden Sambesi geschlingert. Dann wurde es schwarz um mich herum –

Und nun spüre ich zwei Hände. Drei! Vier! Fünf! Sie ziehen mich empor, ins sichere Boot. Mein Team hat mich gerettet.

Als ich, zurück in der Safari-Lodge, aus Scottys Händen die Urkunde für erfolgreiches Überleben erhalte, bilanziere ich einundzwanzig Schrammen, Hämatome und offene Wunden an insgesamt fünf Extremitäten. Bear Grylls hat recht behalten, es hat tatsächlich ein bisschen wehgetan. Aber ich habe überlebt. Und ich werde weiter überleben, denn für die Zukunft bin ich gewappnet: Vielleicht nicht mit Pipibeutel, aber Kondome und Tampons habe ich jetzt immer in der Tasche. Und falls ich welche finde, auch immer ein bisschen Elefantenscheiße.

Echte Einfalt, echte Pinsel

Mich? Über den Tisch ziehen? Niemals! Dazu bin ich viel zu wachsam. Gerade auf Reisen muss man schwer darauf achten, nicht über den Löffel balbiert, betrogen und abgerippt zu werden. Man hört von Leuten, die in Paris zum Schnäppchenpreis den Eiffelturm gekauft haben – und erst beim Versuch der Demontage erfuhren, dass sie einem Betrüger aufgesessen sind. Andere kauften auf österreichischen Flohmärkten echte Hitler-Tagebücher, in Ungarn handsignierte Originalpressungen des «Weißen Albums» mitsamt Original-Grauschleier aus russischer Produktion, in Italien echte Stradivaris mit fünf Saiten. Und in dieser kleinen Galerie hinter der Eremitage echte schwarze Malewitsch-Quadrate mit nur drei Seiten.

Immer wenn ich von einem solchen Touristenbetrug höre oder lese, wundere ich mich, dass es so viele Dumme gibt, die auf dergleichen reinfallen. Ihre Zahl muss riesig sein, allein schon auf dem Kunstmarkt. Experten halten dreißig, eher sogar vierzig Prozent aller in Umlauf befindlichen Werke für Fälschungen. Aber das ist ja kein Wunder – wenn Gier und Dummheit aufeinandertreffen, sieht jeder nur noch das, was er sehen will.

Mir kann das zum Glück nicht passieren. Ich bin auf der Hut. Man muss dem prospektiven Gauner einfach nur einen Schritt voraus sein, dann kann man nämlich selbst das Schnäppchen machen!

So erstand ich erst neulich auf einem Gemäldemarkt in Ho-Chi-Minh-Stadt einen echten van Gogh. Und zwar extrem günstig. Natürlich habe ich mich abgesichert und den Händler klipp und klar gefragt, ob das Bild auch keine Fälschung sei. Nein, auf keinen Fall, sagte er, denn er habe es sich zum Grundsatz gemacht, ausschließlich mit Originalen zu handeln. Nur das schaffe größtmögliche Kundenzufriedenheit. Ich hätte unverschämtes Glück, sagte der äußerst sympathische und aufrichtige Herr, dass ich bei ihm gelandet sei – und nicht bei seinen Kollegen. Er deutete auf die Maler, die in den Buden rechts und links und gegenüber vor sich hin pinselten. Die seien nämlich ausnahmslos Fälscher.

Zufrieden verließ ich den Markt mit einer Handvoll rarer Originale. Mein Händler hatte nämlich im Lager noch zwei weitere van Goghs und sogar einen Vermeer gefunden. Und weil er mich so sympathisch fand, legte er noch einen kleinen Rembrandt obendrauf.

Die Bilder machen mir fast so viel Freude wie der edle und schwere Chronometer von A. Lange & Söhne an meinem Handgelenk. Ich habe die Uhr in Peking auf einem Straßenmarkt erworben – für schlappe zweihundert Euro! Der Händler, offenbar ein Einfaltspinsel ohne Marktkenntnisse, hatte keine Ahnung, dass das Teil mindestens das Hundertfache wert war. Er tat mir ein bisschen leid. Aber der Markt ist unerbittlich. Er hätte sich ja vorher mal informieren können, was so eine Uhr wirklich wert ist. Sie hat mir schon viele neidische Blicke eingebracht. Letztlich ist sie mehr als nur eine Armbanduhr – sie ist eine Bewusstseinsmaschine. Jedes Mal, wenn ich daraufschaue, wird mir nämlich bewusst, wie einfältig manche Menschen doch sein können.

Das schwarze Walross vom Wolfgangsee

Alles war total verspannt: mein Rücken, ich selbst, ja die Lage überhaupt. Nichts ging mehr. Seit Wochen schon wartete der Impresario auf ein Textbuch, ein Manuskript, ein Leporello von mir. Die Theaterkasse war leer, er brauchte dringend einen neuen Bühnenerfolg. Doch mir fiel, fiel und fiel nichts ein. Er tobte. «Sakrament», schrie er, «mach irgendwas, schreib irgendwas! Fahr meinetwegen ins Weiße Rössl, fahr an den Wolfgangsee! Da kommt es her», brüllte er, «das erfolgreichste Singspiel deutscher Sprache! Fahr da hin, lass dich inspirieren und komm mit einem neuen Musical zurück!»

Vom Salzburger Bahnhof holte mich ein freundlicher Herr ab, wir stiegen in seinen roten Rösslbus. Ein ehemaliger Volksschuldirektor, er wusste genau, wie man einen Ahnungslosen in die Geheimnisse des Salzkammerguts einführte. Als wir das Ufer des Sees erreichten und in der Ferne der Kirchturm von St. Wolfgang aufblitzte, startete er den CD-Player: «Im Weißen Rössl am Wolfgangsee / dort steht das Glück vor der Tür / und ruft dir zu: Guten Morgen, / tritt ein und vergiss deine Sorgen!»

Schön wär's, dachte ich, als wir das Hotel betraten.

Chefportier Benno sah mit einem Blick, was mit mir los war. Er gab mir die Rössl-Suite, ein prächtiges Zimmer mit vollverglastem Designerbad und Heimatfilm-Ausblick. Unter meinem Balkon lag still und stumm der See, eine blauschwarz schimmernde Schieferplatte reinsten Wassers. Ich stand an der schmalsten Stelle, wo sich die Ufer fast berühren, im Rücken die Wallfahrtskirche St. Wolfgang. Ein «Kraftort», wie der Lehrer erklärt hatte, der die Menschen seit Jahrhunderten magisch anzog. Von gegenüber grüßte die tadellos aufgestellte Bergkulisse der Osterwaldgruppe, dahinter versank die strahlend weiße Wintersonne. Ich war angekommen: an einem jahrhundertalten Sehnsuchtsort deutscher Bürgerlichkeit.

Ich sah Peter Alexander den verliebten Oberkellner Leopold mimen. Die hoteleigene Fernsehunterhaltung bot neben den vielen üblichen auch einen speziellen Rösslkanal, auf dem rund um die Uhr Rösslverfilmungen liefen. Ein Erfolgsstück in tausend Variationen. Possenreißend und ränkeschmiedend stellt der liebeskranke Leopold der hübschen Rösslwirtin nach, illustre Gäste aus Berlin reisen an oder ab oder schweben mit dem Hubschrauber ein, Kontrahenten zanken sich in Bergbahnen und auf Ausflugsdampfern; sehr wohl, der Herr, küss die Hand, gnä' Frau; Paprikahuhn, Ribisl und Kaiserschmarrn; es wird geküsst, geträllert und gesungen, skrupellos kriechen die Ohrwürmer in Kopf und Hirn: Ja, im Salzkammergut, da kammer gut lustig sein, das ist der Zauber der Saison, was kann der Sigismund dafür, dass er so schön ist, es muss was Wunderbares sein, von dir geliebt zu werden …

Mit brummendem Kopf ging ich zum Abendessen. Mein neues Erfolgsstück müsste natürlich ebenfalls ein kunterbuntes Klamaukmusical werden – aber wovon sollte es handeln? Von langhaarigen Kriegsveteranen, Afghanistan-Heimkehrern vielleicht, die in Berlin das Zeitalter des Wassermanns besingen? Von einer fairen Lady aus Neukölln, wahrscheinlich mit Migrationshintergrund, die schulbuchmäßig Sprechen lernen soll? Oder lieber von Katzen? Von Opernphantomen? Von einem heißen Sommer?

An festlich gedeckter Tafel wartete schon der große Mime Helmut Peter auf mich. Mit seinem kapitalen weißen Backenbart sah er aus wie die Volksausgabe des seligen Kaisers Franz Joseph. Umstandslos zog Peter eine Österreichernummer ab, die sich gewaschen hatte, ließ Hirschkalbrücken in der Gänseleberkruste auffahren, Zwetschkenpofesen und einen Eiswein vom Kracher, brillierte mit Witzen, Dialektimitationen, Handküssen und Gesangseinlagen, erzählte Rösslg'schichten von seinem Rösslhotel und dass kein Mensch allein von den Rössltouristen leben könne, die täglich mit Reisebussen und Schunkeldampfern einfielen, viele Fotos machten und allenfalls ein Heißgetränk konsumierten. In seinem Leben hat Helmut Peter schon viele Rollen gegeben, den Nationalratsabgeordneten ebenso wie den Präsidenten der österreichischen Hoteliervereinigung, seine absolute Glanzrolle aber war und ist die des Seniorchefs seines alteingesessenen Familienbetriebs. Seit über einem Jahrhundert betreibt Familie Peter das Weiße Rössl zu St. Wolfgang.

«Hier, trinken S', Herr Professor», rief der Rösslwirt, «des is guates Granderwossa!» Er schenkte mir aus einer Karaffe ein, stilles Wasser, es schmeckte gut. Jahaha, lachte triumphierend der Erbwirt, es fließe nämlich überall im Hotel, aus allen Hähnen und in allen Pools, nur «informiertes Wasser», sogenanntes «Granderwasser», benannt nach einem schon zu Lebzeiten heiliggesprochenen Österreicher mit sehr langem Bart. Plötzlich spürte ich, wie das Wasser mich leicht machte, euphorisch und zugleich klar; «heilignüchtern», wie Hölderlin das nannte.

Dieser Herr Grander hat es tatsächlich geschafft, den jahrtausendelang unterschätzten Rohstoff Wasser in eine leichtere, auf einem höheren Energieniveau schwappende Flüssigkeit zu verwandeln, ja zu «levitieren». In ein Wasser, das viel mehr weiß als unser einfältig chloriertes Kranenberger aus der Leitung – durch eine völlig neuartige Technik der Grundnahrungsmittelveredelung, die in Deutschland fast unbekannt und in der Schweiz sogar verboten ist. Obwohl sie einem durch pures Trinken jede Menge Information verschafft!

Beispielsweise bekam ich die Information, dass ich das viele Wasser in meinem Körper auch wieder rausschwitzen müsse, am besten in der Rösslsauna. Heiß war es da drin – und hell. Es gab sogar ein Fenster. Man konnte rausschauen, auf den kalten See. Darin schwamm, jetzt sah ich es erst, ein merkwürdig bläuliches und dampfendes Etwas. Ein beheizter Pool im See – der Rösslpool, von dem Herr Peter erzählt hatte! Doch ich konnte mich nicht darauf konzentrieren. Mich dürstete noch immer nach Informationen.

In der Hotelbibliothek lag stapelweise das neue Rösslbuch aus. Seniorchef Peter hat es geschrieben, zusammen mit einem Operettenforscher. Alles über die Geschichte des Hotels und des Welterfolgsstücks. Seit es 1897 erstmals im Berliner Lessingtheater als frivoler Schwank uraufgeführt wurde, machte das «Weiße Rössl» zahllose Veränderungen durch, wurde 1930 im Nachhall der Weltwirtschaftskrise zum umjubelten Singspiel, war bald danach als Exportversion *The White Horse Inn* in London, Paris und New York zu sehen, und es geistert bis heute als allzeit lustiger und kreuzfideler Bastard aus Operette und Revue, Schwank und Musical über die Bühnen. Mitte der Neunziger sah man es in Berlin als grelle Klamotte mit den Geschwistern Pfister und dem noch unbekannten Max Raabe, die letzte Verfilmung mit Diana Amft und Armin Rohde ist gerade mal ein gutes Jahr alt.

Ob es mir in der Sauna gefallen habe, fragte mich Fred, der Oberkellner. Das sei nämlich eine super Sauna, und der werte Herr Dr. Kohl sei der gleichen Ansicht. Nicht umsonst sei damals der Herr Bundeskanzler, der doch jahrzehntelang nebenan in St. Gilgen mit Familie geurlaubt hatte, im Sommer einmal pro Woche mit dem Panzerwagen vorgefahren und habe im Weißen

Rössl gesaunt. Allein natürlich, die Sauna sei dann für die Gäste gesperrt gewesen. Danach habe er gern im See sich erbadet, da habe das Haus fast Schlagseite bekommen, von den vielen aus den Fenstern starrenden Gästen: Daaa! Der Kohl! Wie ein Walross!

Mensch, der Kohl!, fuhr es mir durch den Kopf. Helmut Kohl – genau! Der und kein anderer! Der Held meines neuen Musicals! In diesen labilen Krisenzeiten unter Mutti Merkel, da sehnt man sich doch nach Stabilität, nach der guten, alten Zeit. Nach den ur- gemütlichen Jahren der Ära Kohl. Was für ein Mann, was für ein Stoff: Kanzler Kohl verliebt am Wolfgangsee! Der ewige Regent, ein Liedchen auf den Lippen, sitzt schwitzend in der Rösslsauna, vielleicht sogar Backe an Backe mit seinem alten Saunakumpel Boris Jelzin, vollendet mit einem Handstreich die deutsche Ein- heit und lernt dann beim Rollstuhlkauf eine neue, junge Frau kennen. Ich sah sie schon vor mir, die große, dampfend heiße Liebes- und Verbrüderungsszene. Weitere bunte Bühnenbilder taten sich auf: wie Kaiser Kohl auf einer Barkasse über den See gefahren kommt, um der Liebe zu huldigen; wie Kohl durch eine leichte Handbewegung die Mauer zum Einsturz bringt und den Geknechteten die Freiheit schenkt; wie Kohl einen Eierwurf ab- wehrt und zur Nationalhymne tanzt; wie der alte Kohl, nachdem er zehn Liter Granderwasser gebunkert hat, sich überraschend aus dem Rollstuhl erhebt und alle ihn für dieses Wunder feiern. Fehlte nur noch eine sinnlose Handlung.

Kein Problem, wenn man genug Informationswasser hat. Prost! In meinem weißen Rösslbademantel eilte ich glucksend und glu- ckernd ins Rössl-Spa, und während die mystische Masseuse Ilse auf mir herumsprang und die letzten Reste meiner Verspannun- gen löste, kam mir die Handlung wie von selbst: Der verwitwete Einheitskanzler Kohl ist krankhaft verliebt in die schöne Richterin Maike. Freilich ist auch die Richterin verliebt, in einer rührenden

Tanzszene singt sie: «Es muss was Wunderbares sein, von Kohl geliebt zu werden.» Und wenn das Stück schon in St. Wolfgang spielt – dann muss natürlich auch Wolfgang Schäuble mitspielen, Kohls tückischer Konkurrent! In einem Rollstuhl-Rennduell fechten sie es aus, mal liegt der eine vorn, dann der andere, Rad schleift an Rad, dass die Funken schlagen, Ben Hur ist ein Dreck dagegen. Und was für ein Anblick, wenn Kohl dann, in einer finalen Schlüsselszene am Berghang, heimlich Schäubles Handbremse löst.

Ja! So oder so ähnlich könnte es gehen! Ich brauchte dringend mehr Inspiration, mehr Information. Es dämmerte, ich sprang in den Rösslpool, in das schwimmende Becken im See. Spacig blau schimmernd, randvoll mit handwarmem Informationswasser. Schwerelos schwebte mein Astralleib durch metallisches Blau und Schwaden weißen Wasserdampfs, ich nahm, schwamm und schnaufte lange, tiefe Züge. Mein Geist levitierte, ich sah alle Szenen meines neuen Stücks: wie Kohl mit Anlauf vom Schafberg in den See springt – und der See ist anschließend leer; wie Kohl den CDU-Parteitag der Liebe ausruft; wie Kohl sein Ehrenwort gibt, dass er fürs Saunieren auch immer bezahlt hat.

Mein Impresario war verblüfft, als ich ihm am Telefon von meinem neuen Stück erzählte. Er schrie: «Du bist total durchgetickt, bleib mir vom Leib, bleib, wo du bist!»

Aber es war mir egal. «Der schwarze Riese vom Wolfgangsee» hat das Zeug zum Welterfolg, das wird der Zauber der Saison! Allein schon die Schlussszene: Erst die Speisung der fünftausend Tagesausflügler, danach wandelt Kohl über den See, dem Sonnenuntergang entgegen, und singt: «Ja, im Salzkammergut, da kammer gut Kanzler sein.» Genau! So muss es laufen! Was kann mein Musical dafür, dass es so schön ist?

Mit Ziellinienzigarre
auf Platz 332

Die Septembersonne feiert den letzten großen Auftritt des
Jahres und taucht den Landschaftspark rund um Blenheim
Palace in milchig helles Weichzeichnerlicht. Vor mir, in einer Senke, ruht still ein großer See. Über seine engste Stelle spannt sich
eine monumentale Brücke, die Bäume am Ufer machen erste Farb-
vorschläge, die Gegend drum herum hat einen eleganten grünen
Samtanzug an, im Hintergrund thront prächtig der Palast. Durch
einen Triumphbogen habe ich diesen Park betreten. Das passt,
dachte ich: Hier wirst du also deinen großen Sieg erringen, so wie
sich die gigantische Anlage den Siegen in den Schlachten verdankt,
die John Churchill Anfang des 18. Jahrhunderts für die englische
Krone schlug. Dafür wurden ihm die Herzogswürde und einige
hundert Hektar nördlich von Oxford verliehen, er durfte sich
Duke of Marlborough nennen und eines der größten Schlösser
Europas bauen. Damit sein Nachfahr, der elfte Duke, auf den weitläufigen Latifundien Mineralwasser abfüllen, ein Sägewerk und
eine Miniatureisenbahn betreiben, Schlosshochzeiten anbieten
und nun auch als Gastgeber für das merkwürdigste Fahrradren-
nen der Welt fungieren kann: die Brompton World Championship.

Wer an dieser Klapprad-WM teilnehmen will, muss mit dem
eigenen faltbaren Gefährt erscheinen und die richtige Sport-
kleidung tragen: Enganliegende Radlerkleidung ist nicht gestattet,
Jackett, Hemd und Krawatte oder Fliege sind dagegen zwingend
vorgeschrieben, für Damen wie für Herren. Nur in diesem Outfit

ist man ein echter Brompton-Fahrer. Das «Brommie», wie seine Besitzer es liebevoll nennen, ist ein Hightech-Klapprad, das in nichts den lächerlichen orangefarbenen Schrotträdern gleicht, die früher in unseren Kellern und Garagen vergammelten. Das Ding ist äußerst robust und lässt sich mit ein paar Handgriffen in ein verblüffend kleines Päckchen verwandeln. Vor allem in London wird das Wunderding gefahren, von Pendlern, die mit Anzug und Krawatte in die U-Bahn steigen. In der engen, muffigen Tube darf man keine großen Fahrräder transportieren – ein Klapprad, das sich auf Aktenkoffergröße zusammenfalten lässt, dagegen schon.

Dank des patentierten Klappmechanismus lässt sich das Brompton innerhalb weniger Sekunden auf- und wieder zusammenfalten. Wenn man es kann. Ich habe mir soeben ein Brommie geliehen, weil ich noch keines besitze, also zum ersten Mal ein solches Teil in der Hand, und spiele nun die alte Comedynummer mit dem Mann und dem Klappstuhl durch. Bei jedem Faltvorgang entsteht etwas Neues, nur leider niemals ein Fahrrad. Ein Herr in Tweedsakko, Fliege und Reiterhosen kann das nicht mehr mit ansehen und zeigt mir die entscheidenden Handgriffe. Denn gleich startet das Rennen nach Le-Mans-Art mit fliegendem Start: Man muss auf sein geparktes Fahrzeug zurennen, es auffalten und losfahren.

Er liebe Bromptons, sagt Mr. Tweed, diese Räder seien endlich mal wieder ein Beispiel für erfolgreiche britische Technik. Von Cowley ist er hergeradelt, einem Vorort von Oxford, wo der Autohersteller Morris früher den legendären Morris Minor baute, eine Art britischer Volkswagen. Heute heißt die Firma BMW, so wie fast alle englischen Fahrzeugfirmen inzwischen in fremder Hand sind. Das Brompton aber ist weltweit das bestverkaufte Klapprad und damit ähnlich erfolgreich wie die Beatles. Schon nach ein paar Minuten üben kommt auch bei mir endlich ein Fahrrad raus.

Gleich beginnt die Weltmeisterschaft. Zwei Taiwanesen fragen mich nach dem Weg zum Startfeld. Ich habe keine Ahnung. Yoon und Lee sind aus Taipeh angereist, sie haben eine Geschäftsreise nach England mit der Teilnahme verbunden. In Taipeh fahren beide Klapprad, das teure Brompton sei sehr beliebt, denn seit die Handys unsichtbar klein geworden sind, tauge es auch als gut sichtbares Statussymbol. In China käme man mit dem Plagiieren kaum nach.

Wir folgen der gutgekleideten Masse. Graue und schwarze Businessanzüge mit und ohne Nadelstreifen, Damen in Flanellhosen mit Blusen und Binder, ein Gentleman im weißen Sommeranzug, Studenten in gestreiften Boating-Blazern, wie man sie in Oxford beim Stocherkahnrennen trägt, Teenager mit ungelenk gebundenen Krawatten – sie alle suchen ihre nummerierten Startpunkte. Eine betagte Dame mit riesigem Strohhut benutzt ihr zusammengefaltetes Brompton als Rollator und stärkt sich mit einem Stoß Asthmaspray. In der Seniorenklasse gibt es auch einen Preis zu gewinnen.

Habe ich überhaupt eine Chance? Das letzte Rennen, an dem ich teilgenommen habe, ist ungefähr hundert Jahre her, es waren irgendwelche Bundesjugendspiele, die dann auch den Schlusspunkt meiner sportlichen Karriere bildeten. Und das letzte Zweirad, auf dem ich saß, wurde von zwei mächtigen Zylindern angetrieben und wog so viel wie ein Kleinwagen. Aber Geschwindigkeit ist bekanntlich nicht alles, und seit ich erfahren habe, dass auch der bestangezogene Fahrer einen Preis bekommt, rechne ich mir bei dieser WM ernsthafte Chancen aus. Die Konkurrenz ist zwar gut gekleidet, aber gegen meinen weit geschnittenen Vintage-Breitnadelstreifenanzug in Kombination mit psychedelischem Las-Vegas-Hemd, roter Siebziger-Jahre-Serviettenkrawatte, roter Sonnenbrille und schwarzen Hochglanz-

Doc-Martens hat sie wohl kaum eine Chance. Allenfalls vielleicht der Typ da vorne, mit den zum Helm passenden schwarz-weißen Karostrümpfen – der könnte gefährlich werden.

Auch sonst habe ich mich für dieses Rennen sehr gut vorbereitet, habe viel Wasser getrunken zum Whisky, habe reichlich Eiweiß und Eigelb *sunny side up* zum *Full English Breakfast* geordert und mich ansonsten an die Lebensmaxime des berühmtesten Bewohners von Blenheim Palace gehalten. Kein Geringerer als Winston Churchill wurde nämlich hier geboren, im Schloss sind die rotgoldenen Locken zu besichtigen, die man ihm als Fünfjährigem vom Haupte säbelte, und drei Meilen weiter, in Bladon, ist er begraben. Er erfand nicht nur ein eigenes Zigarrenformat, sondern auch die Devise «No sports», liebte Champagner und die Malerei und wusste, dass nur der gewinnen kann, der auch an den Sieg glaubt.

Auf dem Startfeld neben mir steht Steve, ein Student aus Oxford. In seiner Kombi aus dunklem Jackett, weißem Hemd, Krawatte und kurzen Hosen sieht er ein bisschen aus wie Angus Young von AC/DC. Er will wissen, ob ich «der spanische Fahrer» sei. Ich verstehe nicht. Na, ob ich denn nicht das Gerücht gehört hätte: dass die Spanier, die schon zweimal den Klapprad-Cup geholt hätten, auch in diesem Jahr wieder siegen wollten. Deshalb hätten sie einen ehemaligen Radprofi eingeschleust, der auch schon im Team von Lance Armstrong gefahren sei. Wie er heißt, welche Nummer er hat – keiner weiß was. Euphorie kippt um in Verzweiflung. David Nibbs, ein Neuseeländer vom «Team Kiwi», rechnet sich sowieso keinerlei Chancen aus. «Wir haben insgesamt nur einmal trainiert», sagt er und schaut mich mit kleinen roten Äuglein an. «Gestern Abend im Pub. Und das viel zu lange.» Er wird recht behalten und später mit seinem Team den letzten Platz machen.

Ein Gentleman mit Megaphon erklärt die Regeln. Wer sein

Fahrrad vor dem Start nicht ordentlich zusammengeklappe, dem werde die Mitfahrerlaubnis entzogen und ihm drohe der *walk of shame*. Mählich sind alle Fahrer optimal präpariert.

«Wo ist überhaupt das Ziel?», fragt einer, der sich offensichtlich viel auf sein Kostüm aus Frack und Zylinder einbildet, dabei trägt das in Wien jeder Kutscher.

«In welche Richtung müssen wir denn fahren?», will ein Mann mit rosa Melone wissen.

«Immer den Schrauben und Speichen nach!», antwortet das Megaphon.

«Der Spanier soll mal die Hand heben», schreit einer. Zwanzig Hände heben sich in den Himmel. Aufstöhnen.

Da – das Startsignal!

Wir wetzen zu den Rädern, ein vierhundertfaches Klicken und Knacken zeugt von den Mühen des Hochleistungsklappens, dann eiern wir los. Auf einem Brompton sitzt man wie ein Affe auf einem Schleifstein, allerdings auf einem extrem schnittigen und wendigen Schleifstein. Auf meinem fahrenden Hochsitz rolle ich dem Ostflügel von Blenheim Palace entgegen, dann biegt der Pulk rechts ab, Schussfahrt hinunter zum See mit der Grand Bridge, dem glanzvollen Meisterstück des Barock-Baumeisters John Vanbrugh. Mühsam treten wir uns wieder bergauf, geschickt lasse ich mehrere Dutzend Fahrer an mir vorbeiziehen, um die schöne Strecke für mich allein zu haben. In der Ferne ragt die vierzig Meter hohe Siegessäule in den Himmel, auf der sich der erste Duke als Statue verewigt hat. Offenbar reichte es ihm nicht, den größten nicht-königlichen Palast Britanniens zu besitzen.

Die Taiwanesen sind längst an mir vorbeigezogen, Oxford-Steve sowieso, das komplette Mittelfeld inzwischen auch. Sakkoschöße flattern im Wind. Ich trete, ochse und triebele, schwitze und keuche, sehe rosa Kringel und zeitweise schwarz … und endlich das Ziel. Noch einmal gebe ich alles, dem Klappesel den Rest, und erreiche mit allerletzter Kraft die Ziellinie.

Kein Jubel, kein Blitzlichtgewitter, nichts. Nur ein Mann mit gelber Flagge, der mich weiterwinkt und ruft: «Second lap!»

Ich muss eine zweite Runde fahren, die doppelte Strecke! Der Parcours ist gar nicht sechseinhalb Kilometer lang, sondern dreizehn! Wie soll ein Mensch alleine das schaffen? Wozu hat man das Automobil erfunden? Doch keiner hört mein Klagen.

Da erinnere ich mich, dass Profiradler immer versuchen, im Windschatten anderer zu fahren, um Kräfte zu sparen. Aber ich bin allein auf weitem Parcours. An der tödlichen Steigung nach Vanbrughs Brücke kommt mir plötzlich ein riesiger Brocken entgegen, eine Lawine. Es ist ein Mann wie ein Felsklotz, auf seinem Rücken steht «Team Kiwi». Sein Kopf zeigt Rotglut, er strampelt vergeblich gegen die Schwerkraft an. Das Bier zieht nach unten, er fährt fast schon rückwärts. Im letzten Moment schere ich vorbei.

Ich entdecke vor mir eine Lady im rosa Rock. Sie hat einen phantastischen Vogelnesthut, ein noch phantastischeres Dekolleté und merkwürdigerweise keinen Schlips. Ist er in den Tiefen ihres Ausschnitts versunken? Egal, ich hänge mich erfolgreich in ihren Windschatten. Aber nur so lange, bis die Lady keucht, ich solle sofort aufhören, so dämlich hinter ihr herzufahren. Sie fahre sonst zur Polizei.

Ich habe keine Kraft mehr, lasse mich zurückfallen. Jeder muss sein eigenes Tempo finden, heißt es im Profisport, und ich bin gerade dabei. Die sorgfältig komponierte Landschaft ist doch eigentlich viel zu schön, um im Düsenjägertempo hindurchzuzischen. Ich komme wieder zu Atem, schiebe die Krawatte zurecht und bestaune vielhundertjährige Eichen, Zedern und Ulmen. Eiben lassen die roten Früchte blinken, hier ein Teich und da ein Aussichtspunkt. Wie sagte Churchills Vater noch, als er seiner frisch Angetrauten zum ersten Mal das Anwesen zeigte? «Das ist die schönste Ansicht Englands!» William Turner kam zum Malen hierher, und König George III. rief nach Inspektion des Landsitzes erschüttert aus: «Wir kennen nichts Vergleichbares!»

Schafe räkeln sich in pastoraler Pracht unter einer buckligen Buche, Fasane kreuzen die Fahrbahn, auf einer Wiese hoppeln die Karnickel wie im Teletubby-Land. Hier ein Grünspecht in der Luft, dort ein Verletzter auf der Fahrbahn. Er schreit vor Schmerzen. Sanitäter strecken seinen Fuß, um den Wadenkrampf in den Griff zu kriegen. Das hat man nun davon. Da lobe ich mir Churchills Devise. Ich radle derart gemütlich und beglückt durch die Bukolik, dass es mir in freier Fahrt gelingt, meine Churchill-Siegerzigarre anzuzünden. Dafür spenden die Zuschauer am Straßenrand Sonderapplaus bei der Zieleinfahrt.

Ich belege einen sehr soliden 332. Platz und kreuze immerhin noch eine Viertelstunde vor dem Eintreffen des letzten Fahrers auf, einem lange Zeit als verschollen geglaubten Herrn aus Vietnam.

In Rauchwolken gehüllt, wanke ich zur Siegerehrung, lege mir schon die Dankesworte für die Verleihung des Titels «Best Dressed Competitor» zurecht – da kommt alles ganz anders. Die Zeremonie wird zur echten Überraschung, und zwar für alle. Steve, der schon vor Stunden im Ziel eingetroffen ist, erzählt mir, dass der spanische Profi tatsächlich mitgefahren sei. Er habe wohl eine phantastische Zeit erreicht.

Eine Dame erscheint auf der Bühne und kündigt einen Überraschungsgast an, einen hageren Herrn im grün karierten Jackett mit rotem Einstecktuch, Prinz-Charles-Scheitel und aristokratischem Schnäuzer: Seine Gnaden, John George Vanderbilt Spencer-Churchill, der elfte Duke of Marlborough, spendet uns den Glanz seiner Gegenwart. Er wird die Preisverleihung vornehmen. Klappräder in Kartons, silberne und goldene Zahnräder am roten

Band wechseln den Besitzer. Dem Gesicht des Herzogs ist deutlich anzusehen, was er von solcherlei Volksbelustigungen hält.

Die Gruppenwertung gewinnt, wie auch in den Vorjahren, das spanische Team «Cap Problema». Hinter mir trinkt das neuseeländische Team bereits in dritter Runde auf die Sieger. Irgendwo zetert die Lady in Rosa, weil sie nicht glauben will, dass man sie wegen einer fehlenden Krawatte disqualifiziert hat. Ein drahtiger Spanier erklimmt vorschnell die Bühne, um das ersehnte goldene Ritzel für den schnellsten Bromptonritt entgegenzunehmen. Doch der Fahrradmechaniker Alastair Kay aus Yorkshire war schneller: um ganze drei Sekunden! Der spanische Ex-Profi, im letzten Jahr bei der Tour of Spain wegen Dopings disqualifiziert, ist fassungslos. Und ich bin es auch, denn der bestangezogene Fahrer ist der Typ in Frack und Zylinder. Mit einem Champagnerglas in der Hand lässt er sich fotografieren.

Ein Sprecher dankt für die Teilnahme an diesem «wunderbar exzentrischen britischen Event» und wünscht allen Beteiligten «noch ein schönes Picknick». Der elfte Duke macht sich schnurstracks vom Rasen, ich hechte hinterher und kann ihm gerade noch eine Frage stellen: ob er denn jemals auf einem Fahrrad durch seine herrlichen Ländereien gefahren sei.

Seine Gnaden schauen mich erstaunt an. «Oh no», sagt er und eilt zügig davon. «Never!»

Kein Zweifel – ein echter Churchill.

China

Mollig warme Eisblöcke

Wir wollten wissen, wie das ist, wenn es kalt ist. So richtig schweinekalt. Es war Januar im Jahr der Schlange, von Peking aus hatten wir den Nachtzug nach Nordosten genommen, tief rein in die Mandschurei. Unser Ziel war die Stadt Harbin. Dort klirrten im Winter satte minus vierzig Grad Celsius, hatte man uns versprochen. Noch weiter nördlich, in Mohe, war das Thermometer sogar schon mal auf minus 52,3 Grad gesunken – die tiefste je in China gemessene Temperatur. Genau, was wir suchten.

Harbin, die letzte Großstadt vor der Grenze zu Sibirien, ruhte blank geputzt am Songhua-Fluss. Die alten russischen Jugendstilbauten strahlten frisch aufpoliert um die Wette, Pelzmäntelmenschen eilten aufgeregt von Boutique zu Boutique. Das St. Moritz Chinas. Wintersport war möglich, die eigentliche Sensation war jedoch das jährliche Eislaternenfest. Von überall her eilten die besten Eismetze der Provinz Heilongjiang und errichteten aus gefrorenem Wasser Tempel und Paläste, ja ganze Schlösser mit Türmen und Zinnen. Oder sie schnitzten im flachen Wintersonnenlicht glasig glitzernde Skulpturen, die «Freude der Jugend» oder «Flügel des Fortschritts» hießen. Und auch so aussahen.

Es war amtlich kalt. Statt der üblichen Begrüßungsformel *Ni hao* – Wie geht's? – fragte man hier: «Wie viele Hosen trägst du?» Vier übereinander waren angeraten, drei waren zu wenig, die meisten schworen auf fünf. Just nach Ankunft, als wir aus dem Bahnhof traten, trugen wir nur zwei. Sofort verstanden wir den

tieferen Sinn der Redewendung, man habe sich den Arsch abge-
froren. Es war einfach saukalt.

Aber wie kalt genau? Im ersten Kaufhaus am Platze erwarben
wir robuste Gefrierschrankthermometer der Marke «Rote Fahne»
und begannen sofort mit den Messungen: vor dem Kaufhaus nur
schlappe minus achtundzwanzig Grad. Wahrscheinlich musste
das Thermometer erst noch kaltlaufen. Vorbei an hämmernden
und sägenden Eismetzen stiefelten wir hinunter zum Fluss. Kurz
davor, im frostigen Stalin-Park: minus dreiunddreißig. Schon besser. Das Wasser gefror knisternd in der Nase, die Ohren glühten
vor Kälte. Auf dem zugefrorenen Songhua standen mehrstöckige
Eisburgen und funkelten in der Sonne. Im Ausguck, unterstützt
von einer Brise Ostwind: minus fünfunddreißig. Na, wer sagt's
denn!

Weitere Ergebnisse: Morgens gegen sechs war es am kältesten
(minus neununddreißig). Mit sechs Hosen konnte man auch laufen. In Handtaschen war es immer ein Grad wärmer als draußen.
Auf Eisblöcken konnte man sich aufwärmen, die hatten nur minus sechzehn Grad. Schneeskulpturen waren sogar noch wärmer.
Wodka brachte wenig, Rauchen hingegen viel. Eine Pentax-Spie-
gelreflexkamera friert bei minus dreiunddreißig Grad ein. Frost-
beulen entstehen einfach so. Und mit sieben Hosen kann man
nicht mehr laufen.

Zufrieden zogen wir sechse aus und reisten wieder ab nach
Hause. Und was meldeten die Zeitungen in der Heimat? Grim-
mige Kaltfront, Eis- und Schneechaos! Am Funtensee in Bayern
wurden sogar minus 45,8 Grad gemessen.

Warmes China.

Verfettet, verschmutzt, versalzen

Meine gefährlichste Weltreise machte ich in Berlin – wo sonst? Wer sich hier langweilt, ist selber schuld. Die Szene brodelt, jeder Zweite ist hip, im Stundentakt entstehen in Hinterhöfen die Moden von morgen. Es geht voran. Deswegen hat die UNESCO Berlin auch zur «Stadt des Designs» erklärt. Zu Recht. Hier wurde nach dem Krieg die Weltniveau-Delikatesse Currywurst entwickelt, hier wurde erstmals eine gigantische Innenstadtmauer errichtet, um die Szenebezirke vor den Uncoolen zu schützen, hier saß man zum Essen und Trinken schon auf dem Bürgersteig, als sich Restdeutschland noch in muffigen Lokalen verschanzte. Berlin – immer zwei Schritte vorweg.

Sogar der weltweite wirtschaftliche Abschwung wurde in Berlin vorausgeahnt, frühzeitig hat man auf diesen Trend gesetzt. Heute kann Berlin stolz von sich behaupten, die unbestrittene Armutshauptstadt zu sein. Jeder fünfte Einwohner erhält Sozialleistungen, nirgendwo in Deutschland sind die Löhne so gering, und nirgends ist Essengehen so preiswert.

Gut, das mag zum Teil auch an der legendären «Berliner Küche» liegen. Kasseler mit Sauerkraut, Döner mit allem, Moppelkotze mit Gartenwurst (wie der Berliner liebevoll den Bohneneintopf mit Gurke nennt), dazu eine Berliner Weiße rot oder grün – herrlich. Und über allem thront, majestätisch und braun, das unerreichte Zentralgestirn der Spree-Kulinarik: die legendäre Bulette. Wer richtig schlecht essen will, kommt um Berlin nicht herum.

Hier ist die Auswahl am größten. Rund fünfunddreißigtausend Betriebe sind in Berlin mit der Verarbeitung und Verköstigung von Lebensmitteln beschäftigt, allein siebentausend davon im Bezirk Pankow. Doch wo einkehren, wenn's *super low scale* sein soll?

Um Szenesurfern und Trendhoppern die Orientierung zu erleichtern, hat das Bezirksamt Berlin-Pankow entschlossen gehandelt und – bislang einzigartig in Deutschland – eine «Negativliste» besonders gesundheitsgefährdender Betriebe herausgegeben. Und ins Internet gestellt. Die Seite hat zigtausend Aufrufe pro Tag. Sofort schrie die Gastronomieszene auf, von «Rufmord» war die Rede, vom «Online-Pranger». Der Deutsche Hotel- und Gaststättenverband lief gegen die Entscheidung Sturm, doch in der Stadt ohne Großflughafen wird wenigstens Verbraucherschutz ganz groß geschrieben. Man hofft auf Nachahmer des umstrittenen «Smiley-Projekts». Wer besonders sauber kocht, darf sich nämlich einen vom Bezirksamt verliehenen Smiley an die Türe kleben – und wer besonders schmuddelig schmort und brutzelt, der findet sich auf der «Ekel-Liste» *(Bild)* wieder. Nehmen wir die Liste einfach als Gastroführer der anderen Art, als Guide Michelin für Low-Budget-Esser mit Abenteuerlust und eisernem Magen. Berlin hat ja noch aus jeder Not eine Tugend gemacht, und Erlebnisgastronomie geht doch immer.

Natürlich ist die Liste fragwürdig. Sie ist das Ergebnis wahlloser Stichproben, kaum ein deutsches Lokal wird bemängelt, dafür aber mehr als ein Dutzend asiatisch kochender Institute. Schlitzauge, sei wachsam? Außerdem wurden etliche der Sonderserviceleistungen, die gewisse Gastronomen im Angebot hatten, von den Kontrolleuren gar nicht als solche erkannt. Einem Lebensmittelgeschäft mit Obst- und Gemüsehandel in der Florastraße wird vorgeworfen: «In der Küche wurden auch Blumen gebunden.» Spricht das nicht für einen leichten, nahezu veganen Ernährungsstil? Blüten von Chrysanthemen, Kornblumen oder sogar Alpenveilchen gehören heute längst zur avancierten Küche, ausgebackene Kürbis- und Zucchiniblüten sind bei Sterneköchen ein *must*!

Das «Thai Asia Bistro» in der Achillesstraße hat «kein Licht im Lager und Umkleidebereich» – na und? Zeugt das nicht von der sittlich hochstehenden Diskretionskultur, um die wir die Thailänder so beneiden? Und wenn an einer Imbissbude «mangelhafte Personalhygiene» moniert wird, dann hatten die Prüfer mit ziemlicher Sicherheit nur stylische Jungberliner im angesagten Schmuddellook vor sich – mit strähnigen Fettfrisuren, bohemienhaften Pennerbärten und aufwendig zerrissenen Designerjeans. Um weitere Missverständnisse aufzuklären, hilft nur eines: der Selbstversuch vor Ort.

Ich gehe zur Mittagszeit los, ungefrühstückt und hungrig, aber bestens präpariert. Am Abend zuvor habe ich meinen Magen mit leichten Gaben von Rotwein desinfiziert, im Marschgepäck klappert die Anstaltspackung Bullrichsalz, um einen drohenden Sodbrand bereits im Keim zu ersticken. Ich steuere die Gleimstraße an, eine Querstraße der Schönhauser Allee. Sie rangiert mit vier Nennungen direkt hinter der Schönhauser (fünf Nennungen), die fraglichen Lokale liegen, das verraten die Hausnummern, nah beieinander. Doch kaum bin ich beim berühmten Colosseum-Filmtheater um die Ecke gebogen, wartet eine unschöne Überraschung: Alle vier Läden haben geschlossen – an einem Samstagmittag!

Was wäre das für ein vielversprechender Auftakt gewesen: einige Sushihäppchen bei «Asuka Sushi» («unzureichende Reinigung des Betriebes»), danach eine Pizza im «Fellini» («Handwaschbecken in der Küche nicht nutzbar»), ein Dessert mit irgendwelchen Zusatzstoffen in der «Stilkultur» («Zusatzstoffe in der Speisekarte nicht gekennzeichnet») und danach ein lecker

Bierchen im «Dubliner Irish Pub» («Bierkühlanlage verschimmelt»).

Schlimm. Ich habe nämlich jede Menge Kohldampf. Und obwohl allüberall Lokale sind, obwohl ganz Berlin aus einem einzigen, großen Asia-Imbiss zu bestehen scheint, muss ich mich weiter an meine Liste halten. Die «Sushibar Ha Long Bay» («Thai-Vietnam-Küchenspezialitäten») in der Schönhauser Allee kann zwar mit interessanten Features aufwarten («Ablufthaube stark verschmutzt, fettig und klebrig/im Lager wurde Reis gekocht»), außerdem hegt man hier das Geflügel bei angenehmem Klima in ethisch unbedenklicher Bodenhaltung («Geflügelfleisch wurde bei Zimmertemperatur auf dem Fußboden aufgetaut») – aber schon eine Sichtkontrolle durch die übrigens tadellos geputzten Fensterscheiben zeigt: Keiner sitzt oder kocht auf dem Boden, alle sitzen unasiatisch an Tischen. Ohne mich. Ich suche was anderes.

Das «Phong Lan» («Thailändische Spezialitäten, Sushi») weiter unten in der Schönhauser lockt mit der «hygienisch unzureichenden Bearbeitung von Lebensmitteln» und «mangelnder Grundhygiene», und das kann für Schmitt, den Restauranttester, nur eines bedeuten: Fisch! Ich bestelle «CALIFONIA mit Krebfleischimitat» (Nr. 44) und «WÜRZIGEROLLE mit gewürzte Lachs» (Nr. 52), was mir hervorragend bekommt und mindestens so frisch ist wie ein gängiges Supermarkt-Sushi. Doch ist mir das tadellos blitzblanke Lokalimitat irgendwie zu schick und zu schön, zu unauthentisch. Von einem echten «Ekel-Restaurant» *(B. Z.)* erwarte ich mehr.

Nach der geschäftigen Schönhauser wirkt die Lychener Straße nahezu abgeschieden, fast ruhig. Hier hat sich ein internationales Feinschmecker-Idyll angesiedelt. Nacheinander passiert man die Milchreis-Bar «Risum», den Weinspezialitätenhändler «Les Vignes», die ursprünglich in Havanna beheimatete «Bodeguita del Medio», und quer über den Gehweg hängt ein Transparent im Nachmittagsregen: «Pizza & Pasta je 2,50 €». Hier tobt der Preiskampf quer durch die Volksküchen, die Luft nach unten ist dünn. Nur wer für kein Geld das beste Essen anbietet, kann überleben.

Da gehört das afrikanische Spezialitätenrestaurant «Massai» («Afrika kulinarisch erleben – eine Erfahrung für Leib und Seele») mit Menupreisen um die neun Euro schon zur gehobenen Spitzengastronomie. Die Eingangstür zieren jede Menge Auszeichnungsaufkleber, und im Gastroguide des Bezirksamts lesen wir jede Menge schmutziger Worte («Fliesenwände stark verschmutzt ... Gerätschaften verschmutzt ... Kühlschrank vereist und verschmutzt ... Ablufthaube verschmutzt und verfettet»). Authentische Küche hat eben ihren Preis! Und ein bisschen Schmutz hat noch keinem geschadet! Liegt denn unsere ständig wachsende Zahl von Allergikern und Asthmatikern nicht darin begründet, dass wir immer schmutzfreier und antiseptischer aufwachsen? Eben. Leider ist das «Massai» aber inzwischen tadellos sauber, wie die Sichtkontrolle ergibt, und geschlossen ist es auch.

Im «Maccheroni», ebenfalls auf der Lychener, wurden neben einem «stark verunreinigten Eiswürfelbehälter» vor allem «mangelhafte unsaubere Gerätschaften und Einrichtungsgegenstände» moniert. Ein weiterer Beweis für die himmelschreiende Inkompetenz der Amtsprüfer. Der äußerst geschmackvoll eingerichtete Edelitaliener überrascht nicht nur mit einer klinisch sauberen Eisbox, auch mit vielen liebevoll arrangierten Deko-Objekten. Dass die hundert alten Milchflaschen, aus denen der imposante Kronleuchter gezimmert ist, dass die alten Emailleschälchen und Tongefäße «mangelhaft» sind – das ist nun mal so bei Antiquitäten! Der servierte Cappuccino jedenfalls war es nicht, und der ist ja bekanntlich die Visitenkarte eines Restaurants. Hier ist das Gastrokonzept derart mediterran, dass es sogar afrikanische Mittelmeerländer mit einschließt – wie die drei fröhlich in der Küche scherzenden Schwarzen eindrucksvoll belegen.

Eine echte Enttäuschung wartet im «Shahrazad» («Shisha Cocktailbar») um die Ecke in der Pappelallee. Dort hat man den «massiven Gärfliegenbefall» offenbar durch den massiven Einsatz von Rauchdesinfektion per Wasserpfeife gestoppt, und ein kurzer Blick ins WC bestätigt die schlimmsten Befürchtungen: Das besondere Alleinstellungsmerkmal «Mausefallen im Handwaschbecken» wurde leider aufgegeben – sehr schade. Welcher Konkurrent hätte da mithalten können?

Einige Meter weiter im «Com Thai» («Bangkok Peking Hanoi Bistro») wird die Küchenphilosophie der *open kitchen* gepflegt. Das asiatisch reduzierte Einrichtungskonzept mit Spanplattentheke und dem Aushang «keine Besuchertoilette» lenkt den Blick aufs Wesentliche – auf das Essen, das ein extrem freundlicher Herr liebevoll vor den Augen des Gastes zubereitet. Und zwar so, wie man es von einem Billigimbiss («Küche stark verschmutzt/Kellerbereich verschmutzt») erwarten darf. Der Klassiker «Tom-Kha-Gai Hühnerfleisch» (Nr. 03) kommt als nahezu fleischloser und kokosmilchfreier, stark salzhaltiger Eintopf mit brockiger Gemüseeinlage daher, und die «Hühnerbrust kroß» (Nr. 133) wird als dick auspanierter Fleischklumpen auf knackig-öligem Gemüsebett interpretiert. Der Aromenakkord salzig/fettig ist nachgerade überwältigend. So soll schlechtes Essen sein!

Durst! Post-Sojasaucendurst! Auf in die Berliner Allee ins «Damla Bistro»! Hier baut man auf innovative Geschäftskonzepte («Billigbier wird als Schultheissbier verkauft»), freudig und aufgeregt bestelle ich ein Billigbier. Was denn das sein solle, fragt der Angestellte. «Wir ham nur Schultheiss, aber dit is ooch nich teua.» Enttäuscht ziehe ich weiter.

Wenn's schon nichts zu trinken gibt, gehe ich halt was essen.

Und zwar am Kulminationspunkt der Berliner Kulinaristik, am U-Bahnhof Eberswalder Straße, wo sich Danziger Straße und Schönhauser Allee, Pappel- und Kastanienallee kreuzen und wo auf einer Verkehrsinsel seit über fünfundsiebzig Jahren «Konnopke's Imbiss» die Wurstzangen schwingt. Staunend drängt sich eine Gruppe Finnen um die hinter Glas zur Schau gestellten Blut-, Bock- und Currywürste, die Warteschlange hat DDR-Format. Da «Konnopke's» aber nicht bemängelt wurde, ist er für mich tabu.

Ich gehe gegenüber ins indische Restaurant «Sangeet» mit vielversprechender Mängelliste («Nichteinhaltung der Kühlkette/ Rattenbefall der Lagerräume im Keller»). Die Stimmung im Restaurant ist gereizt, der Chef diskutiert mit aufgebrachten Stammgästen die Veröffentlichung der Ekel-Liste im Netz. «Dit Informationsjesetz, dit is ne Sauerei!», ruft eine Dame und klopft dem Chef tröstend auf die Schulter.

Endlich kommt das Essen. Doch was für eine Enttäuschung! Der «Yogitee» ist feinstwürzig, sehr milchig und mit echtem Honig zubereitet; das «Bengen Körma» («Auberginen in Spezial-Mandel-Cremesauce mit indischem Rahmkäse») ist von vollendet mandeliger Cremigkeit und angenehmer Schärfe, die Aubergine hat den perfekten Biss; auch das Tikka-Hähnchen kommt auf den Punkt gegart in einer milden Marinade aus Paprika, Zwiebeln, Tomate und Joghurt und schmeckt – einfach köstlich. So soll, kann, darf es nicht mehr weitergehen. Ich will endlich echte Berliner Küche!

Ein Taxi bringt mich raus, Richtung Langhansstraße, dort soll der «Alt Berliner Imbiss» meine Rettung sein, die letzte Station auf meiner kleinen Reise in die kulinarischen Grenzgebiete der Hauptstadt. Jenseits der Ostseestraße wird das szenige, trendige Berlin schon wieder zum muffigen Dorf. Nur ein einsamer Dackel führt einen Kampfhosenmann durch den Nieselregen spazieren.

Kurzer Zwischenstopp beim «Asia Imbiss» in der Gustav-Adolf-Straße («Vorfinden verdorbener Lebensmittel/mangelnde Grundhygiene»). Diagnose: geschlossen. Das Lokal wirkt verwaist, verstaubt, vergessen. Ist das schon die erste Geschäftsaufgabe, nachdem man das Lokal an den Netzpranger gestellt hat?

Alle Hoffnung konzentriert sich jetzt auf den «Alt Berliner Imbiss» um die Ecke, der nicht nur mit «fehlender Hygienekleidung», sondern mit einer echten Killerapplikation aufwartet, die ihn weit über die Konkurrenz hinaushebt: «Computerarbeitsplatz im Küchenbereich des Imbiss» heißt es da in trockenstem Amtsdeutsch – aber ist das nicht ein klares Indiz für hochmoderne Küche? Nur so kann doch der Chefkoch die neuesten Buletten- und Bratwurstrezepte aus dem Internet downloaden und womöglich sogar in die schöne, neue Kochwelt der Molekularküche vorstoßen: Currywurstschaum auf Senfspiegel an Frittengranulat!

Die Tafeln auf dem Trottoir sind ganz nach meinem Geschmack: «Hotdog 2,00 €» und «Knacker 1,50 €» – wenn das kein Angebot ist! Die Imbissbude residiert versteckt in einer Brache zwischen bröckelnden Putzfassaden und Bauzaun, ist aber aufgrund seiner weithin erschnüffelbaren Fettfahne leicht zu finden. Doch weh! Männer mit Bohrmaschinen traktieren das Innere der entbeinten Bude, es wird gehämmert und genagelt. Die Fettbadewanne ist leer.

«Wird umjebaut, Meesta», sagt einer, der sieht, wie ich um Fassung ringe und mit den Tränen kämpfe. Umjebaut? Wozu das denn? Wo bleibt mein Alt-Berlin? Ich bin ratlos, kraftlos, bulettenlos. Wo bist du hin, Küche von Berlin? Etwa nach Mitte? Ich brauche dringend eine neue Negativliste! Hier darf der Modellversuch nicht enden. Ihr Bezirksämter von Lichtenberg und Mitte, von Marzahn und Charlottenburg – worauf wartet ihr?

Sachliche Betrachtung einer Insel

Diese Insel im nördlichen Eismeer ist eine einzige dampfende, stinkende, qualmende und alles in den Bann ziehende Natur- und Intellektualgemeinheit. In den Köpfen der Insulaner nisten Brutalität, Infamie und der hundertprozentige Wille zu nichts. Apathie ist das vorherrschende Lebensgefühl, gepaart mit Wahn, Dünkel und Arroganz. Aufgrund der jahrtausendelang kultivierten Inzucht und Sodomie und der daraus resultierenden Geistesschwäche bilden sich die Isländer ein, von aller Welt geliebt zu werden. Gesellschaftsfeindliche Exzentrik halten sie für Originalität, Kauzigkeit für Charme und Elfen, Trolle und Björk für echte Lebewesen. Kritiker werden mundtot gemacht oder in Vulkankrater geworfen. Neben Helmut Schmidt ist Island der tückischste Rauchproduzent Europas.

Als Immobilie ist das Land gescheitert, es gilt als unvermietbar und ist bis unter die Erde in einem beklagenswerten, umfassend ruinierten Zustand. Die Kanalisation wurde von schwindsüchtigen Stümpern verlegt, allerorten quillt, schießt und spritzt heißes Schwefelwasser aus dem Boden, gefolgt von todbringenden Miasmen. Der Eingeborene nimmt sie hohnlachend auf Lunge. Island ist so groß wie die ehemalige DDR und mindestens dreimal so tot. Die Bewohnerschaft ist der Bielefelds unterlegen, und das nicht nur zahlenmäßig, sondern auch in jeder anderen Hinsicht. Wer das Pech hat, schon einmal in Bielefeld gewesen zu sein, kann sich leicht ausrechnen, was das bedeutet: Die DDR unter der wirtschaftlichen und intellektuellen Führung Bielefelds – das ist Island, die Heimat der Bekloppten.

Die Zustände vor Ort sind erschreckend und irreparabel, die Wetterverhältnisse eine einzige, sich von Tief zu Untief hangelnde pseudoklimatische Zumutung. Erst regnet es und schneit, dann fällt der Regen nieder. Dann schneit es, regnet es und schneit. Dann regnet es die ganze Zeit. Es stürmt und tost, dann schneit es wieder. Nicht einmal einen Wolf würde man da vor die Türe jagen. Jedoch den Islandinsassen schert es nicht im Geringsten. Nachts ist es stockdunkel, oft monatelang. Die Naturgesetze werden nicht befolgt, von keinem. Wer versucht, diese rettungslos pornographische Insel zu verlassen, wird harpuniert.

Ein Exodus findet indes nicht statt. Abhauen tun ja immer nur die Risikobereiten, die Könner, die besser Gebildeten – die es in Island naturgemäß nicht gibt. Die Ärzte des Landes sind das Allerletzte. Sie kurpfuschen von der Wiege bis zur Bahre und wollen auch noch Geld dafür. Angeborener Schwachsinn gilt als Gottesgeschenk. Es gibt keinerlei Autobahnkreuze, und falls doch, so sind sie blockiert. Die umfassend verlotterten und auf voller Länge verfallenen Straßen führen durch Landstriche universaler Ödnis.

Wer dem Naturerlebnis auf der verkarsteten und schimpflich erodierten Toteninsel nicht mehr standhalten kann, wartet wochenlang auf den Bus nach Reykjavík, einer trostlosen Anhäufung von Holzhütten und Verschlägen aus angeschwemmtem Favelamaterial. In den Straßen fließt der Tran, der Verkehr geht nicht voran. Stillstand ist hier Zeichen des Fortschritts.

Durch die lichtlosen, ranzig riechenden Gassen der Hauptstadt schleppen sich Bresthafte und Verzweifelte, Vorboten des Todes. Die lächerlich schmale Prachtstraße Laugavegur ist rücksichtslos mit Autos und kollabierenden Jugendlichen verstopft, die ihre jahrzehntelange Ausbildung zum Vollalkoholiker gerade erst angetreten haben. In den vertragsbrüchig überteuerten Clubs und Diskotheken tanzt die kaputtgestylte, körperdurchbohrte Jugend dem Untergang entgegen. Sie tanzen bis zum Ende, zu dem Herzschlag der schlechten Musik.

Touristen werden getäuscht, ausgenommen, entrechtet und geknechtet. Sie sind nichts als Freiwild für eine bis in die feinsten administrativen Verästelungen schamlos vor sich hin korrumpierende Kaufmannschaft. Überhöhte Parkgebühren sind die Regel. In den Hinterhöfen stapeln sich Pfandflaschen und Kot, selbst der geringste Versuch einer Straßenreinigung wird erbarmungslos verhindert, ja bestraft. Schattenwirtschaft allenthalben. Die Lieblingsbeschäftigung aller ist die mit sich selbst, Autoerotik gilt als Kunst. Weder kümmert man sich um, noch weiß man von Afrika, Augsburg, gar Amberg. Die sogenannten Politiker, versiert einzig in Eidbruch und Erbschleicherei, waschen ihre Hände in Unschuld. Staatsziel ist der allumfassende Totalbankrott.

Die Banken sind pleite, die Renten unsicher. Als seriöse Einkommensquellen gelten Hütchenspiel und Kinderprostitution. Defraudanten und Hochstaplern errichtet man Denkmäler. Die Kapitalströme werden um- und fehlgeleitet, abgezapft und trockengelegt. Das gestohlene Geld wird aus purer Lust verbrannt, die Asche auf dem Luftweg nach Europa geschickt.

Die Kindeserziehung überlässt man Bibelschülern und tollwütigen Tieren. Während die Jugend in den Vorgärten nach Heroin wühlt, vergnügen sich die Eltern bei der Treibjagd auf Meeressäuger. Beim Walfang werden keine Gefangenen gemacht, er ist Staatsreligion. Je größer und rarer das über Stunden zu Tode gehetzte und durch gezielte Streifschüsse in den Stupor torpedierte Tier, desto größer die Befriedigung der drogenabhängigen Jäger. Wehrlos dämmert die eingeschüchterte Tierwelt ihrer endgültigen und geplanten Ausrottung entgegen. Was sich irgend regt, wird johlend abgeknallt. Ein von brandschatzenden, rotbärtigen Barbaren gekapertes Eiland hört nicht auf, die Ethik und die Schöpfung zu verhöhnen. Überall auf der Welt liebt und schützt man den niedlichen Papageientaucher mit seinem bunten Schnabel. Hier schneidet man ihn langsam und qualvoll in Scheiben, dazu gibt's Kartoffelbrei-Surrogat aus der Packung. Egal wie niedlich und harmlos, alles wird rülpsend verspeist.

Eine nationale Küche existiert gleichwohl nicht. Man schwelgt in vergammeltem Haifisch, der bis zur finalen Reife hinter dem Haus vergraben wird. Wenn die Hunde sich wegen des bestialischen Gestanks nicht mehr rantrauen, gilt er als bereit für den Verzehr. In der Zwischenzeit vertilgt man Hotdogs, im Stehen und im Gehen, niemals am Tisch. Als Delikatesse gilt *eina með öllu* – ein bleicher, phosphathaltiger Wurstprügel mit allem drauf, was die fallierte und auf den heißen Hund gekommene Fastfoodküche zu bieten hat. In den Café, gar Restaurant sich nennenden Pinten und Spelunken haben die Kakerlaken die Regentschaft übernommen. Die Preise sind astronomisch. Im «Kaffibarinn» wie im «Rex» vergeigt die Digitaljugend ihre Lebensperspektive und schaut Porno ohne Ton. Wer nicht in die neueste Betrugskollektion von H&M, Etro oder Vögele gekleidet ist, wird eiskalt ignoriert, kann Ewigkeiten auf sein schwules Milchschaumgetränk warten. Das Penismuseum von Reykjavík zieht permanent um und hat geschlossen. Zwar gibt es tatsächlich ein Goethe-Institut, doch ist es nicht dem Olympier Johann Wolfgang, sondern dessen inkommensurablem letzten Enkel Walther von Goethe gewidmet. Das sagt doch schon alles.

Der traditionelle Morgengruß heißt: «Du mich auch!»

Als unerlernbar gilt die kehlige Sprache, sie ist zur Weitergabe von Informationen völlig ungeeignet, aber das ist gut so. Worüber sollten sich Isländer schon unterhalten? Für die zwanghaft untereinander betriebene Sexualität reicht die Gebärdensprache, den Rest erledigt die Faust. Das Wort Bevölkerungsentwicklung bedeutet in Island einen krassen Widerspruch in sich selbst. Hier war nichts, ist nichts, wird nichts. Die Landvermesser lügen wie gedruckt. Im Gebälk des angeblich ältesten noch aktiven Parlaments der Welt, dem Althing, dreht der Holzwurm sturheil seine Runden, es regiert die brutalstmögliche Anti-Aufklärung. Die Parteien schüren Streitsucht und Neurosen, Steine feinden, Fenster grinsen Verrat.

Eine Nationalliteratur ist gänzlich unbekannt, ja unerwünscht. Nur eine Handvoll heidnisch blutrünstiger Splatterschwänke existiert, eingeritzt in gegerbte Kalbshäute oder die Schädeldecken erschlagener Anwohner. Diese nur noch dem Wahnsinn hörige Insel hat brutto genau einen einzigen berühmten Schriftsteller hervorgebracht, er heißt Edda, den Nachnamen hat man vergessen, ignoriert, zernichtet. Dennoch floriert der Handel mit abgeschriebener Schundliteratur: Islands zahllose und seit je zahlungsunfähige Verlage verklappen das Geschreibsel palettenweise nach Deutschland, wo es kritiklos goutiert und in heiterer Demenz weggelesen wird.

Denn bei uns – seien wir mal ehrlich – ist ja alles noch viel schlimmer.

Wo Jesus grub nach Juanita

Nur ein winziger Schluck, und schon war ich dem Rausch verfallen, dem Goldrausch, um genau zu sein, und der fühlt sich in Nicaragua ein bisschen an wie Durst. Dass er mich rastlos durch das ganze Land treiben, dass ausgerechnet Jesus mich erlösen würde – das konnte ich an diesem lauen Abend in Granada noch nicht ahnen. Ich saß in der schönen alten Kolonialstadt vor einer der vielen Bars an der Calzada, der Partystraße, die hinunter zum See führt. Es war Wochenende, Jungvolk in Feierlaune stöckelte und sneakerte vorbei, die Alten hielten Schaukelstühle und Hängematten in Gang, die Insignien zentralamerikanischer Geschäftigkeit. Ich schloss die Augen und roch am Rum, Karamell! Toffee! Am Gaumen Aromen von Dörrobst und Zimt. Phantastisch! Und das war noch nicht mal der Weltmeister-Rum, der *Centenario Gold*. Wie mochte der dann erst schmecken? Capitano Raúl hatte recht gehabt: «Wer einmal von der Blüte des Zuckerrohrs kostet, wird süchtig.»

Nichts hatte der Capitano unternommen, dies zu verhindern – im Gegenteil. Am Nachmittag hatte er mich durch Las Isletas geschippert, die magische Kleinstinselwelt vor der Küste Granadas. Die Sonne stand schon tief, sanft schwappte der See, wie Traumbilder zogen kleine und kleinste Eilande des Archipels an uns vorüber, manche nur so groß wie ein Blumenstrauß, der aus dem Wasser ragt. Dreihundertfünfundsechzig Inselchen seien es, sagte Raúl, lauter Lavabrocken, die der Mombacho, der mächtige Vulkan in unserem Rücken, ausgespuckt habe. Direkt in den Lago de

Nicaragua, den größten See Zentralamerikas, fünfzehnmal größer als der Bodensee.

Auf den geräumigeren Inseln standen die Wochenendhäuser der Wohlhabenden. Wir hielten auf ein besonders prächtiges zu. Dies sei das Haus der Familie Pellas, raunte Raúl mit einem Anflug von Stolz in der Stimme, und das da – er deutete auf den Gipfel des 1344 Meter hohen Vulkanriesen – sei das Haus der Rauchgeister. Das ganze Land sei voller rauchender, rumorender Ungetüme, nicht umsonst nenne man Nicaragua «das Land der tausend Vulkane». Überall blubbere und brodle es, aber nicht nur in Kratern, sondern auch in den Destillen der Familie Pellas. Deshalb hätten die auch ein so schönes Haus, weil sie nicht nur in fünfter Generation sehr guten Rum brannten – *Flor de Caña*, die Blüte des Zuckerrohrs –, sondern auch echtes flüssiges Gold: nämlich den sagenhaften und hochdekorierten Rum *Centenario Gold*, der ohne Zweifel der beste Rum der Welt sei.

Hervorragend, sagte ich, den würde ich dann nachher mal probieren. Jäh lachte der Capitano auf. Da wünsche er mir viel Glück, sagte er, aus irgendwelchen Gründen sei dieses Getränk nämlich unfassbar selten, es käme in der Natur kaum vor. Ja, es sei praktisch menschenunmöglich, irgendwo eine Flasche aufzutreiben. Da müsse ich schon ein Riesenglück haben, sagte Raúl, als er das Boot wieder festmachte.

Ich eilte durch Granadas rausgeputzte Gassen, vorbei an vielen neuen Bars und kleinen Hotels. Langsam kam der Tourismus im Lande wieder in Schwung, nach Somoza-Diktatur, Revolution und Bürgerkrieg war Ruhe eingekehrt, jetzt dampfte das kleine mittelamerikanische Land mit rauchenden Schloten einer Zukunft namens Normalität entgegen. Nur in den Läden hier schien man das nicht mitbekommen zu haben. Überall war der vier Jahre alte Normalrum im Angebot, manchmal auch der sieben Jahre alte *Grand Reserve*, doch vom Flüssiggold keine Spur.

Ich ging in eine Bar an der Calzada: «*Flor de Caña*! Den besten, den Sie haben!» Der Wirt brachte den *Grand Reserve*. Er schmeckte, wie gesagt, köstlich. Ich war eindeutig angefixt. Hier in Granada habe er den *Centenario* schon lange nicht mehr gesehen, sagte der Wirt. «Fahren Sie ins Hochland, da haben Sie vielleicht eher Chancen, da wächst der Tabak. Zigarren und guter Rum gehören zusammen.»

Das erste Stück nach Norden fuhr ich mit dem Taxi. Vulkane lassen mich normalerweise kalt. Das Rauchen sollen die Berge doch besser den Menschen überlassen. Aber nachdem ich gehört hatte, dass der nahegelegene Masaya der einzige aktive Vulkan der Welt sei, auf dessen Kraterrand man mit dem Auto fahren kann, sprang ich sofort in eine Taxe. Oben angekommen, war der Wagen in Fluchtrichtung zu parken, denn hin und wieder hustete der Berg. So wie seine Besucher, wenn sie sich zu weit über den Kraterrand beugten, um mehr von dem unheilvollen Brodeln und Zischen im dunklen Schlund mitzubekommen. Dann nahm man die bläulich schwebenden Schwaden unweigerlich mit den Bronchien auf. Dass da oben Rauchverbot herrschte, beeindruckte den Masaya überhaupt nicht.

Wenig später quälte sich das Taxi schon wieder steile Berghänge hinauf, zum nächsten Krater, der nahegelegenen Lagune von Apoyo. Umgeben von üppig bewachsenen Steilhängen, lag der fast kreisrunde Kratersee wie eine große Scheibe Himmelblau mitten im wuchernden Dschungelgrün. In Evolutionsbiologenkreisen gilt dieser See als Weltwunder, weil anhand des dort hausenden Buntbarschfisches nachgewiesen werden konnte, dass verschiedene Arten sich auch ohne räumliche Isolierung aufspalten können. Beeindruckt schwomm ich ein paar Runden in diesem angenehm prickelnden Naturthermalbad und versuchte vergeblich, mich ebenfalls aufzuspalten – in eine Art, die auf ewig hier in der blauen Lagune leben durfte, und eine andere, die sich weiter auf die Suche machte und dem Fieber frönte – dem Goldfieber.

Im Morgengrauen bestieg ich den Bus nach Norden, Richtung Honduras. Auf der Panamericana, der längsten Straße der Welt, zuckelte unser altersschwacher US-Schulbus dem Sonnenaufgang entgegen, hinauf nach Estelí, dem Tor zum Hochland. Bei jedem Stopp wurden weitere Passagiere mit dem Brecheisen ins Fahrzeug gezwängt, fliegende Händlerinnen kämpften sich mit großen, dampfenden Imbissbehältern auf dem Kopf durchs brechend volle Fahrzeug. Ich saß eingepfercht zwischen schnarchenden Farmern, schwatzenden Müttern und limonadenverklebten Kindern. Mein Nebensitzer stellte mich Mariella vor, seinem Huhn, das er kopfüber an den Füßen hielt. Es flatterte nur noch kläglich.

Im Gegensatz zu Mariella erreichte ich Estelí lebend. Abseits der lärmenden Hauptstraße, wo Farmerbedarf, DVDs und sackweise abgelegte US-Klamotten verkauft wurden, fand ich endlich eine *tienda de licores*, einen Schnapsladen. In der Tiefe des langen dunklen Schlauches saß Don Ricardo in einem Schaukelstuhl und schwelgte in Düften. Er hatte ein paar Bündel Tabakblätter aufgehängt, weil das Aroma so gut zu seiner Ware passte. Dass ich auf Goldsuche war, wunderte ihn nicht im Geringsten. Ja, er müsse sehen, was er für mich tun könne, sagte er, stocherte in seinem riesigen Flaschenlager herum und redete unablässig.

Da sei ich wirklich nicht der Erste, grummelte er. Zu Zeiten des großen kalifornischen Goldrausches von 1848 sei Nicaragua die erste Anlaufadresse für Desperados und Glücksritter gewesen, die von New York nach San Francisco wollten. Die Eisenbahn quer durch Amerika war noch nicht gebaut, der schnellste Weg nach Westen war die Passage durch Nicaragua. Über Río San Juan und Lago de Nicaragua fanden Menschen und Gerät den Weg nach Kalifornien. Hätte man die Sache hier im Lande nicht allzu sehr verschleppt und auf die Bodenspekulation gesetzt, dann wäre die Passage weiter ausgebaut worden, und der Panamakanal wäre heute ein Nicaraguakanal. Aber die Regierung sei damals schon so unfähig und korrupt gewesen wie die heutige, schimpfte Ricardo, und kam mit einem kleinen verstaubten Fläschchen aus dem Wandschrank.

Tatsächlich – ein zwölf Jahre alter *Centenario*! Statt einzuschenken, ramenterte der kugelige Mann munter weiter. «Haben Sie das gestern Abend gesehn? Im Fernsehen?» Da hatte der ewige Präsident Daniel Ortega seine Rede wieder mal in voller Länge live übertragen lassen und um der guten Quote willen die Konkurrenzsender einfach abgeschaltet. Dass die Sandinisten sein geliebtes Nicaragua noch zugrunde richten würden, war ja wohl klar – als ob man es nicht schon schwer genug hätte! Immer wieder Erdbeben, Hurrikane und Vulkanausbrüche, Revolution und Bürgerkrieg. Und obendrauf die korrupte Politik!

Endlich öffnete er den Flüssiggoldbehälter. *Flor de Caña*, raunte er beim Einschenken, sei der meistausgezeichnete Rum der Welt. Allein in den letzten zehn Jahren habe er bei internationalen Wettbewerben und Verkostungen über einhundert Medaillen eingefahren, davon vierundzwanzigmal Gold. Bernsteinfarben funkelte der Zuckerrohrbrand im Glas. In der Nase betörende Töne von Leder, Pflaume, Rauch und Röstbrot.

Wir stießen an. Auf dem Gaumen tanzten Aromen von Nelken und kandiertem Zucker, Kardamom und Veilchen. Harmonisch und perfekt ausbalanciert, ein absoluter Hochland-Hochgenuss.

Ja, sagte der Don, weiß Gott ein perfektes Getränk. Aber das sei ja nur der Zwölfjährige – dabei gebe es ja noch das Flaggschiff des Hauses, den sagenumwobenen *Centenario Gold*! Das sei der weltweit einzige, der die Bezeichnung «slow aged» tragen dürfe, weil er achtzehn Jahre in amerikanischer Eiche lagere. Der sei hier in Estelí aber garantiert nicht zu bekommen, das wisse er. Ich solle mal runter an die Pazifikküste fahren, in die alte Universitätsstadt León. Don Ricardo gab mir einen Zettel mit einer Ladenadresse und eine Warnung mit auf den Weg: «Sieh dich dort vor – alles voller Sandinisten!»

León – Stadt der Rekorde: Sie war, wie ich, in meiner eigenen Schwitzwasserlache stehend, sofort bemerkte, tatsächlich die heißeste Stadt Nicaraguas, sie hatte die größte Kathedrale Zentralamerikas und den geschlossensten Schnapsladen der Welt. Verrammelt und zugenagelt. Ricardos Tipp war Makulatur. Enttäuscht besichtigte ich jetzt erst recht das Sandinistenmuseum, es lag am Parque Central, direkt gegenüber der Kathedrale, in einer flottgemachten Ruine. Ein ehemaliger Hauptmann der sandinistischen Armee führte mich im Stechschritt durch die Räume und erzählte in bestem Hochspanisch, wie er und seine Kameraden vor über dreißig Jahren das korrupte Somoza-Regime aus dem Land gejagt und dann im Guerillakrieg die Contras aufgerieben hatten. Am Ende siegte die gerechte Sache, und nicht zuletzt deswegen (ich hatte seinen Heldentatenvortrag sanft auf das Rumthema gelenkt) heiße das allgegenwärtige Referenzgetränk aus Rum und Cola – Kuba lässt grüßen – «Nica Libre». Wenn ich aber mehr am Rum als an seinem Vortrag interessiert sei, dann solle ich doch runter in den Süden fahren, nach San Juan. Dort surften die amerikanischen Touristen, zischte verächtlich der Hauptmann, und die seien die Einzigen, die sich derart teure Getränke wie den Gold-Rum leisten könnten.

Wie das nun genau passierte, weiß ich gar nicht mehr, aber auf einmal hatte ich Jesús an der Hacke. San Juan del Sur, ein Badekaff kurz vor der Grenze zu Costa Rica, war voller Verrückter, voller Surfer, Traveller, Aussteiger und reicher Nicas. Jesús hatte wohl gesehen, wie ich mit leeren Händen aus einem Schnapsladen kam. Er grinste wie erleuchtet und meinte, er könne mir zeigen, wo der rare Rum zu finden sei. Jesús trug Ziegenbart, seine Tattoos waren auf der tiefbraunen Lederhaut kaum noch zu erkennen, und wenn er lachte, konnte man seine beiden Zungenpiercings sehen. Dieser Menschensohn, das wusste ich, würde mir ein guter Hirte sein.

Jesús besorgte ein Taxi, wir fuhren eine Stunde über Holperpisten, am Strand des Naturreservats La Flor stiegen wir aus. Die *arribadas*, die Massenankunft der Meeresschildkröten, sei zwar schon vorbei, meinte der Menschensohn, aber jetzt, Ende Januar, würden die Jungen schlüpfen und sich ins Wasser aufmachen. Vielleicht hätten wir ja Glück. Nach längerem Spaziergang am menschenleeren weißen Strand sahen wir einen Hund, der im Sand wühlte. Jesús sprang hin, verscheuchte ihn und grub und grub und grub – bis er ein kleines zappelndes Schildkrötenbaby in der Hand hatte. Wir nannten es Juanita und trugen sie runter zum Wasser.

Es war ein harter Kampf für die kleine Novizin, ein Kampf mit einem noch unbekannten Element. Als sie von der ersten Welle erfasst und wieder weit zurück an den Strand getragen wurde, hob Juanita verwundert das Köpfchen. Und ruderte erneut los. Wir feuerten sie an, mit letzter Kraft überwand sie einen Brecher, dann hatte sie es geschafft. Um 14.05 Uhr stach Juanita in See. Jesús sah ihr lange nach und sagte: «Es sind die kleinen Schildkröten! Sie nehmen das Gold mit, hinaus aufs Meer – deswegen gibt es auch keinen *Centenario* zu kaufen.» Die Rückfahrt über kicherte er zufrieden in sich hinein.

Dann führte mich Jesús direkt ins Paradies. Im Ort stiegen wir vor einem kleinen Eckladen aus, hinter der Kasse thronte stolz Doña Silvia. Auf meine zaghafte Frage nach Flüssiggold deutete sie nur gelangweilt auf die Regalwand gegenüber. Alles voller voller Flaschen, manche schimmerten verheißungsvoll gülden – ich hatte das Fort Knox der Rumwelt gefunden.

Mit einer Flasche *Flor de Caña Centenario Gold 18 yrs.* und Jesús im Gepäck ging ich hinunter ans Meer, an die perfekte Halbmondbucht, die San Juan berühmt gemacht hat. Die Sonne fiel als feuerrote Leuchtboje ins Meer, in den Palmen krakeelte eine Gang grüner Amazonenpapageien. Ich öffnete die Flasche und schenkte uns ein. Mahagonifarben schimmerte der Jahrhundertrum, in der Nase edle Eichenaromen, Leder, Butter und Karamell, auf der Zunge Lakritze, Pflaumen und Rosinen … ein kilometerlanger Abgang, höchste symphonische Geschmacksverdichtung der Blüte des Zuckerrohrs! Das Wort «Goldrausch» hatte eine völlig neue Bedeutung bekommen.

Schweigend schauten wir in den rot glühenden Himmel. «Heute haben wir Juanita auf die Reise geschickt», sagte Jesús nach einer Weile. «In achtzehn Jahren wird sie genau an diesen Strand zurückkehren und zum ersten Mal Eier ablegen. Und dann wirst du im Laden von Doña Silvia den achtzehn Jahre alten *Centenario* kaufen können, der heute, an Juanitas Geburtstag, hergestellt wurde.»

Ich spürte, dass Jesús recht hatte. Juanita würde wiederkommen. Und ich sowieso.

Schwanz und Schrecken in Las Vegas

Zwei Stunden schon saß Richard mir gegenüber, aber irgendwie kamen wir nicht voran. Er bleckte die perlweißen Zähne, drehte verloren an seinem brillantbesetzten Ehering, und ich schaute schweigend aus dem Fenster des Hilton-Hotels, das längst mir hätte gehören sollen. Draußen, auf den Palmen, glitzerte der erste Schnee. Nicht der erste des Jahres, sondern der erste seit 1948. Volle fünfundfünfzig Jahre hatte es in Las Vegas nicht mehr geschneit, der rare Eiskristallniederschlag war in diesen Dezembertagen das alles bestimmende Gesprächsthema – neben Roys Tigerunfall natürlich. Richard schien vom Schnee nichts mitbekommen zu haben. Halsstarrig pries er sein einmaliges Vorteilsangebot. Leer lächelte ich ihm zu und schaute wieder nach draußen.

Drüben, an der Fassade des Mirage-Hotels, ihres ehemaligen Auftrittsorts, erinnerte ein riesiges Plakat an Siegfried und Roy, an die «Magier des Jahrhunderts», die «Meister des Unmöglichen, die Schöpfer beispielloser Bühnenunterhaltung, die größte Attraktion der Stadt für alle Zeiten». Das goldene, überlebensgroße Siegfried-und-Roy-Denkmal daneben jedoch stand verwaist, unbeachtet am Strip. Millionen Menschen schlichen täglich daran vorbei, und keiner hatte es für nötig befunden, einen Strauß Blumen, eine brennende Kerze oder wenigstens einen kleinen schneeweißen Kuscheltiger für Roy niederzulegen.

Dabei hatten sich Siegfried Fischbacher aus Rosenheim und

Roy Uwe Ludwig Horn aus Nordenham zeitlebens für den Schutz der bedrohten weißen Tiger eingesetzt. Die größte Bedrohung der wenigen noch verbliebenen Großkatzen waren freilich sie selbst. Ein paar Wochen zuvor hatte eine der schneeweißen Bestien mal kurz und energisch zugebissen, als Roy seine Faxen mit ihr trieb. Jetzt lag er im Krankenhaus und wurde unter großen Mühen rekonstruiert.

Richard jedoch, das sah ich ihm an, beschäftigte das nicht im Geringsten. Er arbeitete einfach weiter an seinem Projekt, mich zum Teil eines großen Ganzen zu machen: zum Mitbesitzer der großartigsten Hotelkette der Welt. Zahlen, Worte und Verheißungen kamen hinter seinem Zahnweiß hervor, und ich fragte mich, ob Roy diesen Schnee auch gesehen hatte, der da draußen so verführerisch in der Sonne glitzerte.

In Las Vegas war rund um den Jahreswechsel allerhand los: Britney Spears war in der Stadt und hatte gerade im Vollrausch und aus Versehen einen ehemaligen Klassenkameraden geheiratet, und ihr Kollege Heino lungerte auch hier herum. Er war, wie ich der Schundpresse entnommen hatte, auf dem Weg zu Roys Krankenbett, weil er dem moribunden Magier sein anerkannt magisches Pater-Pio-Amulett bringen wollte, das ihn, Heino, schon vor Jahren mal aus dem Koma zurückgeholt hatte. Allerdings wurde Heino von Siegfried nicht vorgelassen, denn wahrscheinlich hätte sich Roy zu Tode erschreckt, wenn überraschend ein amulettbehangener weißer Schlagertiger mit Sonnenbrille an seinem Bett aufgetaucht wäre und Unsinn geredet hätte.

Ich hingegen war eher zufällig in Vegas gestrandet. Keine Ahnung, was mich dort hingetrieben hatte, vielleicht ja eine Art Vorahnung. Würde ich rein zufällig irgendwo auf Siegfried treffen, wollte ich ihm wohl anbieten, kurzerhand für Roy einzuspringen. Schließlich konnte ich auch ganz gut zaubern: Problemlos konnte ich Wein in Wasser verwandeln, Kuchenstücke nach und nach verschwinden lassen und außerdem machen, dass die Luft stinkt. Im Hilton hatte ich ein spottbilliges Zimmer ergattert, die riesige Suite kostete nur zwanzig Dollar pro Nacht. Dafür hatte ich mich allerdings verpflichten müssen, am nächsten Morgen an einem privaten Treffen mit Richard teilzunehmen. Es würde zweieinhalb Stunden dauern.

Im «Presentation Center» des Hotels nahm mich Richard P. Miller mit Handschlag in Empfang. Obwohl er auf der Oberlippe keinen Pornobalken trug, erinnerte er mich sofort an die Schlagersänger Barry Manilow bzw. Engelbert Humperdinck. Vielleicht lag es an der weibisch toupierten Frisur des jugendlich plump gebliebenen Vierzigers, der in Businesshemd und Vertreterkrawatte die übliche unschöne Figur machte. Das Handy trug er in einem Ledertäschchen am Gürtel.

Als er hörte, dass ich Deutscher war, rastete er aus: «Ihr Deutsche gebt ein Drittel eures Einkommens für Urlaub aus, das ist phantastisch!» Deutschland kenne er im Übrigen ganz gut, vor allem Homburg an der Saar, denn von dort stamme seine Frau. Sie heiße Karin, aber er nenne sie Linda. Linda sei einfach «phantastisch», heulte in neuerlich begeisterter Aufwallung Richard und schwärmte von ihren Fähigkeiten als gefragte Friseuse. Sie habe früher, so teilte er ohne Umschweife mit, in einem Friseursalon auf der Düsseldorfer Königsallee gearbeitet, sei dort zufällig an Shirley MacLaine geraten, und die habe sie sofort nach Amerika verfrachtet, wo sie schließlich von Engelbert Humperdinck in Las Vegas übernommen worden sei. Er zeigte mir Fotos vom gemeinsamen Urlaub in Mexiko, und sie sah tatsächlich aus wie eine Friseuse.

Nun aber sollte ich, das war Richards Plan, erst mal Eigentümer des Hilton-Hotels werden. Ich sagte, das klinge sehr gut, und ob er Siegfried und Roy kenne. Klar kenne er die, die beiden seien «absolut phantasisch», kein Wunder, sie seien ja Deutsche wie ich, «absolut sympathisch», und er würde nur sympathischen Menschen etwas verkaufen. Zum Beweis nannte er mich ab sofort nur noch «Ollie», und ich überlegte, ob ich ihn dafür spontan «Dick» nennen solle, denn das war die gängige Abkürzung für Richard; aber ebenso war es, das wusste ich, der gängige Ausdruck für Schwanz: *dick* – so wie *prick* oder *cock* oder *bone*. Aber zu Richard einfach zu sagen: «Klar, Schwanz, dein Angebot klingt gut» – das brachte ich so nicht fertig.

Dachte ich zunächst. Als ich noch einmal sehr genau seinen toupierten Strähnchenzupfmopp betrachtet hatte, ging es aber doch. Ich sagte: «Schwanz, dein Angebot klingt wirklich gut!»

Er lächelte krass und kukidental. Darauf er so: Wenn ich bei und mit ihm und heute kein Hoteleigentümer werden würde, dann nie und nirgends mehr, denn es gebe auf dem gesamten Immobilienmarkt kein besseres Angebot, sagte Richard und zeigte mir unterschriebene Verträge von anderen Kunden, seltsamerweise alle mit Fotos. Woher er die wohl hatte?

Er deutete auf ein Foto: Dieses Kundenpaar habe schon zugesagt, wolle aber mit der Zusage noch warten, denn die Dame hier auf dem Bild, die habe momentan Brustkrebs und wolle erst das Ergebnis ihrer Brustamputation abwarten.

Ich sagte nicht, dass ich mir das Ergebnis dieser Brustamputation leider recht gut vorstellen könne, nein, ich sagte gar nichts, denn Richard hatte sich nun deutlich warmgeredet. Im Leben steige man auf, nicht ab. Früher habe man mit Isomatte und Esbitkocher gecampt, dann das Billighotel mit verwanzter Dusche vorgezogen, heute sei es das Hilton mit Minibar und Roomservice. Das sei wie beim Buffet – man greife eben zuerst zu den Leckereien, zu den Krabben, zum Lachs und zum Hüftsteak, das sei, und dabei warf er mir seinen gesamten Kopf mitten ins Gesicht, das sei «die menschliche Natur».

«Schwanz», sagte ich, «weißt du, wo Siegfried und Roy wohnen?»

Klar wisse er das, und dann erzählte Richard von Traumurlauben in Traumresorts an Traumstränden, die ausnahmslos mit Traumfrauen bevölkert seien, und ich musste unwillkürlich an «Zehn nackte Friseusen» denken. Dass ich ab sofort regelmäßig Urlaub hier in Las Vegas mache, sei ja nun klar, schlussfolgerte Richard, Las Vegas sei *die* Boomtown Amerikas schlechthin, hier müssten in den nächsten Jahren sechzigtausend Hotelbetten entstehen, und ich könne jetzt schon froh sein, eines davon zu bekommen.

Wie viel Geld ich dafür ausgeben wolle, fragte jetzt maßlos neugierig Richard. Keines, sagte ich, und Richard lachte sehr. Aber nur kurz. Nun, da ich doch selbst gemerkt hätte, wie toll es im Hilton sei, würde ich doch nie wieder woanders wohnen wollen.

Mit einem speziellen Taschenrechner für große Zahlen rechnete er mir blitzschnell aus, wie viel ich seiner Ansicht nach in den nächsten zwanzig Jahren für Urlaubsunterkünfte ausgeben würde, mit Zins und Zinseszins. Er kam auf 179 221 Dollar.

Ich sagte: «Schwanz, das ist eine wirklich große Summe!» So viel Geld hätten vielleicht nicht mal Siegfried und Roy.

Hysterisch lachend erklärte mir Richard den einzigen Ausweg aus meiner Finanzmisere: Ich solle sofort Teilzeit-Eigentümer einer Hilton-Hotelsuite werden, und zwar für lächerliche fünfundzwanzigtausend Dollar. Dafür könne ich dann eine Woche pro Jahr im Hilton wohnen, natürlich umsonst.

Ein Pappenstiel, dachte ich, denn ich hatte zuvor im Spielcasino vierzig Dollar gewonnen, und zwar in weniger als sechzig Sekunden! Gut, dafür hatte ich zunächst mal zwanzig Dollar in das Gerät stecken müssen, um das Spielsystem zu begreifen, das darin bestand, ununterbrochen Geld einzuwerfen und dann am Hebel zu ziehen. Aber dann hatte ich das Spiel verstanden, und es flutschte! Es machte vierzigmal hintereinander Klack!Klack!Klack!Klack!, und jedes Mal fiel ein großer schwerer Dollartaler in die Auffangschale.

«Hochgerechnet wären das zweitausendvierhundert Dollar pro Stunde, verstehst du, Schwanz, da hätte ich die Bude in zehn Stunden und zehn Minuten abbezahlt», rief ich, «und für dich, Schwanz, ist noch ein schönes Trinkgeld mit drin!»

Richard rieb sich die Lachtränen aus den Schlitzen unterhalb seiner Frisur, dann schob er mir einen Vertrag hin. Hier müsse ich unterschreiben, eintausendzweihundert Dollar Anzahlung würden schon ausreichen. Überlegen dürfe ich mir die Sache leider nicht, meinte Richard bitter, denn sonst könne ich mir ja zu Hause ganz leicht ausrechnen, dass die Hilton-Hotelgruppe auf diese Weise für ein popeliges Zweizimmerapartment mit vierzig Quadratmetern rund 1,25 Millionen Dollar einnehmen würde, plus fünfzigtausend Dollar Nebenkosten pro Jahr, also ungefähr zehnmal so viel, wie hier in Las Vegas eine vergleichbare Immobilie beim Makler kosten würde. Daher müsse ich jetzt sofort unterschreiben, das sei ja hier ein «first day signing», es gebe nur die Möglichkeit, umstandslos zu unterschreiben, andernfalls mache er, Richard, sich strafbar, und als er «strafbar» sagte, schaute er mich mit einer Mischung aus blankem Entsetzen und Abscheu an.

Wie ich mich fühlte, fragte Richard.

«Gut, Schwanz», sagte ich.

Ob ich nun noch irgendwelche Fragen hätte.

«Nein, Schwanz», sagte ich, «mir ist alles restlos klar. Mir ist klar», sagte ich, «dass wir beide, du und ich, Schwanz und Ollie, dass wir zusammengehören, dass wir ein Team sind.»

«*What happens in Vegas, stays in Vegas*, heißt es doch», rief ich. Wir würden uns einfach mit Gewalt Zutritt zum Palast von Siegfried und Roy verschaffen, da würden die beiden Ausnahmemagier bestimmt nicht schlecht staunen, wir würden mit einer magischen Handbewegung die Herz-Hirn-Lungen-Maschine, die Roys Hülle momentan am Leben hielt, zum Verstummen bringen, dann kämen auch schon Siegfried und Heino angewanzt, aber wir würden sie einfach packen und die beiden karamba, karacho den weißen Tigern zum Fraß vorwerfen, wir würden den Laden einfach übernehmen, die neuen Magier des Jahrtausends und in Las Vegas gefeierte Milliardäre werden! So in etwa sei mein Plan.

Aber würde Richard auch mitmachen? Und wo war Richard überhaupt? Ich saß mittlerweile alleine am Verhandlungstisch und sah genau, wie draußen der Schnee von den Palmwedeln tropfte. Die Sonne wütete wacker wüstenmäßig.

Kopfschüttelnd betrat Richard nun wieder die Verhandlungskabine. Vor sich trug er, mit weit ausgestrecktem Arm, eine gelbe Haftnotiz her, auf die er, den Schlagersängerkopf fassungslos schüttelnd, starrte.

Nein, also so etwas habe er noch nicht gesehen, *noch nie*! Gerade habe er das durchs Telefon erfahren, es gebe noch nicht mal ein Fax davon, so *absolut brandaktuell* sei das hier, und eine derart kleine Zahl sei ihm in seiner zehnjährigen Salesman-Karriere *noch nie* untergekommen, er habe *noch nie*, und das wollte er auf der Stelle beschwören, noch *absolut nie irgendetwas* unter einem Preis von zehntausend Dollar verkauft! Doch heute könne er mir und der Welt zum ersten Mal dieses völlig neue Angebot unterbreiten: achttausendsiebenhundert Dollar! Nur! Und dafür dürfe ich alle zwei Jahre in einem etwas schlechteren Hotel außerhalb von Las Vegas eine Woche wohnen – umsonst natürlich.

Umsonst. Ja, es war alles umsonst.

Ich stand auf, lächelte gequält, drückte Richards immer noch zu weiche und zu seifige Hand und sagte: «Danke, Schwanz, es war mir einen Vergnügen, aber unsere Auffassungen sind zu verschieden.»

Als er zu weinen anfing, verließ ich Las Vegas.

Schwerelos unter
Dugong-Augen

E s sei, so wird in Vorurteilsbesitzerkreisen gerne gemunkelt, der Chinese nicht gut zu seinen Tieren, der Chinese als ganzer und als solcher. Von Schwarzbären ist zu hören, die jahrelang in mörderisch engen Käfigen vor sich hin vegetieren, weil ihnen bei lebendigem Leibe nutzlose Gallensäfte entzogen werden; von armen Hunden, auf die statt des Herrchens nur der Kochtopf wartet; von Zoowärtern in der Stadt Wuhan, die ein ihnen anvertrautes und praktisch schon ausgestorbenes weißes Reh zügig schlachteten und komplett verspeisten; ganz zu schweigen von den armen Eisbären im Pekinger Zoo, die von feixenden Kindern mit Popcorn und Cola gefüttert wurden – ich sah das mit eigenen Augen, ebenso wie die gelangweilt zuschauenden Pfleger.

Aber auch das Gegenteil sah ich. Nämlich in Singapur, der modernsten Chinesenansiedlung der Welt, die immerhin zu drei Vierteln von Chinesischstämmigen betrieben und bevölkert wird, ferner von Malaien, von Indern und Indonesiern und – von ganz vielen Viechern. Und sie alle machten auf mich einen äußerst zufriedenen Eindruck. Jedenfalls die normalen Tiere.

Zuerst jedoch begegnete mir das seltsamste Tier Südostasiens. Es lebt an Land, an der Mündung des Singapore River, trägt ein Schuppenkleid, dazu eine Löwenmähne und ein Fell, ist elefantengroß und weiß, speit Tag und Nacht einen mächtigen Wasserstrahl ins Wasser der Marina Bay und wurde 1972 auf Geheiß von Lee Kuan Yew, dem Premierminister von Singapur, dort aufgestellt.

Dem merkwürdigen Bastard aus Meerestier und Leu gab er den Namen «Merlion» und zugleich der Hoffnung Ausdruck, dass dieser Merlion bald für alle Welt so sehr mit Singapur verbunden sein möge «wie der Eiffelturm mit Paris».

Seitdem hat sich der Meereslöwe millionenfach vermehrt, er wurde schon als Aufblaspuppe, Lampe oder Schlüsselanhänger gesichtet, er ist das offizielle Wahrzeichen des Stadtstaats, und noch immer weiß außerhalb Singapurs kein Schwein, wer oder was er eigentlich genau sein soll. Nun, hier ist endlich die Antwort: Der Merlion steht für das rätselhafte, sagenumwobene Tier, das irgendein malaiischer Prinz mal vor Urzeiten aus dem Busch hüpfen sah, er symbolisiert die Stadt, die an dieser Stelle entstand, nämlich *singa pura,* die «Löwenstadt», und darüber hinaus die üppige Fauna, die heute in der Viermillionenstadt gehegt und gepflegt wird.

Auf der Nordseite des Inselstaats, weit weg von der lärmigen City und ihrem wasserspeienden Merlion-Monument, liegen die «Singapore Zoological Gardens». Dort ragt noch echter tropischer Primärwald in den quellwolkigen Himmel, neben Rio de Janeiro ist Singapur die einzige Großstadt der Welt, in der noch Urwald wuchert. Dort starte ich mit meiner singapurischen Stadtsafari.

Ich komme gerade noch rechtzeitig zur Hauptattraktion, für die der Zoo von Singapur weltbekannt ist: das legendäre «Frühstück mit Orang-Utans». Da sitze und schwitze ich nun ganz zwanglos in einer Art Freiluft-Cafeteria, füttere mich selbst mit Früchten, Kaffee und dicken Pfannkuchen, und neben mir sitzt auf einem Baumstamm, mäßig gelangweilt, Orang-Utan-Dame Binti mit ihrem Baby im Arm und stochert stoisch in einer Stinkfrucht. Öffentliches Stinkfruchtessen ist fast überall in Singapur verboten, in der U-Bahn muss man dafür fünfhundert Singapur-Dollar Strafe zahlen, fast zweihundertfünfzig Euro. So viel Geld hat ein Orang-Utan natürlich nicht, deshalb darf er die massiv müffelnde Delikatesse in Ruhe weiterverspeisen. Zuvor wurde ein «Jungle-Breakfast»-Plakat recht lässig von Otter Shanti entrollt und eine australische Besucherin mit einer Python behängt. Klick, klick! Dann darf sich jeder mal mit der Affenmama fotografieren lassen, die sich für den Blitzbetrieb nicht die Bohne interessiert. Beherzt laust sie den Nachwuchs.

Der entspannte Gesichtsausdruck, den die Affenmutter zur Tierschau trug, stellt sich nun auch bei mir ein, als ich den weitläufigen Tierpark durchwandle. Man kann es nicht anders als «lustwandeln» nennen, denn einen bilderbuchhafteren Tropendschungel habe ich nie zuvor gesehen. Große Seen liegen hier gelassen herum im Immergrün, Mangrovenwälder verschatten das Gelände, hier eine Anhöhe, wo die Komodos hausen, die letzten Drachenreptilien dieser Erde, dort eine Lichtung, auf der Leoparden lümmeln. Sie könnten, so scheint es, mir jederzeit den Weg abschneiden – ein Zaun oder Graben ist beim besten Willen nicht zu sehen. So wandle ich traumverloren zwischen Kakaosträuchern und Muskatnussbäumen, Rattanpalmen wiegen sich im Wind, und wieder einmal entpuppt sich das kleine, allzeit präsente Schweißläppchen als der beste Freund des Menschen in den Tropen.

Im riesigen Regenwaldgehege umflattern mich Hunderte von Schmetterlingen, große Spinnen reparieren vor meinen Augen ihre glänzenden Netze, über mir starren erstarrte Chamäleons Löcher in die Luft – man hat Mühe, die dreitausendsechshundert Tiere und vierhundertzwanzig Arten zu zählen, die in diesem «offenen Zoo» versammelt sind. Kaum je sieht man einen Käfig oder eine trennende Glasscheibe, und nur zu oft kreuzen Pfauen, Affen und fremdartige Kleinfauna den Weg. Und die Eisbären in ihrer weitläufigen Gefriertruhe werden hier selbstverständlich nicht mit Cola gefüttert, sondern mit frischem Fischzeug; was die Bärengemeinde mit der weltweit ersten Geburt eines Eisbären in tropischen Breiten honorierte.

Auch die Schimpansen bewohnen ein wunderhübsches Riesenareal: Die malerisch sich wiegenden Lianenbäume zusammen mit den plätschernden Wasserfällen dazwischen machen das Idyll perfekt. Ein erfrischend nasskalter Wind haucht durch die Bambusblätter, rauchende Chinesen auf Parkbänken betrachten die Szenerie, und die hier angestellten Affen verhalten sich vorbildlich artgerecht: Sie tollen, schreien, spielen und machen gesellige Scherze.

Als sich vor vielen Jahren Zoodirektoren aller Nationen im Singapurer Zoo trafen, waren sie sich sofort einig, dass dies ja wohl der schönste Zoo der Welt sei. Neben einem Pavillon erinnert eine Ehrentafel an Dr. Ong Swee Law, den «Vater des Zoos», der diesen von seiner Eröffnung im Jahre 1973 bis 1995 leitete. Er war «ein Mann mit Hingabe und großen Idealen», lesen wir da. Zweifellos. Noch auf dem Totenbett schrie er: «Diese Hitze! Diese Feuchte! Kein Mensch hält das aus! Baut verglaste Klimakabinen im Zoo, damit meine Besucher sich kühlen können und trocken bleiben bei einem tropischen Regenguss!» Gesagt, getan – an allen strategisch wichtigen Punkten ist der Zoo mit «Air-Con-Shelters» versehen: wohnzimmergroßen, vollverglasten Picknickpavillons, in denen herrlich frostige Temperaturen herrschen. Darin kann man nun, sicher verwahrt hinter Glas, zufriedene Menschenfamilien sehen, wie sie die Tiere beobachten, die draußen frei herumlaufen. Wenn man die Air-Con-Shelter verlässt und wieder ins Freie tritt, beschlägt die Brille.

Ich streune an einer Arena vorbei, umgeben von großen Dschungelcamp-Hütten. Alle voll besetzt. Applaus rauscht durch den Regenwald, denn die Elefantenshow ist schwer im Gange.

145

Dickhäuterdame Sarah wird von ihrem Pfleger vor- und rückwärts eingeparkt, ihre Kollegen spielen Trommeln und Harmo-
nika, Fußball mit Baumstämmen oder blasen Sand- und Wasser-
fontänen in die Luft – überhaupt müssen die Elefanten ständig mit
allerhand Faxen beschäftigt werden, ihnen wird sonst langweilig,
weil sie so fürchterlich intelligent sind. Begeistert kreischen die
Kinder.

Wer Glück hat und ein Tier ohne höheren Bildungsabschluss
ist, hat hier schön seine Ruhe – so wie der Lori, der ein Gehege
weiter im Zeitlupentempo vor mir durchs Geäst schleicht. Er ist
nur eine Loriarmlänge von meiner Nase entfernt, kein Glas noch
Gitter hinderte ihn, danach zu greifen – aber warum sollte er?

Bekanntermaßen verfügt Singapur über eines der größten
natürlichen Vorkommen an Verboten, Anordnungen und Warn-
hinweisen. Da ist es kein Wunder, dass man auch den Zoo des
Landes durchgehend gut beschriftet antrifft. In einem kleinen
Picknickgärtchen mit Aussicht auf den See informiert ein Schild,
dass man sich hier in einem «Garten mit Aussicht» befinde. In
der offenen Transportbahn warnt ein Schild vor dem Heraushal-
ten von Armen und Beinen, aufgestellte Aschenbecher flehen die
Raucher an: «Bitte drück mich aus!» Kleine Schilder verbieten auf
Chinesisch, die Tiere zu füttern, große Warntafeln informieren in
bestem Englisch, dass die frei herumlaufenden Pfauen, Marabus
und Kraniche zwar friedfertig seien, «aber sie picken, wenn man
sie provoziert». Ist einmal gerade kein Tier in Sicht, lohnt es sich,
nach seltenen Infotafeln Ausschau zu halten, zum Beispiel nach
dieser: «Haben Sie eine laufende Nase? Wie unser Personal, so
stecken sich auch unsere Tiere mit Erkältungen oder Grippe an.
Sollten Sie also krank sein, halten Sie bitte Abstand.»

Das will ich, obwohl nicht erkältet, auch beherzigen, als ich
das Affenfreigehege betrete. Es ist ein wirkliches Freigehege, denn

auch hier finden sich weder Gräben, Gitter noch Absperrnetze, dafür aber gutes Futter. Ich sehe den roten Uakari, einen Affen mit derart erschütternd rotem Kopf, dass ich sofort selbst einen bekomme. Dann schließe ich für kurze Zeit Freundschaft mit einem Makaken. Erfreut schießt der schwarze Primat aus dem Dickicht auf mich zu, vollführt einen kleinen Freudentanz und fordert sodann unmissverständlich eine Futterentlohnung. Als ihm klar wird, dass ich keines dabeihabe, demonstriert er mir die Funktionsweise seines Greifschwanzes. Ein Greifschwanz ist ein am Makaken rückwärtig angebrachtes Werkzeug, mit dem er verhindern kann, dass man ihn wieder loswird. Er kann einem damit Schweißläppchen aus der Hosentasche und Kappen vom roten Kopf ziehen, weil man selbst pausenlos mit seinen anderen vier Gliedmaßen beschäftigt ist. Erst nach einer Weile und vielen Kunstgriffen verschwindet er, vernehmlich fluchend, im Dickicht.

Einen schönen, tierisch langen Tag kann man hier verbringen, und wenn, wie jeden Abend, kurz nach sieben die Nacht wie eine schwarze Kapuze über die Insel fällt, dann wartet schon die nächste animalische Attraktion: die «Night Safari». Vor zehn Jahren eröffnete direkt neben dem Zoo ein mit vierzig Hektar fast anderthalb mal so großes und weltweit einmaliges Gehege, und es kann ausschließlich bei Dunkelheit besucht werden.

Sind die trennenden Gräben im Tageszoo schon kaum zu sehen, dann sind sie im Zwielicht des Nachtgeheges völlig verschwunden. Mit dem obligatorischen Besucherbähnchen gleite ich staunend durch eine schwarzgrüne und feucht schimmernde Tropenlandschaft, werde schärfstens ermahnt, nicht zu blitzen, und erfahre, dass über neunzig Prozent aller Dschungeltiere nachtaktiv sind. Mehr als eintausendfünfhundert seien hier versammelt, in mehr als hundert Arten, und nach der kleinen Rundfahrt sollen wir uns ruhig selbst auf den Weg durch die Wälder machen.

Mächtig zirpen die Zikaden, und von ferne brüllt der indische Tiger. Immerhungrige Chinesen docken sofort an der schummrig erleuchteten «Bongo Bongo Burger Bar» an, ich indes stapfe im Zwielicht weiter. Je dunkler es ist, desto mehr beginnt man zu sehen. Manches erst im letzten Moment, wie etwa die kopfüber vor mir baumelnden Flughunde, die mir müde mit einem Auge zublinzeln. Und das Gezwitscher, dem ich gerade so hingerissen folge, stammt gar nicht von Vögeln, sondern von spielenden Fischottern, die so tun, als wollten sie den im Wasser sich spiegelnden Mond fangen.

Im fahlen Licht der speziell für diesen Nachtzoo entwickelten Lampen werden die Gir-Löwen aus Indien, die stoisch stehenden Wasserbüffel, die Kap-Giraffen, die Bharale, mysteriöse blaue Ziegenschafe aus Tibet und vor allem das fast völlig ausgestorbene einhörnige Rhinozeros zu fremdartigen, lebenden Skulpturen. Besonders beeindruckend ist der Anblick des bizarren Babirusas, ein wildschweinartiges Getier aus den Regenwäldern von Sulawesi, das sich gerade schamhaft hinter einem Baum versteckt – als würde die schützende Nacht noch nicht zur Tarnung genügen. Ein so unglaublich fieses Vieh hat man wahrlich noch nie mit ansehen müssen, und jetzt blitzt es auch noch mit seinen monströsen, geweihartigen Krummzähnen. Das arme Babirusa, es hat eine sensible Seele! So hässlich ist dies Hirschschwein, dass es uns seinen Anblick am Tage freundlicherweise erspart. Aber so richtig schert es sich gar nicht um seinen nachtaktiven Ruf: Da steht es still und schweiget. Und aus den Wiesen steiget der blaue Nebel wunderbar.

Noch blauer, noch schummriger, noch spaciger als im Nachtzoo ist es nur unter Wasser, in der «Underwater World», dem vielgerühmten Tiefsee-Aquarium auf der Vergnügungsinsel Sentosa, die dem Eiland Singapur südlich vorgelagert ist. Man gelangt im simulierten Vogelflug dorthin, nämlich in einer Glasboden-Seilbahn, die vom Aussichtsberg Mount Faber hoch über dem Wasser hinüber zur Insel gleitet. Dort steige ich um in die Monorail, eine Hochbahn, die sämtliche Inselattraktionen abklappert und auch eine Ehrenschleife um die gigantische Merlion-Statue dreht, die plötzlich zwischen den Baumkronen auftaucht. Es ist das größte Standbild Singapurs, und nachts flackern aus den Augen des magischen Meereslöwen weithin sichtbare Laserblitze.

Die Unterwasserwelt betrete ich selbstverständlich trockenen Fußes. Eine Treppe führt hinab, und schon bin ich mitten im Aquarium. Hunderttausend Kilo Frischfisch tummeln sich im blubbernden Ultramarin, Leopardenhaie ziehen vorbei, der hochgiftige Steinfisch schwebt vorüber, Schwärme bunter Nemos finden sich ein, weil ein Taucher durchs Wasser schwappt und Futter verteilt, da kommt das Auge kaum mit.

Meine aufkeimende Befürchtung, dass man nun vielleicht selbst umherlaufen müsse, erweist sich als unbegründet. Zwar war es nicht möglich, wie in den Zoos zuvor, kleine Trambahnen durch die Unterwasser-Acrylröhren zu zwängen, dafür trägt den Besucher ein lautloses Förderband durch das Aquarium. Und wer einmal, umgeben von flatternden Stachelrochen, Flundern, Muränen, Babyhaien und Riesenmantas, Aug in Aug mit dem raren Dugong, einem fleischwurstförmigen Seeschwein mit Mopsgesicht, zu den schwerelosen Klängen einer Streicherversion der Scorpions-Schmachtnummer *Winds of change* auf einem Förderband in einem fast hundert Meter langen Acrylschlauch durch die Tiefsee gerauscht ist, der versteht sofort, warum in Singapur alle Arten von Drogen streng verboten sind – man braucht einfach keine. Kein Opium-, LSD- oder Haschischrausch könnte da auch nur annähernd mithalten.

Nicht nur mit seinen Zoos oder der Anhäufung von Verboten und Hinweistafeln ist Singapur weltweit führend, es ist überhaupt eine Stadt der Superlative. Für Höchstleistungen jeglicher Art hat man jederzeit Verständnis, denn hier herrscht zweifellos der höchste Pro-Kopf-Index an unsinnigen Rekorden. Was immer ich sehe, es ist praktisch nur das Größte und Beste: Nach der größten Orang-Utan-Kolonie der Welt stoße ich in der Innenstadt auf den größten und ganz sicher auch scheußlichsten Springbrunnen der Welt, stehe fassungslos vor dem weltgrößten Bierhumpen wie auch vor der modernsten und stacheligsten Konzerthalle der Welt und starre hinüber auf das dem Meer abgeluchste Land, wo der einhundert Millionen Euro teure «Singapore Flyer», das größte Riesenrad der Welt, seine sinnlosen Runde dreht.

Im Westen der Stadtinsel, wo ebenfalls jede Menge Gegend ins Sumpfland gestampft wurde, besuche ich nach all der Nacht- und Wasserwelt zum Ausgleich noch einen hellen und luftigen Zoo, den «Jurong Bird Park». Hier gedeihen nicht nur achttausend Vögel in über sechshundert Arten, es gelang vor allem eine spektakuläre Aufzucht von Weltrekorden: Im «weltersten klimatisierten Panorail-Zug», einer futuristischen Hochbahn, gondele ich, mit Scott Joplins Klaviermusik versorgt, durch die weltgrößte Ansammlung südostasiatischer Vögel, überquere die weltgrößte Wasserpflanzenvielfalt und Humboldtpinguinzucht, passiere einen gigantischen Wald aus weißen Metallmasten, der sich als Baustelle für den weltweit größten künstlichen Regenwald entpuppt, und gelange schließlich zum weltgrößten Freifluggehege: ein zwei Hektar großes, mit unsichtbaren Netzen behängtes Aviarium, wo angesichts tosender Wassermassen ein großes Schild informiert, dass man es hier mit dem weltgrößten künstlichen Wasserfall zu tun habe. Uff. Kann man da der Vögelei überhaupt noch etwas abgewinnen?

Aber sicher, schließlich bin ich ja abermals zum Frühstücken gekommen, zum «Breakfast with the birds». Da sitze und schwitze ich nun ganz zwanglos in einer Art Freiluft-Cafeteria, füttere mich mit Früchten, Kaffee und dicken Pfannkuchen, und daneben sitzt auf einem Baumstamm Papageiendame Molly und fährt Fahrrad, als hätte sie nie etwas anderes getan. Pelikane lassen sich gleichmütig eimerweise mit Wasser befüllen und mit Kindern fotografieren.

Dann kommen die Unzertrennlichen angeflattert und fangen an zu schwatzen: «Kroachöz, kroachöz!», sagt einer, und Joe, der Dompteur, übersetzt: «Er sagte: ‹Boy, boy!›» Das gibt natürlich Applaus. «Kroachöz!», ruft abermals der Unzertrennliche, und Joe stellt zufrieden fest: «Er sagte: ‹How are you!›» Ein anderer Papagei kann Tiere nachahmen, vor allem Papageien, die «Kroachöz!» sagen. Das nächste Tier ist sogar mehrsprachig: «Ni hao ma – wie geht's?», fragt es auf Chinesisch, was in etwa wie «Kroachöz, kroachöz!» klingt, dann begrüßt es die anwesenden Koreaner («Kroachöz!») und verabschiedet sich auf Japanisch: «Kroachöz!»

Kein Zweifel: Jetzt habe ich auch noch die weltbesten sprechenden Papageien gesehen. Fehlt nur noch, dass sie mich fragen, wie ich Singapur finde oder ob ich den Merlion mag. Meine Antwort wäre in jedem Fall ganz klar: Kroachöz!

———◆◆◆———

Geriatriker aller Länder, vereinigt euch!

Grau und faltig hängt ein Himmel über der Stadt, dass man weinen möchte, doch der Himmel hat den Job bereits übernommen. Gerade mal eine Stunde bin ich in Chemnitz unterwegs und fühle mich schon, als wäre ich Jopi Heesters kurz vor dem Heimgang. Regen rinnt in feinen Fäden die blassgelbe Scheibe vor meinem Gesicht hinab. Ich bin um Jahrzehnte gealtert, desorientiert und dehydriert, mein Gang ist schwer, die müden Knochen wollen nicht mehr. Und das nur, weil ich mich mit einer fremden Frau in einem Hotelzimmer getroffen habe. Was ist geschehen?

Ein Wunder. In Chemnitz geschieht Tag für Tag das Wunder der Vergänglichkeit, und zwar im Rekordtempo. In Sachsens letztem Zivilisationsposten vor dem Erzgebirgsmassiv findet der vielbeschworene demographische Wandel live und in aller Öffentlichkeit statt: Chemnitz vergreist. Dabei war die stolze Industriestadt einmal das kraftvoll schlagende Herz des deutschen Maschinenbaus, hier wurden Nähmaschinen wie Lokomotiven am laufenden Förderband produziert, wurde das Label «Made in Germany» erfunden, und als die Reichsmark noch rollte, schmückte sich Chemnitz stolz mit dem Titel «reichste Stadt Deutschlands».

Inzwischen ist die Stadt sozusagen pensioniert und ächzt unter einem anderen Superlativ: Chemnitz ist die älteste Stadt Deutschlands. Nicht historisch gesehen, sondern nach dem Altersdurchschnitt der Bevölkerung. Andernorts hadert man noch mit Jugendgewalt oder Gentrifizierung, hier wird schon munter geriatrifiziert. Täglich werfen Statistiker neue Zahlen aus, und die meisten sehen nicht gut aus für Chemnitz: Niedrige Geburtenraten ließen den Anteil der unter Fünfzehnjährigen auf zehn Prozent sinken – der niedrigste Wert einer deutschen Großstadt. Heute zählt die Geburtsstadt von Stefan Heym und Peter Härtling noch 242 000 Einwohner, von denen ein Drittel über sechzig Jahre alt ist – schon wieder deutscher Rekord.

Seit der Wende haben sechzigtausend Menschen das Weite gesucht, meist jüngere, die sich anderswo Jobs und Chancen erhofften. Zum Beispiel in Hamburg – eine der wenigen deutschen Städte, deren Durchschnittsalter stetig sinkt. In zwanzig Jahren, so hat die EU-Behörde Eurostat kaltblütig errechnet, wird Chemnitz sich abermals ins Buch der Rekorde einschreiben. Dann werden achtunddreißig Prozent der Einwohner älter sein als fünfundsechzig Jahre (während es in London gerade mal zehn Prozent sind) – und Chemnitz wird mit der raren Auszeichnung «älteste Stadt Europas» zurechtkommen müssen.

Doch was sind schon Zahlen? Ich kann mir ja nicht mal meine Hotelzimmernummer merken. Die patente Frau Oehme hat sie aber längst herausgefunden. Sie klopft an meine Tür, begrüßt mich, den Neuankömmling, in ihrer ehemaligen Heimatstadt Chemnitz und schiebt eine große Alukiste ins Zimmer. Sogleich kommt sie zur Sache: Ich soll mich bitte schön ausziehen. Frau Oehme ist die Abgesandte des Meyer-Hentschel-Instituts in Saarbrücken, wo man in vieljähriger Entwicklungs- und Forschungsarbeit einen einzigartigen Alterserfahrungsanzug entwickelt und geschneidert hat, eine Zeitmaschine zum Anziehen: den «Age-Explorer». Damit soll ich Chemnitz erkunden. Herausfinden, ob die Stadt als Rentnerhabitat zukunftsfähig ist.

Mit geübten Griffen hilft mir Frau Oehme, eine Bleiweste anzuziehen, dann muss ich in den signalroten Zweiteiler steigen.

Auch Arme, Brust und Beine sind mit Gewichten beschwert, das Teil wiegt elf Kilo, ein ausgetüfteltes System aus Bandagen, Gurten und Gummizügen schränkt die Beweglichkeit ein: Stehen geht noch gerade so, Gehen strengt ziemlich an, Aufrichten und Bücken erst recht, schnelle, komplexe Bewegungen oder gar Drehungen sind praktisch unmöglich. Ich bekomme dicke, mit Klettband gefütterte Handschuhe übergestülpt, dazu Ohrschützer, um die hohen Frequenzen zu beschneiden. Darüber ein Helm mit blassgelbem Visier, der das Blickfeld einschränkt und das Farbsehen erschwert.

Dies alles simuliere in etwa die Sinneswahrnehmung eines alten Menschen, brüllt Frau Oehme mich an, weil ich sie nur sehr schlecht hören kann. Sie reicht mir eine Tablettenschachtel – ich solle ihr mal zwei blaue und zwei gelbe Pillen geben. Es sind aber nur rote, weiße und grüne drin. Sie klappt mein Visier nach oben, und ich staune: Mit meiner vorweggenommenen Linseneintrübung habe ich weder die gelben noch die blauen Pillen erkannt. Ob Viagra-Produzenten das wissen?

Frau Oehme reicht mir ein Portemonnaie – ich solle ihr mal sechs Cent da rauszählen. Mit meinen gefühllosen Fingern fummle ich vergeblich im Geldfach herum, es sind aber gar keine Münzen drin. Von wegen!, lacht Frau Oehme, nimmt mir die Börse aus der Hand und schüttet kleines Kupfergeld heraus. Ich habe es weder gesehen noch gespürt. Kein Wunder, dass die Omas in der Supermarktschlange immer Ewigkeiten brauchen – dem Alter ist alle Arbeit schwer.

Nun reicht mir Frau Oehme mein Handy – ich solle sie mal anrufen. Geht aber nicht, ich kann durchs blassgelbe Visier nichts erkennen und mit meinen Pelzfingern keine einzige Taste treffen. Die Produktergonomie für Alte stecke eben noch in den Kinderschuhen, lacht Frau Oehme und reicht mir meine Erwachsenenschuhe, die ich mal eben anziehen soll. Jetzt geht's nämlich los, wir brechen auf: in die Zukunft! Nach Chemnitz-Stadtmitte! Nur hier kann man heute schon erfahren, wie das später mal ist, wenn wir alle in der Altenrepublik Deutschland leben. Mühsam bücke und krümme ich mich beim Schuhebinden.

Walking in Chemnitz. Auf der regennassen Straße der Nationen schleppe ich meine Last vorbei am «Café Moskau», an Ramsch- und Imbissläden. Vor einer Rentnerboutique stehen Stellagen mit den neuesten Kreationen für die kommenden Käufermassen. Alles in krass gedeckten Farben: Sportjacketts in Hell-, Dunkel- und Graubeige, Hosen in verrückten Eierschal-, Creme- und Durchfallfarben. Ein erster, klarer Vorteil des Alterns: Der äußere Stoffwechsel wird reduziert, man trägt einfach immer das Gleiche auf.

Je näher ich dem Stadtzentrum komme, desto niedergeschlagener werde ich. Ist das schon die Altersdepression? Unglaublich, wie hässlich hier alles ist! Statt repräsentativer Häuser und Bauten hat man einen Fantasy-Shoppingpark aus Kunstklinker und Glas errichtet. Ich muss mich setzen. Frau Oehme, die ihre Heimatstadt bereits vor der Wende verlassen hat, findet tröstende Worte: Eigentlich sei das ja ein Fortschritt, dass hier überhaupt was stehe. Der Krieg habe achtzig Prozent der Innenstadt zerstört, zum Wiederaufbau fehlten Investoren, Baumaterial und Ideen. Nach der Wende habe man Investoren mit Baumaterial gefunden und auf den Rest nicht mehr gewartet. Man habe wohl keine Lust mehr gehabt, der Ort mit den größten innerstädtischen Brachflächen Europas zu sein – sodass Chemnitz als einzige deutsche Großstadt ein komplett neues Zentrum verpasst bekam.

Wahrscheinlich bin ich schon zu alt dafür. Nichts wie weg will ich – doch Fliehen ist gar nicht so einfach. Alter hat Beschwerden zu Gefährten. Jede Straßenüberquerung ist ein Wagnis. Ich höre

keine heranpreschenden Autos, sehe kaum was, und bin ich endlich mal losgetrippelt, ist die Grünphase auch schon wieder vorbei. An einer Straßenbahnhaltestelle führe ich einen erbitterten
Kampf mit dem Fahrkartenautomaten. Obwohl in fast allen Städ-
ten die gleichen Automaten stehen, funktionieren sie jedes Mal
nach anderen sinnlosen Prinzipien. Die mikroskopische Schrift
ist sowieso nicht zu erkennen, die Tasten sind viel zu klein, und
das Geld will nicht in den Schlitz hinein. Hier muss Chemnitz
deutlich nachbessern.

Eine hilfsbereite Pensionistin eilt herbei, nimmt mir die Münzen ab und versenkt sie gekonnt im Automaten. Ich darf mich
neben sie und ihre gleichfalls auf die Tram wartende Bekannte
setzen. In heiterer Melancholie klagen sie vor sich hin. Wie schön
doch früher alles war! Weil es keine Telefone gab, hatte man auch
nicht unter Telefonmarketing zu leiden, und die Arbeitslosigkeit
lebte man am bezahlten Arbeitsplatz aus. Ich könne ja, wenn ich
in meinem «komischen Aufzug» mal was erleben wolle, mit ihnen
raus in ihr Wohngebiet fahren: Lauter leere Plattenbauten – der
Stolz des siegreichen DDR-Wohnungsbaus glotze einen da aus
toten Fensterhöhlen an.

Entkräftet, aber dankbar schlage ich die Einladung aus. Ich
habe nämlich eine andere: An der Technischen Universität wartet bereits Diplom-Ingenieur Mathias Keil auf mich. Weil ich so
langsam und außerdem spät dran bin, winkt Frau Oehme ein
Taxi herbei. Wir rasen raus aus der Stadt, nach Süden, Richtung
Erzgebirge. Man muss rechtzeitig bremsen, sonst landet man in
Tschechien.

Ingenieur Keil, Professor für Arbeitswissenschaft an der Technischen Universität Chemnitz, ist ein alerter junger Wissenschaftler in einem Körper voller Spannkraft. Der Markt für die Alten sei
der Zukunftsmarkt schlechthin, sagt er, und Worte wie «Usabili-

ty», «Produktergonomie» und «Prozessoptimierung» gehen ihm leicht von den Lippen. Von «fluider» und «kristalliner Intelligenz» ist die Rede, als er uns durch die Gänge seines nagelneuen Instituts führt, und natürlich vom Stolz der Forschungseinrichtung: der «Chemnitzer Altersdatenbank» – in der ich aber noch nicht gespeichert bin. Auch hier, an der TU, habe man einen eigenen Altersanzug entwickelt, ein ziemlich geheimes Projekt im Auftrag der Autoindustrie. «Produktentwicklung für Senioren», das sei die Aufgabe der Zukunft. Heute müsse man vor allem an die Handhabbarkeit denken, das gelte für die Getränkeflasche wie fürs Auto.

Dann führt er mich in einen supergeheimen Gebäudetrakt, die Fenster sind mit Sichtblenden verhängt. Ein Fahrsimulator! Ich bekomme Anweisungen, wie und wo ich während der Testfahrt auf verschieden bunte Reaktionsknöpfe zu drücken habe, zwänge mich ins Cockpit und gebe Gummi. Das macht Spaß! Die Knöpfe lasse ich Knöpfe sein, das ist mir viel zu kompliziert. Was will man uns Alten eigentlich noch alles zumuten? Ich brettere forsch durch eine virtuelle Innenstadt, der Tacho könnte achtzig oder auch hundertachtzig Stundenkilometer zeigen, keine Ahnung, so genau kann ich das durch das Age-Explorer-Visier nicht erkennen. Rechts und links spritzt die Jugend weg, als ich mit meinen dritten Affenzähnen in die City einfliege. Die Hup- und Warnsignale, die der Simulator ausstößt, höre ich eh nicht. Unglaublich, wie auf einmal die Lebensgeister zurückkehren! Man muss uns Alte nur mal ordentlich Gas geben lassen, dann bringt auch das Restleben noch Spaß.

Viele Runden später helfen mir die Wissenschaftler aus dem Fahrzeug. Sie haben grüne Gesichter. Ihnen ist von der Analyse meines Fahrstils schlecht geworden.

Jetzt müsse ich mich aber erst mal stärken, sage ich zu Frau

Oehme, als wir die Geheimhaltungshalle wieder verlassen und uns von Ingenieur Keil und seinem Team verabschieden. Wir fahren zurück in die Stadt. Im nächstbesten Sanitätshaus leihe ich mir einen Rollator. «Ich will ihn Probe fahren», sage ich und bekomme das Gerät für eine kleine Testrunde startklar gemacht.

Das erste Kaffeehaus am Platze ist das «Café Michaelis». Mit dem Rollator sprenge ich die Türen auf und walze auf einen freien Tisch zu. Gegen das Altern helfen vor allem Antioxidantien, die ich mir in Form von Kaffee und einem nahezu göttlichen Rhabarber-Streuselkuchen zuführe. Der powert mich auf! Ich fühle mich angenehm transformiert, entwickle neue, ganz ungewohnte Sehnsüchte nach Kreuzworträtseln und Seniorentellern, dazu noch Durst nach Doppelherz.

Jetzt bin ich gestärkt für eine neuerliche Stadtbesichtigung. Rüstig Alter ist des Lebens Psalter. Der Regen hat aufgegeben, Frau Oehme führt mich zur größten touristischen Sensation von Chemnitz: dem «Nischl», wie sie den Kopf von Karl Marx in ihrem sächsischen Idiom so respektvoll nennt.

Marx, da steht er! Ein sieben Meter hoher und vierzig Tonnen schwerer Charakterschädel, groß, fett und voll in Bronze, die größte Porträtbüste der Welt. Hinter ihm, an der Hauswand, sein größter Hit in vier Sprachen: «Proletarier aller Länder, vereinigt euch!» Grimmig entschlossen schaut der weltberühmte Sachbuchautor in die Ferne, in die Zukunft. Denn die Zukunftsgestaltung hat in Chemnitz Tradition. Als die Stadt am 10. Mai 1953 einen neuen, trendigeren Namen erhielt, sprach Ministerpräsident Otto Grotewohl die historischen Worte: «Die Menschen, die hier wohnen, schauen nicht rückwärts, sondern sie schauen vorwärts auf eine neue und bessere Zukunft.» Diese Zukunft endete am 1. Juni 1990, als Karl-Marx-Stadt seine geheime Vorrangstellung als einzige deutsche Stadt der Welt mit drei «O» im Namen («Gorlmorkstodt») aufgab und sich wieder den ollen Namen Chemnitz gab. Vielleicht ein falsches Signal?

Heute starrt Marx leidlich zufrieden auf die andere Straßenseite, wo das legendäre «Stadthallenensemble mit Hotelhochhaus» samt charakteristischer Betonelementfassade zu sehen ist, mit dem man zu Karl-Marx-Stadt-Zeiten immerhin den Nationalpreis abgeräumt hat. Noch immer dient die Halle der kulturellen Erbauung: Plakate werben für *Mord und Totschlag – Eine Ausstellung über das Leben*, für *Saitenverkehr – Das Wende-Musical*, aufgeführt von der Freien Schule Erzgebirgsblick Gelenau, und natürlich für ein Konzert der unverwüstlichen Puhdys, die auch in diesem Jahr wieder ohne Rollatoren auf die Bühne kommen werden. Für bunte Abende ist in Chemnitz gesorgt.

Auf der Grünfläche davor hängt die Jugend ab, coole Chemnitz-Kids in Hoodies und Kniekehlen-Jeans. Sie feiern ihre aufkommende Fertilität und heißen den alternden Fremdling auf ihre Art willkommen: «Hey, Alter, du siehst voll schwul aus!», rufen sie mir begeistert zu, zücken ihre Handys und stellen sich der Reihe nach neben mich zum Selfie-Knipsen. Leben und leben lassen, das Alter ist die zweite Kindheit. Ich frage, wo man denn heute Abend noch was erleben könne, mit Musike und so. Sie raten mir zum «Subway», das sei der steilste Punkclub der Stadt, und lachen sich dabei kaputt. Mir egal, Alter schadet der Torheit nicht.

Kurz nach neun öffnet das «Subway to Peter» hinter dem Bahnhof die Kellertüre. Frau Oehme hat ein wenig Angst, sie war noch nie in einem Punkclub. Ihre Bedenken verfliegen sofort, als sie von einem Pulk gutgebauter und extrem höflicher junger Gleisarbeiter umringt wird, die mit Frau Oehme ihren verdienten Feierabend abfeiern wollen. Es gibt Bier und Schnaps aus gleich großen Gläsern. Die Stimmung ist gut, aus den Boxen brüllt die Chemnitzer

Band Kraftklub die Sommerhymne der Saison: *Ich will nicht nach Berlin!*

Linde, der Mann hinter der Theke, erzählt kopfschüttelnd von den Verfehlungen der lokalen Kulturpolitik. Obwohl Chemnitz eine starke Szene aus Ravern, Skatern, Hip-Hoppern und anderen Musikern habe, obwohl an die zweihundert Bands in der Stadt probten, habe man das «splash!-Festival», das mit dreißigtausend Zuschauern größte Hip-Hop- und Reggae-Festival Europas, nach Bitterfeld abgegeben – aus Kostengründen, wie es heißt. Dabei habe sich sogar die Chemnitzer Robert-Schumann-Philharmonie an dem Riesenevent beteiligt!

Abrupt endet das Gespräch, denn plötzlich legt die Band los. Mit einem Riesenwumm, als wollte er ganz alleine Chemnitz aus dem Schlaf prügeln, drischt der Drummer der holländischen Band Long Way Down auf sein Kit ein. Seine Kollegen, Skate-punks in kurzen Hosen, schrammeln los, und Leon, der Front-mann, schreit es unablässig hinaus: «Wake up, there's a train coming your way!»

Ich ordere ein großes Glas Knoblauchwodka, die Spezialität des Hauses. Flüssiger Ilja Rogoff. Sofort spüre ich, wie die fluide Intelligenz Schluck für Schluck in meinen altersschwachen Körper zurückkehrt. Herrlich! Mit neuer Kraft schleppe ich meine blei-schweren Knochen auf die Tanzfläche und werfe die Extremitäten weg wie alte Krückstöcke. Wake up, Chemnitz! Aufgrund meiner Schwerhörigkeit kriege ich das wilde Gelärme nur in Küchen-radiolautstärke mit, was der Sache äußerst dienlich ist. So taumle ich im Rentnerpogo exaltiert über die Tanzfläche und sehe gerade noch, wie mir Frau Oehme durch den Zigarettennebel zum Ab-schied winkt.

Endlich bin ich meine Pflegerin los. Das Alter soll der Jugend Vorbild sein! Mit meinen krassen Senioren-Moves und meinem schrillen Age-Explorer-Outfit tanze ich die Kids spielend an die Wand. Im Hardcorepunkclub «Subway to Peter», hinter dem Bahnhof, wo sich Irokesenpärchen küssen, als wollten sie an Ort und Stelle das negative Geburtensaldo ausgleichen, wo die reizendsten Gleisarbeiter Sachsens ihre After-Work-Party feiern und das Referenzgetränk Knoblauchwodka heißt – hier tobt das wilde Leben, das bald ganz Chemnitz erfassen wird.

Linde, schnell noch einen Rogoff on the Rocks! Chemnitz, du kannst es schaffen – werde die wildeste Altenstadt Europas! Lass die Senioren zappeln, bis sie wieder jung werden, schick die Rentnerschwemme auf die Festivals! Die besten Anti-Aging-Mittel gibt's hier schließlich schon rezeptfrei: Punkrock und Rhabarber-Streuselkuchen! Rentner, ran an die Rollatoren, stürmt die Chemnitzer Altersdatenbank! Old Charlie Marx hat recht: Geriatriker aller Länder, vereinigt euch!

─◆─

Heiße Schließeisen

Auf glitschigen Pfaden trottete ich durch den Dschungel von Mauritius. Steil war der Aufstieg zum Aussichtspunkt, doch die berühmten Zwillingswasserfälle von Chamarel konnte ich mir nicht entgehen lassen. Obwohl meine Tasche schwer war wie Blei. Dabei hatte ich nur Eisen geladen.

Auf der Plattform angekommen, war ich fast allein. Nicht viele verirrten sich hierher. Sylvie und Marc, Lisa und Stephan, Katja und Dirk, Leo und Roland, Chantal und Kevin und einige hundert andere hatten es aber definitiv geschafft. Okay, der Ausblick auf die beiden fast hundert Meter in die Tiefe stürzenden Bächlein war spektakulär – doch erst der Anblick des Brustungsgitters raubte mir den Atem: alles voller Vorhängeschlösser mit eingravierten Namen. Unglaublich! Nicht einmal dieser abgelegene Ort war vor verliebten Schlossanschließern sicher. Da war ja für meine eigenen kaum noch Platz!

Es dauerte Ewigkeiten, bis ich die insgesamt vierunddreißig Schlösser, die mein Reisegepäck waren, angeschlossen hatte. Die Schlüssel warf ich in hohem Bogen ins Naturschutzgebiet. So will es der Brauch, und so ist der Deal. Liebespaare, die sich Reisen an ferne romantische Orte nicht leisten können, geben mir ihr Liebesschloss, und ich hänge sie auf. In Rio und Schanghai, auf Bali und Hawaii. So finanziere ich meine Reisen. Das geht ganz gut, der Laden brummt. Wenn nur die Schlepperei nicht wäre.

Inzwischen findet man an allen schönen Orten dieser Welt Sicherheitsschlösser, vorzugsweise an Brücken. Weil Brücken so unglaublich symbolisch sind. Die Anfänge dieser Metallverteilungsmode liegen wohl in Italien. Dort erschien 2006 der Bestseller *Ich steh auf dich*, dessen verliebte Protagonisten ein Vorhängeschloss an einer Laterne der Milvischen Brücke in Rom anbringen und den Schlüssel anschließend in den Tiber feuern. Weil die Römer schon immer alles in den Tiber schmissen. Gut zweitausend Jahre war die antike Milvische Brücke komplett vorhängeschlossfrei – doch schon kurz nach Erscheinen des Romans erlag die erste Brückenlaterne der Last des Liebesschrotts und knickte um. Nun denkt man über ein Verbot nach. In Venedig zahlen Verliebte, die etwas an die Rialtobrücke schließen, dreitausend Euro Bußgeld. Die Tageszeitung *La Repubblica* forderte als Dreingabe noch ein Jahr Gefängnis. In getrennten Zellen.

Doch der Schließwarenhandel boomt weiter. In Paris haben die afrikanischen Straßenhändler bereits eine breite Palette an Liebesschlössern im Angebot, statt mit einer Gravur werden die Namen mit Edding verewigt. Und die Hohenzollernbrücke in Köln mit ihren gut zweihunderttausend Liebesschlössern gilt schon jetzt als das größte unnatürliche Altmetallvorkommen Deutschlands. In zehn Jahren wird die Brücke kippen, weil alle ihre Schlösser an der Südseite anbringen. Die Brooklyn Bridge und der Pont Neuf gelten bereits als überbelegt. Warum gibt es noch keine App, die Vorhängeschlossverteiler zu freien Stellen führt?

Wenn Sie also irgendwo einen Mann sehen, der in der Nähe einer beliebten Liebesvorhängeschlossakkumulationsstelle weinend unter der Last seines Gepäcks zusammenbricht – dann helfen Sie mir bitte. Ich suche nämlich Anschluss.

Schlaflos in Seoul
auf Sauerkohl

Sunny war sauer. Seit einer halben Stunde wartete sie an der Seilbahnstation zum Seoul Tower – wo ich denn bliebe? Sorry, im Lovehotel habe mich plötzlich der Schlaf übermannt, gleich sei ich aber da, keuchte ich ins Handy, während ich durch endlose Gänge einer U-Bahn-Station hetzte und gleichzeitig eine Handvoll Bibimbap in mich reinstopfte.

Wenig später gondelten wir den Mount Namsan hinauf, zum Fernsehturm, dem Wahrzeichen im Herzen der Stadt. Da lag sie vor uns ausgebreitet, die Kapitale Südkoreas, als hätten die elf Millionen Einwohner einen gewaltigen Eimer Beton verschüttet, der die vielen Berge und Hügel umspülte. Blassrot versank die Sonne hinter dem Bukhansan-Höhenzug, im Süden glitzerte das Band des mächtigen Han River.

Was ich seit meiner Ankunft in Seoul denn eigentlich gesehen und erlebt hätte, wollte Sunny wissen. Ich musste überlegen. Was hatte ich in den drei Tagen getan?

«Gewartet», sagte ich.

Ja, eigentlich hatte ich nur auf einen Anruf von Lee Charm gewartet, dem Chef der Tourismusbehörde. Er sollte mir erzählen, was Korea mit Deutschland verbindet – mal abgesehen vom gemeinsamen Schicksal der Teilung. Deshalb war ich hier. Ich hatte von koreanischen Jodlern gehört, von deutsch-koreanischen Kirchengemeinden, von einer rätselhaften Werther- und Charlotte-Verehrung – und von Lee Charm und seiner abenteuerlichen Karriere.

Über ihn hatte ich schon einiges aus dem Netz gezogen: Ich wusste, dass er 1954 in Bad Kreuznach als Bernhard Quandt auf die Welt und als reisender Student irgendwie nach Seoul gekommen war. Dort trat er als Koreanisch sprechender Deutscher im Fernsehen auf, wurde schnell berühmt, moderierte Koch- und Spielshows, seine Lebensgeschichte wurde als Serie verfilmt, die Hauptrolle spielte er selbst. Er schrieb Bücher, wurde Wirtschaftsberater, heiratete eine Landestochter, erhielt als erster Ausländer überhaupt die südkoreanische Staatsbürgerschaft und wurde, als oberster Touristiker, sogar Mitglied der Regierung. Wenn irgendjemand die geheimnisvollen Bande zwischen Südkorea und Deutschland erklären konnte, dann Lee Charm. Warum hatte er nicht angerufen?

Ich war in meinem Hotel gesessen und hatte mir Charm-Interviews auf YouTube angesehen, schließlich war ein DVD-TV-Spielkonsolencomputer auf dem Zimmer. Korea sei das einzige Land der Welt, «wo Buddhismus, Christentum und Konfuzianismus so ausgewogen aufeinandertreffen», schwallte da der Deutschkoreaner, es sei ein «Kaleidoskop der Kulturen», ja ein regelrechtes «Energiezentrum». «Kommen Sie nach Seoul», rief er strahlend, «und laden Sie Ihre Batterien wieder auf!»

Eine Aufladung hätte ich inzwischen auch bitter nötig gehabt, denn um dem Superstar aus Bad Kreuznach tatsächlich begegnen zu dürfen, war einiges an Batteriestrom draufgegangen. Von zu Hause aus hatte ich über Wochen hinweg mit südkoreanischen Behörden verhandelt, mit ständig neuen Ansprechpartnern und ständig wechselnden Telefonnummern. Sie forderten Passfotos, Ausweiskopien, Lebensläufe, Empfehlungsschreiben und vorbereitete Interviewfragen. Nordkorea wäre vor Neid erblasst.

Nun war ich endlich vor Ort – und alle meine Ansprechpartner hüllten sich in Schweigen. Ich war ratlos. Übermüdet. Und irgendwie auch eingeschüchtert. Mein billiges Lovehotel lag mitten in Itaewon, dem Ausgehviertel der US-Armee. Fünf Sorten Körperlotion auf dem Zimmer, mein Duschgel hieß «Romantic Love». Das sei aber hier kein Puff, hatte der Mann an der Rezeption gesagt. In Seoul wohne man wegen der irren Mieten sehr beengt; und wenn die Jugend mal privat feiern, Filme schauen oder Konsole spielen wolle, dann checke man ins Lovehotel ein. Für den Fall der Fälle stehe dann eben auch eine Auswahl an Lotionen und Duschgel bereit. Mit der Fernbedienung konnte ich Raumbeleuchtung, Klimaanlage und den Flachbildschirm bedienen. Im Fernsehen kein Lee Charm, sondern Liveübertragungen von Videospielen, unterlegt von aufgeregtem Kommentatorengeschrei. Draußen blinkten die Neonreklamen der Clubs, Discos, Bars und Saunas. Ich konnte nicht schlafen.

Planlos surfte ich durch die Stadt, spielte *Lost in translation*. Ein unglaubliches Gebrumme und Gewusel, in jeder Straße, an jeder Ecke wurde gehandelt und geschachert, wurde gespachtelt, gehupt, gestaut und demonstriert. Ein gutes Dutzend Ausgeh- und Shoppingviertel, alle doppelt so groß und noch in der Nacht dreimal so lebhaft wie Berlin-Mitte bei Tag.

Kaum hatte ich das Stadtleben über der Erde halbwegs verkraftet, musste ich erschüttert feststellen, dass unter der Erde ein zweites Seoul lag. Oben war einfach nicht genug Platz. Ich trieb durch riesige unterirdische Märkte mit rätselhaften Nahrungsmitteln, durch Einkaufszentren, Malls und Restaurantstraßen, alles verbunden durch ein hochmodernes, schnelles und blitzsauberes U-Bahn-Netz, das täglich sechzehn Millionen Fahrgäste durch die Eingeweide des Metropolenmolochs jagte. Nie sah ich mehr Menschen in gutgeschnittenen Anzügen, mehr Miniröcke, waghalsiger geschnittene Trendfrisuren. In der U-Bahn stand ich neben perfekt gestylten Omas, die auf ihren Smartphones Digitalfernsehen schauten und gleichzeitig auf einem zweiten Handy telefonierten.

Ich wollte Lee Charms «Kaleidoskop der Kulturen» am eigenen Leib erfahren und fuhr am Sonntagmorgen zur Yoido Full Gospel Church, mit zwölftausend Sitzplätzen eine der größten Kirchen des Planeten. Ein Viertel der Südkoreaner sind Christen, für ein asiatisches Land ein ungewöhnlich hoher Anteil. Der Gottesdienst war praktisch ausverkauft, ebenso die sechs weiteren, die an diesem Sonntagvormittag zur Ehre Gottes abgefeiert wurden. Es gab Erweckungsgeschichten, Chorgesang und Sacropop zum Mitschunkeln. Stolz und zufrieden predigte Reverend Yonggi Cho vor eindrucksvoller Gummibaumkulisse und dankte dem barmherzigen Gott für das Wunder seines Erfolgs. Vor fünfzig Jahren konnte er seine Gemeinde noch an einer Hand abzählen, heute hatte sie siebenhundertachtzigtausend Mitglieder und war damit die größte der Welt.

Der Hunger trieb mich weiter. In einem unterirdischen Foodcourt aß ich wieder mal Bibimbap, gerührten Reis mit allem Möglichen drin, weil es das einzige Gericht war, das ich kannte und aussprechen konnte. An die scharfen Sachen traute ich mich nicht ran.

Der U-Bahn-Ausstieg endete in der Delikatessenabteilung eines Hyundai-Kaufhauses. Ich schlenderte vorbei an endlosen Vitrinen mit herrlichen Fleischschnitzereien vom Wagyū-Rind. Die Entrecotes, Filets und Medaillons waren drapiert wie Kunstwerke und hatten ähnliche Preise. Mit Fleisch verstand man umzugehen. Das galt fürs Tier wie für den Menschen, denn als ich vor die Kaufhaustür trat, sah ich in allen vier Himmelsrichtungen: Kliniken, Kliniken, nichts als Kliniken.

Ich war im Glitzerviertel Apgujeong, wo Prada, Gucci und Armani ihre Niederlassungen haben und die Kundschaft sich gleich das dazu passende Gesicht schneidern lassen kann. Hier herrscht die höchste Schönheitschirurgendichte weltweit, die Hälfte aller Koreanerinnen soll bereits operiert sein. «Big Eye Surgery» oder «Mega Cosmetic» heißen die Institute, die dazugehörigen Webadressen *dreamsurgery.com* oder *herbreast.com*. Ich betrat einen der größeren Läden mit *walk-in surgery* und bat einen Operateur um einen Kostenvoranschlag für die plastische Entfernung mehrerer Kinne und Schwimmreifen. Ich wollte mich der Gesamtsituation besser anpassen. Nachdem er mich genauestens taxiert hatte, ließ sich der Mann nicht mehr auf einen Festpreis ein.

Zerknirscht zog ich weiter und verirrte mich in einem unterirdischen Gemüsemarkt, der ohne Vorwarnung in eine Ansammlung von Dentalkliniken überging. Zurück im Lovehotel, checkte ich erneut meine Mails – kein Lebenszeichen. Weder von Lee Charm noch von seiner Behörde.

Ich wusste nicht mehr weiter, musste wieder raus, brauchte Luft. Mit der U-Bahn fuhr ich eine halbe Stunde nach Norden, und schon türmten sich vor mir die bewaldeten Berge des Bukhansan-Nationalparks auf. Der Lärm der Stadt fiel von mir ab, die Luft trug das Aroma von Kiefern und Eichen. Ich ging durch ein großes Tor, sah die fliegenden Dächer des Hwagyesa-Tempels, ging hinauf zum Gebetsraum, zog die Schuhe aus und griff mir ein paar Sitzkissen. An der Decke flackerten Hunderte kleiner Lämpchen mit Fürbittfähnchen. Ein Mönch schlurfte herein, verbeugte sich vor den drei goldenen Buddhafiguren und startete, mit einem Hölzchen klappernd, seinen murmelnden Singsang. Von draußen drang Vogelgezwitscher, durch die papierbespannten Wände sickerte das Sonnenlicht. «Hawa, hawei, heasawa», sang der Mönch, sein Singsang sedierte und kalmierte. Heasawa hei. Endlich hatte ich eine Batterieladestation gefunden.

Na ja, für drei Tage sei das eigentlich ganz schön schwach. Sie verstehe nicht, wie man so lächerlich wenig Termine haben könne, sagte Sunny, die ich über die Couchsurfing-Plattform gefunden hatte.

Dafür, dass wir uns kaum kannten, fand ich das ganz schön frech. Aber das konnte ich als Ausländer nicht sagen, weil ich mein Gesicht nicht verlieren wollte. Ich konnte ja nicht mal ihren Namen richtig aussprechen. Sie heiße Song Hae, sagte sie, aber Sunny sei einfacher für mich. Sie war TV-Producerin und hatte sich mit Mühe den heutigen Abend freigeschaufelt. Ich murmelte etwas von Jetlag, von wenig Schlaf und viel Lärm, mein Lovehotel lag schließlich mitten im Partyviertel.

«Ich weiß schon, in Deutschland schlafen die Menschen sieben Stunden», lachte sie. «Aber hier geht das nicht. Wenn man die Aufnahmeprüfung für eine der achtunddreißig Universitäten Seouls bestehen will, gilt die Regel: Mit vier Stunden Schlaf kannst du's schaffen – mit fünf fällst du durch. Ich bin natürlich nicht durchgefallen.»

«Wie schafft ihr das nur?», fragte ich.

«Wir Koreaner haben zwei Geheimwaffen», sagte sie, als wir die Seilbahngondel nach unten bestiegen. «Ginseng und Kimchi.»

Dass ich mich mit keinem von beidem auskannte, quittierte sie mit einem Kopfschütteln. Sie öffnete ihr Notizbuch, zog ein paar Linien und bastelte meine Agenda für die kommenden Tage. Um mehr über Deutsche in Seoul zu erfahren, bräuchte ich doch Mr. Charm nicht. Das könne ich auch so haben. «Jetzt fahren wir erst mal in die Platoon Kunsthalle.»

Die Kunsthalle war aber gar keine, sondern eine Ansammlung

olivgrüner Container, die zu einem Gebäude verbunden war. Seit der Eröffnung vor zwei Jahren hatte es dafür Architekturpreise gehagelt. Aus den Boxen Clubgeblubber, an der Bar saß Tom Büschemann und schaute aus roten Augen dem Rauch seiner Gauloises hinterher.

«Seoul ist ein totaler *hub*, hier herrscht ein unglaublicher Pulsschlag, das hat uns total *gekickt*», sagte er, denn Büschemann war Kultur-Netzwerker und sprach die Netzwerker-Sprache. «Wir sitzen hier im Beverly Hills von Seoul und mischen die Szene auf, wir wollen provozieren, Underground-Künstler ausstellen, Party machen und ein *trigger* sein.» Zusammen mit einem Partner betrieb er seit zehn Jahren in Berlin ein ähnliches Containerprojekt. Als sie überlegten, ein zweites Ding in Asien aufzumachen, war Seoul die erste Wahl. «Peking war uns zu überwacht und Tokio *already overloaded*. Mittlerweile haben wir im Süden, in Gwangju, schon das nächste Ding hingestellt. Das ging ratzfatz.»

Man sei hier unheimlich deutschfreundlich, in den Sechzigern seien «zigtausend koreanische Krankenschwestern und Bergarbeiter» nach Deutschland abgeworben worden, jede zweite Kneipe in Seoul führe das Wort «Hof» im Namen, «das kommt von ‹Hofbräuhaus› und ist praktisch ein *indicator* für Gemütlichkeit». Sogar Goethe sei hier allgegenwärtig. «Schaut euch nur die Lotte-Kette an, diesen Großkonzern. Überall Lotte-Warenhäuser, Lotte-Hotels und im Süden der Stadt die Lotte-World, der größte Indoor-Vergnügungspark der Welt. Die Dinger heißen so, weil das Lieblingsbuch des koreanischen Konzerngründers der *Werther* war. Charlotte Buff, ihr wisst schon.»

Ob er nicht auch müde sei, fragte ich ihn, und Sunny musste schon wieder lachen.

Nein, schlafen, das gehe hier sowieso nicht. «Du kommst hier an, *gejetlagged* und verstrahlt, da tobt dieses ganze Leben um dich herum, und nachts, wenn es ruhiger wird, ruft ständig Berlin an.» Da helfe nur ein ordentlicher Kimchi-Eintopf nachts um vier, dann gehe es wieder. «Seoul saugt, ganz klar», sagte Büschemann und stand auf, um sich wieder in sein Büro zu verziehen, die Telefone riefen. «Aber es pumpt dich auch voll mit *energy*. Die Leute hier sind viel freundlicher, schneller und anpackender als woanders. *Seoul is the place to be!*»

Wir verabschiedeten uns und fuhren zum Namdaemun-Markt. Drei Uhr morgens, noch zu früh für Kimchi. Auf den endlos sich dahinziehenden Marktstraßen tobte das Leben. Der Klamottenhandel boomte, man orderte Gürtel, Malereibedarf, Elektrogeräte und getrockneten Fisch, bot Spielzeug feil und Brillen, Nüsse, Telefone, Mützen und *Tteok*, farbige Reiskuchen. Was es hier nicht zu kaufen gab, das gab es gar nicht. Dazwischen in Gold gefasste Ginseng-Geschäfte, vor denen die bärtigen Wunderwurzeln in mannshohen Alkoholgläsern standen. Trophäen der Gesundheit. Der Verkäufer in einem der Läden schaute mir lang und tief in die Augen, dann legte er mir eine Packung Ginseng-Granulat hin, das ich täglich nehmen solle. Dazu könne ich noch rohen Ginseng knabbern, aber keinesfalls zu viel!

Am nächsten Morgen ging ich zum Kimchi-Kochkurs, zu dem mich Sunny kurzerhand angemeldet hatte. Nach einer Stunde konnte ich den scharf und salzig eingelegten Chinakohl, die koreanische Variante des Sauerkrauts, selbst zubereiten. Vor kurzem war Kimchi von einer amerikanischen Fachzeitschrift zu «einer der fünf gesündesten Speisen der Welt» gekürt worden. Jede Familie macht vor dem Winter ihren eigenen Kimchi ein, gelagert wird er wegen seines Odeurs in speziellen Kimchi-Kühlschränken. Zum Abschluss bekam ich eine ordentliche Portion vorgesetzt, die Schärfe trieb mir die Tränen in die Augen. Doch weil ich auf Ginseng war, überlebte ich. Nach der Feuerattacke fühlte ich mich gut. Erleichtert. Sauber. Unverwundbar.

Ich bestieg einen Bus zur Grenze nach Nordkorea. Die Reservierung hatte natürlich Sunny besorgt. Was hätte ich ohne sie getan? Ich unterschrieb einen Zettel, dass ich keine Haftungsansprüche gegen den südkoreanischen Staat oder die UN-Sicherheitstruppen stellen könne, falls ich beim Besuch der Grenze von nordkoreanischer Seite erschossen werden würde. Dann durften wir den schwerbewachten Sicherheitsbereich betreten, die Verhandlungsbaracken, die noch immer genutzt wurden. Bewohnbarer kalter Krieg. Davor standen südkoreanische Soldaten mit Sonnenbrillen und geballten Fäusten. Feindselig starrten sie nach Norden, von wo nordkoreanische Grenzer feindselig zurückstarrten. Ich starrte eine Weile mit, bis ich nicht mehr konnte.

Jetzt begriff ich, warum das Leben in Seoul so schnell, so wild, so gegenwartssüchtig war – das alles konnte jeden Augenblick vorbei sein! Seoul lag gerade mal fünfzig Kilometer von der DMZ entfernt, der sogenannten «Demilitarisierten Zone», die die beiden verfeindeten Staaten trennte und in Wahrheit eine der waffenstarrendsten Gegenden der Welt war. In jeder U-Bahn-Station standen große Schränke mit Gasmasken für den Ernstfall.

Am Abend hatte Sunny eine kleine Ausgehtruppe ins Studentenviertel Hongdae beordert. Mit dabei war die deutsche Journalistin Vera Hohleiter, die seit vier Jahren in Seoul lebte, der Liebe wegen. Und wie Lee Charm war auch sie als Koreanisch sprechendes Kuriosum in eine Talkshow geraten, hatte lokale Berühmtheit erlangt und ein Buch über ihre Erfahrungen im «Land der Morgenstille» geschrieben. Es hieß *Schlaflos in Seoul* – wie sonst?

Wochenende war, und im Studenten-Stadtteil Hongdae die Hölle los. Lange Schlangen vor den Clubs und Diskotheken, auf den Straßen kein Durchkommen. Die Boys und Girls Koreas führten ihre heißesten Teile aus. Schon am U-Bahn-Ausgang gerieten wir in eine Menge Mini-Mädchen mit dicken Kopfhörern, über denen Ballons schwebten. Verzückt tanzten sie zu einer unhörbaren Musik. Vera deutete auf einen Mann, der an einer Straßenecke an Turntables hantierte. «Das ist der DJ, die Kopfhörerleute sind über Funk mit ihm verbunden. ‹Silent Disco› heißt das. Das Einzige, was in Seoul leise ist.»

In einem mobilen Zeltrestaurant fanden wir freie Plätze. Sunny ließ mariniertes Rindfleisch kommen, um es am Tisch über glühenden Kohlen zu grillen. Mit einer Schere schnitt sie das Fleisch in mundgerechte Stücke, dazu gab es Kimchi. Danach gingen wir in ein Lokal namens «Makgeolli-Hof», in dem man ausschließlich Makgeolli trank, eine Art alkoholische Reis-Dickmilch, die in Messingkesseln serviert wurde. «Die Koreaner saufen wie die Löcher, und das bei jeder Gelegenheit», meinte Vera, und Sunny nickte. Auch wir nutzten die Gelegenheit und machten dem köstlichen Makgeolli ordentlich den Hof.

Ob ich mein Ginseng genommen hätte, wollte Sunny wissen.

«Klar», sagte ich, «ich bin schwer auf Ginseng und voll auf Sauerkohl. Ich liebe Seoul!»

Was genau danach geschah, entzieht sich meiner Kenntnis. Ich glaube, es kam zu einer regelrechten Makgeolli-Kesselschlacht. Irgendwann wusste einer eine Bar, wo man Longdrinks aus Plastikbeuteln trinken konnte. Also nichts wie hin. Noch später saßen wir in einer Reggaekneipe unter einem gigantischen magischen Pilz. Im Morgengrauen fuhr uns dann ein Taxi ins Vierundzwanzig-Stunden-Spa. Nur Sunny fuhr weiter, sie hatte in zwei Stunden ein Meeting.

Wir betraten einen riesigen Badekomplex mit unzähligen Becken, Heiß- und Feuchträumen. Alle trugen die T-Shirts und

Shorts, die sie am Eingang erhalten hatten. Doch keiner bade-
te, alles schlief. Wild verstreut, kreuz und quer auf dem Boden,
überall lagen sie. Körper Koreas schmiegten sich an koreanische
Körper. Die Bäder – das waren also die geheimen Schlafzimmer
dieser Stadt.

Ich holte mir eines dieser handtaschengroßen Kopfkissen, ging
kontrolliert zu Boden und schlief sofort weg. Träumte den Traum
vom schlaflosen Seoul, von der Stadt des unsichtbaren Mr. Charm,
Heimat der Nachtmärkte, Nachteulen und Nachtbäder. Und
träumte meiner eigenen Heimat entgegen.

Deutschland – da musste ich hin! Die Batterien wieder auf-
laden.

Pferdepipi bei
Borats Apfelvater

Irgendwie war alles ein großes Missverständnis. Doch nun ist es ausgeräumt. Im Rahmen eines globalen Befriedungsmanagements konnten die Konflikte zwischen dem großartigen Land Kasachstan und einem kleinen europäischen Provokateur beigelegt werden. Zu verdanken haben wir dies einer hochrangigen Delegation internationaler Kulturjournalisten – und dem schlechten Gewissen einer amerikanischen Filmfirma.

Und freilich *Borat*. Den kennt man ja. Oder gibt es noch jemanden, dem der kasachische TV-Reporter entgangen ist? Der niemals ein Foto dieses schnauzbärtig grinsenden Sonnenbrillenträgers im neongelbgrünen String-Badeanzug gesehen hat?

Der Mann hinter dem Bart ist der britische Komiker Sacha Baron Cohen, ein Cambridge-Absolvent jüdischer Abstammung, der das Vertrauen seiner Mitmenschen schamlos ausnutzt. Indem er sich einen taubenblauen Billiganzug überwirft und einen schwarzen Schnäuzer anklebt, wird aus ihm der kasachische TV-Reporter Borat Sagdijew, der von seiner Heimat in die USA entsandt wird, um über den «American Way of Life» zu berichten. Mit dieser hinterhältigen Legende versehen, entlockt er seinen so echten wie arglosen amerikanischen Interviewpartnern mühelos antisemitische und sexistische, schwulen- und zigeunerfeindliche Bemerkungen. Aus den zusammengeschnittenen Interviews fertigte Baron Cohen den Kinofilm *Borat*, der 2006 die Kinosäle der Welt eroberte.

Die Folge war eine Kette hochkomischer Missverständnisse: Denn obwohl der Kinobesucher reichlich mit bizarren Falschinformationen über Kasachstan versorgt wird, ist *Borat* zuallererst ein Film über die USA, über kulturelle Verkennungen im Allgemeinen und Nordamerika im Besonderen. Dabei reizt der Komiker Cohen den wilden Kulturmix bis zum Letzten aus: Seine Begrüßungsformel «Jagschemash» ist dem Polnischen entlehnt, die Szenen, die Borat in seinem kasachischen Heimatdorf zeigen sollen, wurden in Rumänien gedreht, und wenn er sich mit seinem vermeintlichen Landsmann und Manager unterhält, dann spricht der eine Hebräisch, der andere Armenisch und beide aneinander vorbei. Das scheint sinnbildlich für die ganze Geschichte um Borat zu stehen, aber schließlich heißt der Untertitel im radebrechenden Original ja auch *Cultural Learnings of America for Make Benefit Glorious Nation of Kazakhstan*. Er hätte auch *Cultural Misunderstandings* heißen können.

Die Welt lachte über Borat und die USA und ein bisschen natürlich auch über Kasachstan. Der Film, der nur achtzehn Millionen Dollar gekostet hatte, spielte weltweit fast dreihundert Millionen ein, und alle waren begeistert: Erlan Idrissow, der kasachische Botschafter zu London, nannte den Komiker Cohen «ein menschliches Schwein», und das wunderbare Land Kasachstan schaltete weltweit doppelseitige Anzeigen, um Zeitungsleser über die wahre Schönheit und Wirtschaftskraft des Steppenstaats zu informieren.

Denn offenbar stimmt es gar nicht, dass die Bevölkerung des neuntgrößten Landes der Erde nur aus Dieben, Unholden, Vergewaltigern und Antisemiten besteht, wie Borat glauben machen will. In Kasachstan vermutete man sogar ein Komplott. Zeitgleich begab sich Borat Sagdijew erneut vor die Kameras und erklärte: «Ich möchte festhalten, dass zwischen mir und Mister Cohen keinerlei Verbindung existiert, und unterstütze die Entscheidung meiner Regierung, diesen Juden zu verklagen. Seit den Reformen von 2003 ist Kasachstan so zivilisiert wie jedes andere Land der Welt: Frauen dürfen Busse benutzen, Homosexuelle müssen keine blauen Hüte mehr tragen, und das Alter für Heiratsfähige wurde auf acht Jahre angehoben.»

Die Verwirrung war also perfekt. Um nun einerseits Buße zu tun und den Desinformationsgraben zwischen Kasachstan und der Welt nicht noch weiter aufzureißen, um nach all den Verleumdungen und satirischen Verdrehungen endlich mal die Wahrheit ans Licht zu bringen, um nicht zuletzt aber auch zart auf das weltweite Erscheinen der *Borat*-DVD hinzuweisen, lud Borats Filmfirma 20th Century Fox eine hochrangige Journalistendelegation aus allen wichtigen Kulturnationen Europas ein, das wahre Kasachstan zu sehen und zu erleben. Und mit Borats Phantasmagorie zu vergleichen.

Bereits im Bordprogramm des Fliegers nach Almaty wurde zu Lehrzwecken *Borat* gezeigt – der Film, den man in Kasachstan nicht sehen konnte, jedenfalls nicht ohne weiteres. Verboten war er zwar nicht, Kinobetreibern wurde jedoch von höchster Stelle sehr deutlich empfohlen, ihn besser nicht zu zeigen.

Uns zeigte man dafür einige Sehenswürdigkeiten, die übersichtlich aufs Schachbrettraster der blühenden Millionenstadt verteilt sind. Pünktlich zu unserer Ankunft hatten starke Schneefälle eingesetzt. Mercedes-Busse spedierten uns im Schritttempo über breite verschneite Aufmarschstraßen, vorbei an Helden-, Unabhängigkeits- und Kriegerdenkmälern, an blau glänzenden Moscheen und schimmernden Hotelneubauten, in denen keine Touristen logierten, sondern Englisch sprechende Geschäftsleute, die ihre Handys in Handytäschchen am Gürtel trugen. Die Delegation besichtigte einen kleinen Nachbau des Eiffelturms und eine riesige, ganz aus Holz gebaute Basilika.

Bei jeder sich bietenden Gelegenheit stürmten die Kamerateams auf verblüffte Einheimische los und befragten sie, was sie denn von *Borat* hielten oder, da Journalisten notorisch kritisch sind, ob man in ihrem Land den Staatspräsidenten kritisieren dürfe. Die meisten Befragten kannten den Film gar nicht. Waren keine Kasachen in der Nähe, übten sich die Reporter in Borat-Imitationen: Wild gestikulierten sie mit den Händen, grinsten und schrien: «Niiice!», wobei nie ganz klar wurde, ob nun dieser dicke Reporter eines holländischen Musiksenders am hilflosesten agierte oder eher sein Kollege vom schwedischen Jugendsender. Eine mikrophonbewehrte Spanierin rüttelte immer wieder an einem Metallzaun und schrie: «Verrry niiice!», und die gutaussehende Reporterin eines britischen Herrenmagazins zeigte sich bestürzt darüber, dass Kasachstan nicht mehr zu Russland gehörte.

Zwei volle Tage Programm waren für den Kulturaustausch angesetzt, tief sollten wir in die Seele eines Landes vordringen, das sich zwar eine Staatsfläche von der Größe Indiens leistet, jedoch kaum Menschen hat, sie zu besiedeln. An den Rändern ist Kasachstan mit grünen Tälern, Süß- und Salzwasserseen und schneebedeckten Siebentausendern möbliert, dazwischen liegen endlose Wüsten und Halbwüsten, Ebenen, Steppen und schorfige Senken; mit gerade mal achtzehn Millionen Bewohnern ist es auch eines der dünnstbesiedelten Länder der Welt.

Überhaupt sei dies ein Land der Rekorde, erklärte unser Dolmetscher Batyr. Von allen Ländern ist Kasachstan am weitesten von den Weltmeeren entfernt und somit der größte Binnenstaat der Welt. Nirgendwo haben die Russen mehr Atombomben hochgehen lassen und nirgendwo mehr Raketen, denn der berühmte Weltraumbahnhof Baikonur befindet sich gleichfalls in Kasachstan; welches übrigens das einzige asiatische Land ohne asiatische Bevölkerungsmehrheit ist: Ein friedlicher Vielvölkerstaat, zur Hälfte islamisch, zur Hälfte christlich, doch gibt es auch Tempel und Synagogen. Die einen zählen fünfzig, die anderen sogar hundert hier lebende Nationalitäten und Volksstämme, meistenteils Turkvölker wie die Kasachen, dazu Usbeken, Uiguren und Tataren, fast ebenso viele Russen und einige tausend Kasachstandeutsche, die Stalin einst von der Wolga hierherdeportierte.

Tapfer kämpften sich unsere Busse durch Matschstraßen, die hauptsächlich mit feisten Geländewagen verstopft waren: Toyota Land Cruiser, Porsche Cayenne, Land Rover, dazwischen dicke Mercedes-Versionen und gelegentlich auch ein Hummer, ein kapitaler amerikanischer Angeberschlitten, den Borat im Film respektvoll «Pussymagnet» nennt. Kasachstan sei eben wohlhabend, erklärte Batyr, eines der rohstoffreichsten Länder der Erde, Öl und Gas gebe es im Überfluss, Steinkohle auch, außerdem habe man die größten bekannten Vorkommen an Chrom, Vanadium und Fluor.

Mörtel ist dagegen noch Mangelware. Wir sahen, wie der Putz von großartigen baulichen Errungenschaften aus der Periode des entwickelten Sozialismus bröckelte, und das auch nur, weil noch Winter war. Im Sommer hätte man die Stadt vor lauter Bäumen nicht gesehen, denn Almaty gilt, wenn man es an der Zahl der im Stadtgebiet gepflanzten Bäume misst, als die «grünste Stadt der Welt». Man braucht diese grünen Lungen auch, denn überall in Almaty wird engagiert geraucht. Kein Wunder, die Zigarettenpreise wirken wie staatlich subventioniert, warnende Aufdrucke auf den Packungen kennt man hier nicht, und so offenbart sich schon ein erster Hauptfehler des *Borat*-Films: Dort wird nämlich nicht geraucht. Der angeblich so mutige Komiker Baron Cohen war anscheinend nicht bereit, bis zum Äußersten zu gehen. Er ist offen frauen-, juden- und schwulenfeindlich, aber als Raucher wollte er wohl nicht dastehen, obwohl das seine Rolle viel glaubwürdiger gemacht, sein Überleben in Amerika indes ernstlich gefährdet hätte.

Im Grünen Basar, einer riesigen Markthalle im Norden der Stadt, roch es schwer nach Orient, nach Fleisch, Gewürzen, Blumen und der Nationalspeise Samsa, einer mit Knorpeln und Nierenpampe gefüllten Teigtasche, die es an allen Ecken und in allen Größen gibt. Und dann endlich sahen wir sie: die Äpfel. Dicke, fette Rote! Große, schlanke Gelbe! Mörderäpfel! In allen Größen und Farben und jeder Menge Zwischenstufen. Alle blankpoliert, über Hunderte Standmeter hinweg kunstvoll aufgetürmt. Denn Almaty hieß vormals Alma-Ata – «Vater der Äpfel». Ja, hier, in den Apfelgärten rund um Almaty seien sie sozusagen erfunden worden, lachte Batyr und holte sich ein Kilo. Die Kulturjournalisten waren begeistert, zückten ihre Kameras und fragten die Marktfrauen, was sie von *Borat* oder wahlweise dem Präsidenten hielten.

Mit Jeeps brachte man uns durch den Tiefschnee hoch in die Berge. Almaty liegt an den Ausläufern des bis auf siebentausend Meter anwachsenden Tienschan-Gebirges. Wir machten auf eintausendsiebenhundert Station, um das Stadion von Medeu zu besichtigen, das höchstgelegene Eisstadion der Welt. Es sah aus wie ein Eislaufstadion. Auf zweitausenddreihundert Metern durften wir Skilifte bestaunen, dann war als besonderer Höhepunkt der Besuch der «Winter Hot Springs» von Schymbulak avisiert, heißer Quellen mitten in den kalten Bergen. Nach einer beschwerlichen Abfahrt sahen wir sie endlich und trauten unseren Augen kaum: Neben einer Parkbucht am Straßenrand kam tatsächlich ein rostiges Stahlrohr aus dem Fels, woraus lauwarmes Wasser floss. Man durfte das Rohr fotografieren und filmen. Das Wasser, erklärte man, sei zu nichts nütze, weswegen man es direkt in die Natur fließen lasse. Die Heißen Quellen von Schymbulak hätten jedem *Borat*-Film Ehre gemacht.

In einer echten Jurte, Keimzelle allen nomadischen Lebens, wurden wir mit der geheimnisvollen Welt der kasachischen Speisen vertraut gemacht. Wir aßen Fleisch vom Rind, Fleisch vom Lamm und Fleisch vom Pferd, Fleisch vom Spieß und Fleisch auf Nudelteig. Dazu trinkt man zwar keinen Pferde-Urin, wie Borat im Film nahelegt – die als nationale Spezialität gehandelte vergorene Stutenmilch kommt dieser Vorstellung aber schon sehr nahe. Sie schmeckt wie mit H-Milch verschnittenes Pferdepipi – absolut ungenießbar. Kamelmilch dagegen kann man sogar irgendwie trinken.

Neben den traditionellen standen auch die modernen Errungenschaften Kasachstans auf dem Programm, zum Beispiel ein Besuch des Fernsehsenders Channel 31, pittoresk inmitten eines Datschenparks vor der Stadt gelegen. Kaum angekommen, ging unsere hochrangige Delegation ohne Vorwarnung auf kasachische Moderatoren los, bis diese ebenfalls die Kameras zückten und westliche Journalisten interviewten. Obwohl das gar nicht abgesprochen war. Was man denn von *Borat* halte und was vom Staatspräsidenten. Immer wieder, ja fast schon besessen fragten die Delegationsjournalisten nach der Kritisierbarkeit des Staatspräsidenten. Kasachischerseits wurde versichert, dass man den Präsidenten sofort kritisieren würde, wenn es etwas zu kritisieren gäbe. Daran besteht kein Zweifel. Und Panikmache beim Kritisieren ist überhaupt nicht angebracht, denn der ehemalige Bauernsohn und KP-Sekretär Nursultan Nasarbajew hat sich praktischerweise zum Präsidenten auf Lebenszeit ernennen und außerdem ein Gesetz verabschieden lassen, das verbietet, den guten Namen des Präsidenten in den Schmutz zu ziehen.

Warum sollte man das auch tun? Von allen umliegenden

Steppenstaaten ist Kasachstan der reichste, und von seinen benachbarten Despotenkollegen scheint Nasarbajew noch der besonnenste. In seinem Land herrscht Ruhe, spätestens seit man den Oppositionspolitiker Altynbek Sarsenbajew zusammen mit seinen Leibwächtern erschossen in einem Auto gefunden hat. Der Präsident hat sein Land siegreich in die Moderne geführt, es gibt asphaltierte Straßen, Licht und Wärme rund um die Uhr, und nach Kleinwagen muss man auf den verstopften Straßen Almatys lange Ausschau halten. Er hat die ganze Stadt mit bunt blinkenden Spielcasinos verziert, und als es ihm zu viele wurden, hat er verfügt, dass alle Casinos die Stadt verlassen müssen, um sich in der Steppe als neues Las Vegas anzusiedeln.

Gefühlte achthundert Interviews später verließen wir Channel 31. Gerne hätten wir auch den Fernsehsender Chabar besichtigt, welcher der ältesten Tochter von Präsident Nasarbajew gehört, aber dazu reichte die Zeit nicht. Wir mussten ja noch schnell zu den Studenten.

An den sechzig Universitäten und Akademien der Stadt wird ordentlich was wegstudiert. Wir waren zur Diskussion in eine private, englischsprachige Hochschule geladen, wo die betuchte Elite für dreitausend Dollar im Jahr ihre Zukunftsfähigkeit erlangt. Einstimmig erklärten die Studenten, den Film gesehen zu haben, im Internet, auf Schwarzkopie oder direkt hier an der Universität, und ebenso einstimmig wurde das dort vermittelte Kasachstanbild verurteilt. Man sehe sich nicht als Hinterwäldler am Arsch der Welt, sondern im Herzen Eurasiens, mittendrin im Geschehen. Die Aufbruchstimmung sei gewaltig, überall im Land gehe es voran. «Wir sind jung, ehrgeizig und international», sagte eine mit einer lilafarbenen Boa behängte Studentin, «wir wollen nicht am Herd stehen.» Und ehe man sich's versah, wurde die hochrangige Delegation argumentativ in die Zange genommen und musste für die geschmacklosen Scherze im Film geradestehen. Eine aufgeregte Diskussion entbrannte, in der es um Witze ging und Fakten, um Vorurteile und Stereotypen, Verarschung und Verschwörung und natürlich um die Kritisierbarkeit des Präsidenten.

So hielten wir stellvertretend für Borat die Wange hin und konnten im letzten Moment Schlimmstes verhindern, als nämlich ein englischer Kameramann den schwedischen Fernsehspaßmacher dabei ertappte, wie er gerade etwas Neongelbgrünes aus seiner Tasche holen wollte. «Das wirst du aber nicht anziehen», sagte der Brite, «das wirst du schön wieder in die Tasche tun!» Und der schwedische Borat-Imitator stopfte den String-Badeanzug schön wieder zurück in die Tasche. Das war knapp.

Nicht zuletzt durch das ausgleichende Wirken der hochrangigen Delegation scheint der Konflikt nun endlich beigelegt. Präsident Nasarbajew hat Borat ins wunderschöne Kasachstan eingeladen, Erlan Idrissow, der Botschafter zu London, teilte im Nachgang mit, man habe Stalin überlebt, da werde man Borat auch noch verkraften, und möglicherweise wird die ganze Angelegenheit sowieso bald rechtlich und zur Freude aller Kasachen geklärt.

Die in Almaty erscheinende Wochenzeitung *Megapolis* berichtet nämlich auf ihrer Titelseite von einem streitbaren kasachischen Rentner, der Borat und seine Filmfirma verklagen will – auf siebzehn Milliarden Dollar Schadenersatz. «Wenn ich verliere», zitiert das Blatt den Komiker, «dann zahle ich jedem Kasachen eintausend Dollar!» Was für eine Geste! Und was für eine schöne Rechnung! Das macht bei siebzehn Millionen Einwohnern nämlich genau siebzehn Milliarden Dollar. Für den ewigen Frieden mit Kasachstan eigentlich ein Klacks.

Mit Wein und Twain
auch ohne Floß was los

Fliegender Start in Bad Wimpfen. Schnell, viel zu schnell schießt das Radl die Steilufer des Neckars hinab. Was ist los? Habe ich etwa in der Weinstube zu viel Ballast aufgenommen? In der Ferne leuchten Wiesen, Weinberge und das schimmernde Band des Schwabenflusses, durch die Bäume bläut im Talgrund das Becken des Mineralfreibads. Unten wird es gemächlicher zugehen. Ich freue mich schon auf die kleine Flusspartie, die mir mein Reiseleiter Mark Twain zusammengestellt hat.

Wo der Sommer in Deutschland am schönsten ist? Keine Ahnung. Wo er aber am twainsten ist, weiß ich sicher: im oberen Tal des Neckars, zwischen Bad Wimpfen und Heidelberg. «Deutschland im Sommer ist die Vollendung des Schönen, aber niemand hat das höchste Ausmaß dieser sanften und friedvollen Schönheit wirklich begriffen und genossen, der nicht auf einem Floß den Neckar hinabgefahren ist», schrieb Samuel Langhorne Clemens, der nach seinen Jugendjahren als Steuermann auf Mississippidampfern einen Lotsenruf als Pseudonym wählte. «Mark Twain! Zwei Faden!», riefen die Schiffsführer, wenn das Wasser tief genug war. Hätte Sam Clemens als Flößer auf dem Neckar angefangen, dann wäre aus ihm vielleicht ein Schriftsteller namens Sau Tief geworden. Da Twain, als er hier unterwegs war, gerade *Die Abenteuer des Huckleberry Finn* zu Ende schrieb, darf man vermuten, dass die Mississippi-Floßfahrt von Huck und Jim mit einem guten Schuss Neckarwasser getränkt ist.

Um mich optimal auf meine Neckartal-Radtour vorzubereiten, habe ich eben noch in der über hundert Jahre alten Weinstube Feyerabend im Herzen Bad Wimpfens gesessen und köstliche *Sot-l'y-laisse* von der Maispoularde in mich hineingestopft, die sogenannten «Pfaffenschnittchen» vom sozusagen Steißbein des Hühnchens. Derart fahrradsattelfest und schwielensicher gegessen, blätterte ich in Twains *Bummel durch Europa*. 1878 ging der Amerikaner auf eine fast zweijährige Europareise, nach Stationen in Hamburg und Frankfurt war er in Heidelberg gelandet, wo er Malunterricht nahm. Eines schönen Sommertages beschloss er, «einen Ausflug nach Heilbronn am Ufer des schönen Neckars» zu unternehmen. Schon die Bahnfahrt war ihm ein reines Vergnügen: «Ruinen von Schlössern und Burgen auf überhängenden Steilwänden und Felsspitzen gab es hier den ganzen Weg entlang.»

Noch vor Heilbronn sprang er in Wimpfen aus dem Zug. Das alte Stauferstädtchen fand er «sehr malerisch und baufällig und schmutzig und interessant», er bestaunte «fünfhundertjährige Häuser und einen fünfunddreißig Meter hohen Turm, der schon seit über einem Jahrtausend steht». Ihn hütet heute die einzige Türmerin Deutschlands, und die Fachwerkstadt darunter ist inzwischen ein poliertes mittelalterliches Kleinod. Viel angenehmer als Rothenburg, weil die Touristen fehlen.

Eigentlich sollte sein Europabummel eine große Wandertour werden, aber in beneidenswerter Inkonsequenz nahm Twain bei jeder sich bietenden Gelegenheit die Bahn, die Kutsche oder, wie am Neckar, sogar das Floß. Weil so ein Trumm aus gebundenen Holzstämmen aber heute nicht mehr zu bekommen ist, habe ich mir einfach ein Fahrrad geschnappt, das Floß der Asphaltschifffahrt.

Ich schieße den Hang hinab, im Gepäck nur den Twain und

einen Korkenzieher. Hinter Wimpfen führt der Weg durch Fluss-
auen, vorbei an steilen Weinbergen, die vom Wasser bis zum
Himmel reichen, wo das vergorene Getränk ja letztlich herkommt.
Fast alles, was Twain beschreibt, ist heute noch genau so zu sehen.
Nur der Fluss war noch nicht der gemächlich zwischen Staustufen
dahinfließende, sondern flacher, wilder und stromschneller als
heute.

In Haßmersheim beginnt der Naturpark Neckartal-Odenwald,
den ich bis Heidelberg nicht mehr verlassen werde. Ich warte auf
die Fähre hinüber zur Burg Hornberg. Dort saß fast ein halbes
Jahrhundert der Götz von Berlichingen, griff mit der eisernen
Hand nach einem Becher milden Muskatellers, der noch heute
an den Steilhängen unterhalb der Burg wächst, und schrieb seine
Lebenserinnerungen auf. Damit Goethe später was zu dramati-
sieren hatte. Der Neckar ist nicht nur der Bewusstseinsstrom der
Schwaben, sondern vor allem ihr Dichterfluss: Hölderlin, Mörike,
Hauff und Uhland begannen und beendeten ihr Leben am Neckar,
Kerner und Schiller sind an den Ufern geboren.

«Der Neckar ist an vielen Stellen so schmal, dass man einen
Hund hinüberwerfen kann, falls man einen hat», dichtete indes
Twain, aber das hilft mir als hundelosem Radfahrer auch nicht
weiter. Endlich ist die Fähre angetuckert. Neben uns legt eine
Barke ab, ein großes altes Boot mit Ruderern aus Hamburg. «Wir
wollen heute noch bis Hirschhorn», rufen sie beschwingt, «aber
wir haben kaum noch Nassproviant!» Sie sind wohl keine Dichter,
ganz sicher aber schon dichter als ich, denn jeder Ruderer hat ein
gut gefülltes Glas Wein in einer speziellen Halterung unter der
Ruderbank stehen. Neun Mann rudern, zwei kontrollieren den
Pegelstand der Kühlboxen im Bug des schönen Bootes.

Die Bundeswasserstraße Neckar schlängelt sich nun durch
den Odenwald, im Paarlauf mit der Deutschen Burgenstraße.

Je nach Flussseite radle ich links auf badischem oder rechts auf hessischem Gebiet. Der Radweg verläuft nur selten entlang der Autostraße, sondern meist auf der gegenüberliegenden Neckarseite, führt auf Naturwegen durch lichtdurchwirkte Wälder, über Streuobstwiesen und durch idyllische Flecken, die mit Namen wie Guttenbach oder Neckarwimmersbach von einer Zeit erzählen, in der das Leben noch in sanfter Flussgeschwindigkeit dahinfloss.

Der rötliche Sandstein von Schloss Zwingenberg blinkt aus dem Grün des Waldhangs, direkt dahinter ruht die dunkle Kerbung der Wolfsschlucht, die Carl Maria von Weber zum Handlungsort seines *Freischütz* inspiriert haben soll. Doch noch bevor mich eine verwunschene Kugel ereilen kann, rolle ich schon ins Kurstädtchen Eberbach ein. Hier geht es noch viel sagenhafter zu, denn die spätere Königin Victoria soll auf einem englischen Kahn, und damit auf britischem Boden, vor der Stadtmauer Eberbachs zur Welt gekommen sein. Grund genug, im Ort die zu Recht weltberühmte Viktoria-von-Eberbach-Torte zu servieren, eine jede Zunge adelnde Bisquitköstlichkeit, zu der überraschenderweise sowohl Riesling als auch Muskateller hervorragend munden.

So gestärkt, erreiche ich fast zeitgleich mit den Ruderern die hessische Enklave Hirschhorn, die der Neckar in einer Schleife umfließt. «Hirschhorn betrachtet man am besten von weitem», rät mein Reiseleiter, «vom Fluss her. Denn die zusammengedrängten braunen Türme hoch oben auf der Spitze des Hügels und die alte, zinnenbewehrte Steinmauer, die sich über den grasbewachsenen Hügelrücken hinzieht und seitwärts in einem Meer von Laub verschwindet, formen ein Bild, dessen Anmut und Schönheit das Auge völlig befriedigt.» Dass der schöne Schein aber nicht zu sehr trügt, dafür sorgt schon der Satiriker Twain, wenn er sich mit liebevollem Blick der Bewohner Hirschhorns annimmt: «Das Viertel war wohlversehen mit missgebildeten, glotzenden, ungewaschenen und ungekämmten Schwachsinnigen.» Von denen allerdings heute leider nicht mehr allzu viele zu sehen sind.

Flussabwärts wird das Tal steiler und waldiger. Und als hätte man bislang der Burgen nicht genug gesehen, prunkt das kleine Neckarsteinach doch tatsächlich mit einem zähle und schreibe «Vierburgenblick», wo gleich vier kollossale Gemäuer im rosaroten Kleid des Odenwälder Sandsteins Parade stehen. Den schönsten Blick aber hat man von der anderen Flussseite, vom Bergfried der Feste Dilsberg, den ich nach all den Ballast- und Nassproviantaufnahmen nur noch schwitzend und schiebend erreichen kann. «Dilsberg ist ein ungewöhnlicher Ort, und seine Lage ist nicht minder ungewöhnlich und malerisch», schwärmt Twain, der nicht nur das Panorama schätzte, sondern auch die Isoliertheit des jahrhundertelang umfriedeten Genpools: «Es heißt, Dilsberg sei bereits seit Urzeiten nichts weiter als eine emsige und blühende Idiotenmühle.»

Der habe viel geschrieben, dieser Twain, sagt eine Marktfrau, die vor dem Burgeingang Sommerobst verkauft und das Zitat natürlich kennt. Wahrscheinlich, mutmaßt sie, sei Twain einfach sauer gewesen, weil bei seinem Besuch die guten Zwetschgen schon ausverkauft waren. Ich hingegen hätte Glück – einen Korb habe sie nämlich noch. Ich greife zu, schließlich muss ich für die letzte lange Abfahrt bis zum Zieleinlauf dringend neuen Ballast aufnehmen.

Kurz vor Heidelberg weitet sich majestätisch das Tal. Die Wasser des Neckars scheinen auch den alten Schimpfer Twain auf seinem Floß besänftigt zu haben. Und weil man nur das Wort «Floß» durch «Fahrrad» zu ersetzen braucht, spricht er mir auch jetzt wieder geradezu sautief aus der Seele: «Die Bewegung eines Fahrrads ist genau die richtige; sie ist ruhig und gleitend und glatt und geräuschlos; sie besänftigt alle fieberhafte Geschäftigkeit; unter ihrem friedlichen Einfluss schwinden alle Ärgernisse und alle Trübsal und alle Plagen, die uns quälen, und das Dasein wird ein Traum, ein Zauber, ein tiefes und stilles Entzücken.»

Mit B & J im Land
der schlafenden Drachen

Ich hatte Edinburgh gerade verlassen, im Rückspiegel schrumpfte der Castle Hill auf Spielzeugformat, da ging der Spaß auch schon los. «Hafer ist ein Getreide, das in England als Pferdefutter dient, in Schottland hingegen ernährt es die Menschen», moserte Dr. Johnson, der große Gelehrte aus London. Was Boswell, den Schotten, zwar erboste – andererseits amüsierte er sich aber auch nicht schlecht über den Engländer: «Johnson, der sich damals der alkoholischen Getränke enthielt, fand seinen Zitronensaft nicht süß genug, worauf der Kellner mit speckigen Fingern ein Stück Zucker nahm und in das Glas tat. Empört schüttete Johnson den Saft zum Fenster hinaus. Es fehlte nicht viel, und Johnson hätte den Kerl zu Boden geschlagen.»

Nein, langweilig würde die Schottlandtour mit diesen beiden Reisebegleitern wohl nicht werden. Schon immer mal wollte ich von Edinburgh quer durch die Highlands bis zu den Hebriden reisen, und schon immer wollte ich dabei kompetente Mitreisende haben: nämlich den gelehrten Dr. Samuel Johnson und seinen beflissenen Biographen James Boswell. Als Duo sind sie die berühmtesten Schottlandtouristen aller Zeiten, denn beide verfassten Bücher über ihren gemeinsamen historischen Trip im Jahr 1773 – bis heute die Doppelhelix der klassischen Expeditionsliteratur. Johnson ist in Großbritannien eine Art Nationalheiligtum, was uns Deutschen die Goethezeit, nennt man in Britannien die «Johnsonzeit». Er ist nach Shakespeare der meistzitierte Autor überhaupt – nicht zuletzt, weil sein jugendlicher Bewunderer und Biograph James Boswell ihm ein literarisches Denkmal setzte. Berühmt wurde Johnson, weil er das erste «Wörterbuch der Englischen Sprache» schrieb; darin lieferte er unter vielem anderen eine schlagende und bis heute gültige Definition des Reisens: «Aus Neugier andere Orte aufsuchen.» Und genau das wollte ich in Schottland tun: auf den Spuren Boswells und Johnsons reisen – allein und doch zu dritt.

Im August starteten die beiden ihre dreiundachtzig Tage dauernde Tour. «Es war eine trübselige Kutschfahrt im Dunkeln nach St. Andrews», notierte Boswell, doch bestätigen konnte ich das nicht. Ich fuhr nämlich schön im Hellen und genoss den Ritt in meiner flotten Kraftdroschke. Nachdem ich die düster umwölkte schottische Hauptstadt hinter mir gelassen und die gewaltige Stahlbrücke über die noch gewaltigere Meerenge des Firth of Forth geentert hatte, riss der Himmel auf. Spot an! Die Halbinsel des *Kingdom of Fife* leuchtete hell und rein, wie dampfgestrahlt. Ich fuhr dahin über sanft rollendes Hügelland, das durch die gelbgold wogenden Weizenfelder ständig in Bewegung schien. Die kleinen Hafenstädtchen St. Monans, Anstruther und Crail, die den Weg bis St. Andrews säumen, lieferten sich einen gnadenlosen Wettkampf um den Titel des pittoreskesten Küstenfleckens. Ein Kampf, der hier nur Sieger kannte, keine Verlierer.

In der stolzen kleinen Stadt St. Andrews, die nicht nur die älteste schottische Universität beherbergt, sondern auch den ältesten Golfplatz der Welt, stand lange Zeit auch das größte Bauwerk Schottlands, die Kathedrale des heiligen Andreas. Die Reformation überstand sie nicht. Dr. Johnson war empört, sie nur noch als Ruine vorzufinden. Dass sie heute einen der schönsten Steinhaufen Schottlands bildet, konnte er wohl nicht ahnen. Ja, er war so sauer, dass er nicht mal den am Stadtrand gelegenen *Old Course* besichtigte, den Urahn aller Golfplätze.

Wo, wenn nicht hier? Wann, wenn nicht jetzt? Schon immer wollte ich das Golfspiel erlernen, dieses merkwürdige Geschicklichkeitsspiel in angenehmer Umgebung. Da die weltberühmte Links Golf Academy gerade einen Schnupperkurs auf dem heiligsten Grün der Golferei anbot, griff ich zu und zum Eisen. Harry Scott hieß mein Golflehrer, das nahm mich sofort für ihn ein. Er arbeitete mit modernsten Mitteln, stellte mich vor eine Kamera und ließ mich wie wild Bälle in die Botanik schlagen. Kurz bevor der historische *Old Course* ganz in Trümmern lag, brach er ab.

Als wir die Videoaufnahmen analysierten, waren wir uns einig: Mein Fall war hoffnungslos. Ob denn das Golfspiel nicht hauptsächlich für Frustration sorge, fragte ich Harry. Nachdenklich wiegte er den Kopf und meinte, Golf mache ja gelegentlich auch Spaß. Er spiele aber nun schon seit zwanzig Jahren Golf, und wenn er's recht bedenke, sei er seit zwanzig Jahren frustriert.

Meine Reiseleiter Boswell und Johnson indes waren weniger wegen eines Golf-Handicaps frustriert als wegen der schlechten Straßen. Nach dem Start in der Kutsche ging es bald nur noch zu Pferd und schließlich zu Fuß weiter. Nördlich von Inverness gab es gar keine Straßen mehr, keine Städte und kaum Bewohner, mit denen man Englisch hätte sprechen können. Trafen die beiden Gelehrten auf Einheimische, deren keltische Sprache sie nicht verstanden, so sahen sie in ihnen «schwarze und wilde Fratzen wie die irgendwelcher Urwaldbewohner». Dr. Johnson hatte sichtliches Vergnügen daran, Kupfermünzen an die Kinder zu verschenken oder sie mit einem Stück Weißbrot zu beeindrucken, das sie nie zuvor gesehen hatten.

Ich begegnete jedoch nur freundlichen Gestalten, deren Sprache, obwohl inzwischen Englisch, immer noch ziemlich keltisch klang. Beim Sprechen schienen sie Kupfermünzen zwischen den

Zähnen zu halten. «Leckeneleeeen», verstand ich nur, als eine freundliche Dame im Rowan Tree Country Hotel mir erklärte, wo ihrer Meinung nach die Highlands am schönsten seien. Sie zeigte es mir auf der Karte, und schon zwanzig Minuten später begann ich meine Wanderung rund um den *Loch an Eilein*, den «See mit der Insel». Er liegt mitten im Cairngorms-Nationalpark, ein kleiner See mit Schlossruineninsel in der Mitte, umgeben von einer fast schon obszön violettbunten Hochheide, alles auf derart engstem Raum konzentriert, dass man fast an einen Themenpark glauben mochte.

Beschwingt, die Lungen voller feinster Heideluft, rollte ich wieder hinunter, Richtung Inverness. Beim Autofahren in Schottland macht man vor allem zwei Dinge: Seen und Schlösser sehn. Noch immer wirkt das Land uralt und unberührt, was es ja auch ist. Hier ein Loch, da ein Loch, dann ragt in der Dämmerung mal wieder eine angestrahlte Monsterruine fahlgelb aus dem Dunst empor wie ein schlafender Drache.

Ich besuchte das berühmte Schlachtfeld von Culloden, wo einst die letzten schottischen Aufständischen von den Briten niedergemäht wurden. Boswell und Johnson waren ebenfalls dort, doch hatte keiner darüber geschrieben. Sofort begriff ich, warum: Außer einem futuristischen Besucherzentrum gab es absolut nichts Interessantes zu sehen. Nur große, weite Leere. Das imponierte mir. Die Schotten sind die ungeschlagenen Meister der Vermarktung von Dingen, die man nicht sehen kann – man denke nur an Nessie, an diese unsichtbare Schlacht hier oder an das, was der Schotte unterm Kilt hat. Dafür jedoch, dass sie nur ein kleines Völkchen am Rande Europas sind, haben sie eine Menge Dinge hervorgebracht, die die ganze Welt kennt: James Bond, Whisky, Golf – und den frittierten Mars-Riegel. Dieser wurde 1995 erstmals in einem Kaff bei Aberdeen serviert und hält sich, der bittersten Kritik empörter Gourmets zum Trotz, seitdem hartnäckig auf der Speisekarte ausgesuchter Fish-'n'-Chips-Shops.

Über einen heißen, fettigen Schokoriegel hätten sich meine Reisebegleiter bestimmt sehr gefreut. Vor allem in Glenelg, einem Fähranlegerflecken im Westen des Festlands, gegenüber der Isle of Skye. Denn als sie im Dorflokal auf die Fähre warteten, mussten sie hungrig zu Bett gehen. «Die Liste der nicht angebotenen Lebensmittel war sehr umfangreich», grummelte ein missmutiger Dr. Johnson. «Hier gab es kein Fleisch, kein Brot, keine Eier, keinen Wein.» Der Wirt im immer noch existierenden Glenelg Inn hatte in der Zwischenzeit aber wohl gewechselt, denn es gab zum nun vorhandenen Weißwein sogar erstaunlich frische Muscheln. So war die Überfahrt nach Skye auf der letzten noch aktiven Karussellfähre Großbritanniens ein Klacks.

Möglicherweise hatte der vorherige Glenelg-Wirt ebenfalls nach Skye gewechselt, und seine Nachfahren betrieben nun genau das Fischrestaurant im Hafen von Portree, in dem ich mich am nächsten Tag vergeblich durch die Speisekarte fragte. «Heute haben wir keine Austern», erklärte der Kellner mit einem Anflug von Stolz, «außerdem haben wir keinen Kabeljau, keine Langusten und keinen Hummer. Ach ja, und die Jakobsmuscheln sind auch aus. Gestern war eine Gruppe Japaner da, die hat uns völlig leergefressen.»

Hinter Portree, auf der Halbinsel Trotternish, ragte kühn der lange Felsfinger des *Old Man of Storr* in den Himmel über Skye, als wollte der alte Mann die Wolken wegen allzu waghalsigen Dahinziehens verwarnen. Nach einstündigem Aufstieg durch Wald und Wiesen hatte ich den Fuß der Felsnadel erreicht. Und staunte mir die Augen aus beim Anblick des Prachtpanoramas von Meer, Felsen, Seelöchern und kurzhalmigem Grün. Von hier oben wirkte Schottland wie Gottes erster, noch unbeholfener Entwurf für einen gigantischen Golfplatz. Und der bleigrau glitzernde Atlantik hatte genau die dunklen, oszillierenden Flecken, die man in den Gesichtern der Schotten sieht, wenn sie nachmittags im Pub aufgeregt das erste Pint des Tages bestellen.

Als die Wolken das Wasser nicht mehr halten konnten, besichtigte ich das spektakulär auf einem Fels im Meer thronende Dunvegan Castle, bis heute Stammsitz des MacLeod-Klans. Dort ist nicht nur ein altes Klanführer-Schwert zu bewundern, von dem Dr. Johnson bei seinem Besuch, wie die Infotafel pikiert vermerkt, «nicht sonderlich beeindruckt» war – sondern auch das Bett, in dem er höchstpersönlich schlief. Zu Ehren des hohen Besuchs hängt dieser nun höchstselbst als Ölkopie an der Wand. Grimmig blickt Johnsons fleischiges Gesicht aus dem viel zu engen Rahmen – man meint ihm anzusehen, dass er schlecht geschlafen hat. Eines Nachts muss er das Bett mit einer äußerst merkwürdigen Nachtmütze verlassen haben. Anders wäre die Mitteilung der damaligen Lady MacLeod nicht zu erklären: «Ich habe schon oft sehr unansehnliche Menschen gesehen», schrieb sie erschüttert, «aber etwas so Abstoßendes wie Dr. Johnson mit seiner falsch herum aufgesetzten Perücke noch nie.»

Waren die bizarren Felsformationen und die zerklüftete Westküste von Skye selbst im Nebel von atemberaubender Schönheit, so war der Westteil der kleinen Insel Mull, moosbehängt und sattgrün drapiert, besonders bei Regen ein unvergesslicher Anblick. So unvergesslich wie der Pulk ponchobehängter Pensionäre, die in diesem satten Hebridendschungel nur anhand ihrer meterlangen Teleobjektive zu erkennen waren. Birdspotter at work! Starren Halses starrten sie nach oben. Da streunten aber nur Wolkenfetzen über den Himmel wie verirrte Schafe.

«Wir warten auf den Steinadler», sagte ein Herr mit imposantem Backenbart, «der geht nach dem Regen auf Beutefang.» Als er meine Reisebücher auf dem Beifahrersitz entdeckte, hellte sich seine Miene auf. «Oh, Sie reisen mit B & J? Wir auch!», rief er. «Schon zum dritten Mal. Und jedes Mal gibt es was Neues zu entdecken. Waren Sie schon in Tobermory? Dort gibt es jetzt den Ledaig Private Collection 2012, diesen Whisky müssen Sie probieren!» Und jetzt solle ich mal schleunigst weiterfahren, so ungetarnt, wie ich sei.

Quietschbunt wie auf einer Perlenkette reihten sich die Häuser rund um das Hafenbecken von Tobermory, dem Hauptort der wohl schon seit der Steinzeit verschlafenen Insel. Im noch verschlafeneren Stadtmuseum waren neben alten Münzen, Dokumenten und angeschwemmter Konterbande niedlich modellierte Figürchen zu sehen, die eine historische Landnahme nachspielten: die Ankunft von Boswell und Dr. Johnson nach einer so stürmischen Überfahrt, dass keiner von beiden mehr mit einem Anlegemanöver rechnete. Über dem Ort hing ein malzig-torfiger Dunst. Der kam von der Inseldestille, über die man mit Sicherheit sagen kann, dass meine beiden Reiseführer sie nie gesehen haben, denn sie nahm erst 1798 die Brennarbeit auf. Gleichwohl zollte der Zitronensafttrinker Johnson den lokalen Verkostungssitten durchaus Respekt: «Ein Mann von den Hebriden trinkt schon am Morgen ein Glas Whisky; sie sind jedoch kein trunksüchtiger Volksstamm, jedenfalls habe ich nicht viel Unmäßigkeit erlebt; dennoch ist kein Mann so enthaltsam, auf seinen Morgenwhisky zu verzichten.» Da ich die letzten Tage fast durchweg auf meinen Morgenbrand verzichtet hatte und nun schon Mittagszeit war, beschloss ich, das Versäumte nachzuholen. Und probierte mich im Destillenshop wacker durch sämtliche Tobermory- und Ledaig-Getränke, die dort zu kriegen waren. Der Private Collection 2012 war aber leider schon aus.

«Gestern waren Vogelkundler da, die haben die letzten Flaschen mitgenommen», sagte der Ausschankbeauftragte. Ich konnte ihn kaum verstehen, so viel Kleingeld schien er im Mund zu haben. Ich fragte ihn, ob denn alle Schotten so schwer zu verstehen seien. «Das ist eine reine Vorsichtsmaßnahme», sagte er. «Als Schotte kann ich so ganz problemlos sprechen, vor allem im betrunkenen Zustand. Ein Engländer kann das nicht – der lallt.»

Der fünfzehn Jahre alte Ledaig war aber auch nicht schlecht. Als ich den Laden Stunden später im milden Dunst des Sonnenuntergangs verließ, sah ich – tatsächlich! – einen Steinadler. Und nachdem ich, dieses Ereignis zu begießen, gleich noch ein, zwei torfige Tobermorys nachgelegt hatte, sah ich sogar doppelt so viele.

So sah ich nicht nur viele wunderliche Dinge in Schottland, sondern auch sehr erbauliche – ebenso wie Johnsons Biograph Boswell: «Wir fanden einen kümmerlichen Gasthof, wo ich selber erlebte, wie so ein Kellner wieder ein Stück Zucker mit den Fingern in Dr. Johnsons Zitronensaft tat, wofür dieser ihn einen Dreckskerl nannte. Ich freute mich diebisch, dass es sich bei unserem Wirt um einen Engländer handelte, und zog den Doktor damit auf, bis er klein beigab.»

Nach fast drei Monaten beschwerlichen Reisens und Torfverheizens konnte der geplagte und latent unterkühlte Dr. Johnson sein Glück kaum fassen, als er schließlich im «Saracen Head» in Glasgow die Worte sprach: «Hier stehe ich, ein Engländer, endlich wieder vor einem Kohlenfeuer.» Heute brennt im ältesten Pub der Stadt – «Established 1755», verkündet stolz das geätzte Fensterglas – leider kein Kohlenfeuer mehr. Dafür sind aber, dem Geräuschpegel nach, alle Schotten dicht, und mir blieb, zum Reiseabschluss, der wohlverdiente Durst auf ein letztes schönes britisches Ale. Ich schaute sehr genau hin, als der Wirt das goldbraune Ale ins Glas rinnen ließ. Nein, er hatte seinen Finger nicht im Bier.

◆◆◆

Mamas Swingbob
unter Palmen

Anfangs hatte ich ziemliche Zweifel: Eine Woche nur mit der Mama auf Malle – würde das gutgehen? Schließlich kannten wir uns kaum. Kaum mehr. Zwar hatten wir etliche Jahre zusammengelebt, doch in dieser Zeit war ich viel außer Haus – Kindergarten, Schule, Jugendgruppe. Später trennten sich unsere Wege. Und nun sollte ich wieder zum Kind werden und mit meiner Erzieherin zusammenleben?

Nicht nur ich hatte Zweifel. Über mein Geburtstagsgeschenk hatte sich Mutter erst noch gefreut: eine gemeinsame Woche in einer Ferienwohnung am Meer, mit Vollverpflegung und Vollprogramm. Wandern, Essen, Shoppen, Sightseeing. Toll! Doch dann erinnerte sie sich wieder: Vor zwanzig Jahren war sie mal auf Malle gewesen, in irgendeinem trüben Nest, umgeben von Hotelklötzen – gefallen hat ihr das nicht. Mallorca, das Ballermann-Paradies. Prolls und Promis. Sie, die Weitgereiste, die Peking und Shanghai ebenso kannte wie New York und San Francisco – was sollte sie auf der Putzfraueninsel? Außerdem machte ihr gerade der Ischias schwer zu schaffen. Als wir vor der Reise telefonierten, sagte sie: «Ich schaff's ja kaum aus dem Sessel hoch – wie soll ich da nach Mallorca kommen?» Es sah gar nicht gut aus. Bis Mutter schließlich generös einlenkte: «Ich komme nur dir zuliebe.»

Am Ankunftstag bin ich noch aufgeregter als beim ersten Date. Immerhin erwarte ich die wichtigste Frau meines Lebens. Unter

Schmerzen hat sie mich geboren, damit ich sie siebenundvierzig Jahre später am Flughafen von Palma de Mallorca bei Ausgang D in Empfang nehme. Es ist ihr erster Flug allein, ganz ohne Begleitung.

Schon die Begrüßung ist überschwänglich und herzlich: «Du bist ja ausnahmsweise mal pünktlich. Hättest du nicht ein ordentliches Hemd anziehen können?» Man bleibt eben immer Kind. Dann fahren wir nach Portocolom, in den Südosten der Insel. Untouristische Orte gibt es auf der Baleareninsel ja längst nicht mehr, doch das kleine Hafen-und-Fischer-Städtchen ist vergleichsweise normal und ruhig geblieben. Ich bin schon seit ein paar Tagen da, habe die Ferienwohnung klargemacht, den Hafenmeister um Beistand gebeten und den Kühlschrank befüllt. So gondeln wir gemütlich durch blühende Landschaften. Die feist grünen Wiesen sind gelb und weiß gesprenkelt, dazwischen blinken rote Mohnblumen. Mutter schaut aus dem Wagenfenster und sagt gar nichts. Ein gutes Zeichen. Die Ferienwohnung gefällt, der Meeresblick vom Balkon ist genehm, kein Strandgeschrei, keine laute Musik, nur der rauschende Rhythmus der Brandung.

Die Sache läuft verdächtig gut, schon am nächsten Tag hilft mir Mutter, mein schlechtes Spanisch zu verbessern. Was heißt noch mal Föhn? Aha: *secador de pelo.* Den hat Mutter nämlich vergessen. Und wie nennt man den Lockenstab? Der Chinese im Elektromarkt unten am Hafen weiß es: *rizador eléctrico* – und zieht ein besonders luxuriöses Modell mit acht verschiedenen Aufsätzen aus dem Regal. Mutters Begeisterung ist grenzenlos, Mallorca hat praktisch schon gewonnen.

«Es gibt noch eine weitere Überraschung», sage ich. «Ich habe einen Friseurtermin für dich ergattert – bei Udo Walz.»

«Merkels Friseur? Der ist auch hier?»

«Nicht hier, aber in Palma hat er 'nen Laden. Und er würde sich riesig freuen, dich dort zu begrüßen.»

Mutter ist alles andere als begeistert: «Der kennt doch meine Frisur gar nicht.» Sie wolle ja nicht aussehen wie die Merkel. Nein, das mit dem Walz, das käme überhaupt nicht in die Tüte, irgendwo habe alles auch mal Grenzen. Außerdem wisse der bestimmt nicht, was *rizador eléctrico* auf Deutsch heißt.

Wenn's schon kein Prominentenbarbier sein darf, dann führe ich sie wenigstens in die Promiszene von Portocolom ein. Die ist sehr übersichtlich, hauptsächlich männlich, ziemlich braungebrannt und heißt Lionel. Der Mann regiert und koordiniert eine Runde von Winterflüchtlingen und Dauerresidenten, darunter drei Bäckerstöchter aus Franken, ein Arzt aus Berlin und ein schottisches Schwesternpaar. Jeden Nachmittag trifft man sich zum Sundowner vor dem Hafenrestaurant «Florian», raucht und freut sich über das schlechte Wetter in Deutschland.

Mutter kann sämtliche Horrormeldungen bestätigen. Als sie in Frankfurt abflog, lag noch Schnee. Inseltratsch wird verhandelt, auf der sogenannten «Todesstrecke» zwischen Llucmajor und Campos soll es wieder gerummst haben, und in Port Andratx, wo sämtliche deutschen Nachrichtensprecher ein Ferienhaus haben, sei wieder mehrfach eingebrochen worden. Kopfschütteln. Für das umtriebige Selbstdarstellungsvolk in Andratx, die Yachtenangeber in Portals Nous, die Partymassen am Ballermann hat man hier, im stillen Südosten, nur milde Verachtung übrig. «Selber schuld», brummt Lionel.

Was er hier eigentlich den ganzen Tag so treibe, will Mutter von ihm wissen. «Gar nichts», lacht der Mittsechziger, und zwar so triumphierend und dreckig und in sich rein, dass man gar nicht anders kann als neidisch sein. Ganz stimme das aber nicht, lenkt Lionel ein, immerhin versehe er hier auch das Ehrenamt des Hafenmeisters. Vom Balkon seiner an vorderster Wasserfront gelegenen Residenz überblicke er nämlich das gesamte Hafenbecken. Und das wolle was heißen, denn Portocolom habe den größten natürlichen Hafen Mallorcas. Doch jetzt sei Vorsaison, und da gehe es selbst in der Rushhour bestenfalls gemächlich zu. «*Pantalón muerto* – tote Hose bei tollstem Wetter, was will ich mehr?», fragt der braungebrannte Teilzeitresident und steckt sich eine ins Gesicht. «Hier bin ich tiefenentspannt.»

Als ich Notizen mache, wird der Blick des Hafenmeisters sehr streng. «Wehe, du schreibst darüber, wie schön es hier ist. Wir wollen in Portocolom unsere Ruhe haben!»

Mutter jedoch ist Unruheständlerin, daher steht am nächsten Tag Bewegung auf dem Programm. Gute Wanderschuhe solle sie einpacken, hatte ich geraten, schließlich ist Mallorca eine Wanderinsel, und Mutter wandert für ihr Leben gern. Im letzten Herbst erst kraxelte sie mit Wanderfreunden – als Älteste ihrer Gruppe, wie sie stolz betont – ohne Stock und Anlauf das Nebelhorn hoch. Dann führt sie ihre Wanderschuhe vor: ein Paar goldener Ballerinas mit etwas festerer Sohle. Ich bin sprachlos. Und das seien noch ihre «guten Wanderschuhe», auf dem Nebelhorn sei sie ja mit den «etwas modischeren» gewesen. «Und es ist nichts passiert!»

Auf zur Cala Mondragó! Die smaragdtürkisgrünblau schillernde Doppelbucht, die schönste der ganzen Insel, wurde vor ein paar Jahren zum Naturschutzgebiet erklärt. Deshalb ist die Drachenbucht, wie sie übersetzt heißt, mit ihren zwei kleinen Stränden nicht von Hotelblöcken umgeben, sondern von gut ausgeschilderten Wanderwegen. Wir wandeln durch üppige Wäldchen, ein tief eingeschnittenes Flusstal und dann über spektakuläre Steilküsten. Auf ihren Goldballerinas klettert Mutter wie eine Gazelle über Stock und Fels und Stein. Ob das mit ihrem Ischias kein Problem sei? «Welcher Ischias?», fragt sie und zieht davon. «Nicht so schnell!», rufe ich. «Und hier ganz vorsichtig!» Anhand ihres bonbonrosa Outfits kann ich sie aber auch noch in größerer Entfernung ausmachen. Ich komme nur mühsam hinterher. Na toll – meine Mutter macht hier auf Teenager, und ich führe mich auf wie ein alter Sack.

Zurück fahren wir durch den «Hamburger Hügel». Von den rund siebzigtausend Deutschen, die laut *Mallorca Magazin* dauerhaft auf der Baleareninsel leben, hat sich ein Gutteil hier zwischen Santanyí, S'Alqueria Blanca und Ca's Concos eingerichtet. Der Name soll von dem deutschen Journalisten Rainer Fichel stammen, der in Ca's Concos das Restaurant «Viena» betrieb, bis er 2010 verstarb. Als ihn mal ein Spanier fragte, was denn dieses «HH» auf den Kennzeichen der vielen deutschen Autos bedeute, die hier immer herumkutschierten, sagte Fichel: «Hamburger Hügel – die wohnen jetzt hier.» Kein Wunder – hier ist die oft auch sehr schroffe, an anderen Stellen wiederum sehr platte Insel eindeutig am lieblichsten.

Sanft rollendes Hügelland mit Trockenmauern und kleinen Hainen, die Wiesen unter den bereits verblühten Mandelbäumen prangen in vollstem Saftgrün, darauf wollig runde Schafe ihre neueste Lämmchenedition spazieren führen. Die Luft zwitschert und duftet würzig nach Sträuchern. Ruhig und friedlich liegt das Land. Jedes Jahr vollführt Mallorca das Wunder, die zehn Millionen Touristen, mehr als ein Drittel davon aus Deutschland, übers Jahr so auf der Insel zu verteilen, dass man sie nur zur Hauptferienzeit und an den Großstränden empfindlich spürt.

«Ich dachte immer, hier sei alles überlaufen», staunt Mutter.

«Dachte ich auch. War aber auch noch nie in der Hauptsaison da, immer nur im Frühling und Winter, da ist Malle leer und grün.»

Jedenfalls hier im Südosten. Nach Valldemossa, ganz im Westen, wo Frédéric Chopin und George Sand einen legendär scheußlichen «Winter auf Mallorca» durchlitten, will Mutter deshalb auch gar nicht. Da war sie vor zwanzig Jahren: «Nichts als deutsche Rentner!» Und damit wolle sie nun wirklich nichts zu tun haben. Lieber an den kilometerlangen Sandstrand von Es Trenc. Wo das Meer in langen Wellen reinrollt und die berühmten Bauruinen von Ses Covetes – vor zwanzig Jahren illegal errichtet und dann sich selbst überlassen – endlich abgetragen und verbuddelt werden.

Geruhsames Stapfen durch Sand und Dünen, Mutter und Sohn schweifen durch die Familiengeschichte: 1974, der erste Urlaub an der Adria, in Lido di Jesolo – damals noch Prominententreff und sogar (durch Bruno Kreisky geadelter) Bundeskanzler-Badeort. Damals, als die italienische Adria noch das war, was Malle heute ist: trotz Massenziel-Appeal immer noch ziemlich vorzeigbar. Und Mutter erinnert sich an ihre ersten Spanien-Erfahrungen: die Hochzeitsreise 1963 mit Vater im DKW. Ohne Sprachkenntnisse und Vorausbuchungen durchs wilde Spanien: Barcelona, Madrid, Gibraltar! Und dann rüber nach Afrika – alles mit diesem stinkenden Zweitakter! Verrückt!

So verrückt, ihre raffinierte Lockenstab-Spezialfrisur den Händen von Udo Walz anzuvertrauen, ist Mutter indes immer noch nicht. «Vom Friseur kommt man immer mit schlechteren Haaren als vorher», weiß sie aus leidiger Erfahrung. Ich schlage vor, sofort ein aktuelles Foto von ihrer Frisur zu machen, um dieses dann bei Walz vorzulegen – genau diese Frisur müsse es dann sein. Ob er das wohl schaffen würde? Die gleiche Frisur hinzuzaubern, die Mutter gerade aufhat?

Nein, die Erzeugerin bleibt eisern. Keine Chance. Also fahren wir mit unserem wohlriechenden Viertakter rüber nach Inca, in die Lederstadt. Mallorca ist schließlich auch ein Shoppingparadies. Zahlreiche Outlet-Stores bieten der busladungsweise angekarrten Kundschaft alles, was das Schnäppchenjägerherz begehrt. Mutter zeigt demonstratives Desinteresse: «Hier gibt es sowieso nichts für mich.» Da wir spät losgefahren sind, ist im ersten Lederkaufhaus auch bald schon wieder Mittagspause. «Unter Zeitdruck kann ich schon mal gar nichts einkaufen», sagt sie und verschwindet in der Auslage. Zehn Minuten später verlassen wir das Etablissement mit zwei Handtaschen und zwei paar Schuhen. Eine Stunde später ist der Kofferraum voll: mit Klamotten, Schuhen, Perlen und Gürteln. «Wie soll ich denn das alles in der Koffer kriegen?», fragt sie sich.

Da wir anscheinend gerade einen Lauf haben, fahre ich gleich weiter nach Palma und halte direkt vor dem Laden von Udo Walz. Nur widerwillig lässt sich Mutter hineinbugsieren und ist regelrecht erleichtert, als sie hört, dass der Chef nicht da ist. Wir einigen uns auf Waschen und Frisieren. Das zuvorkommende Personal behandelt die Problemkundin wie ein rohes Ei. Als ich Mutter eine Stunde später abhole, ist der vormals fest fixierte Haarhelm einem lebendig swingenden Bob gewichen – ganz ohne Lockenstab! Plötzlich hat Mutter was ganz Jungmädchenhaftes. Ungläubig staunt sie sich im Spiegel an.

Auf dem Rückweg biege ich kurz vor Portocolom in einen kleinen Feldweg ein. Dort haben die drei Bäckerstöchter aus Franken ihre Finca – und wir sind zum Kaffee geladen. Der Hafenmeister ist auch da, er musste helfen, den Tisch nach draußen zu schleppen. Erschöpft wirkt er, regelrecht zerschlagen. Ein Termin pro Tag, das ist viel zu viel auf Malle! Mutter inspiziert das Anwesen, ein altes Bauernhaus mit eigenem Brunnen, umgeben von Grün und Mandelbäumen. Wir sitzen auf dem Vorplatz, und Mutter kassiert Komplimente, ohne mit den Wimpern zu zucken. Wie?

Fünfundsiebzig sei sie? Zwanzig Jahre jünger habe man sie geschätzt. Mit der neuen Frisur sogar fünfundzwanzig. Wenn das so weitergeht, werde ich sie bald als meine Schwester vorstellen müssen.

Zierde der reichgedeckten Kaffeetafel ist eine schöne große Ensaimada, gefüllt mit Vanillecreme. Die kunstvoll gedrehte Schmalzteigspirale ist eine mallorquinische Spezialität. Mutter haut rein und walzt genüsslich uralte Peinlichkeiten über mich aus: «Mein Sohn will mich immer zum Friseur schleppen – dabei ist er selbst einer. Früher hat er sich mit der Nagelschere Löcher in die Frisur geschnitten und die Haare grün gefärbt. Furchtbar sah das aus.»

«Mutter, es ging nicht anders. Irgendjemand musste doch die Punk-Revolution in Heilbronn voranbringen. Ich war die Speerspitze dieser Revolution.»

«Ja, aber nach dir kam dann keiner mehr.»

«Das konnte ich ja damals nicht wissen.»

Ich bitte um Themenwechsel. Insekten vielleicht?

Ja, genau, der Palmrüssler! Der sei nämlich ein Problem: Überall auf der Insel mache sich der Schädling breit und bohre auf heimtückische Weise die Dattelpalmen an. Die Bäckerstöchter eruieren, ob nicht sogar der Große Breitrüssler noch viel schädlicher sei. Und meine Mutter will wissen, ob er, der Hafenmeister, denn auch so einen breiten Rüssel habe. Es folgen dreckiges Gelächter und tiefer führende Witze, die nicht nur Mutters Sohn die Schamesröte ins Gesicht treiben. Schlimm, diese versauten Rentner! Als die Frau Mama sich schließlich von den Bäckerstöchtern durch den Garten führen lässt, um die Pracht der Zitronen- und Mandelbäume zu bestaunen, winkt mich der Hafenmeister zu sich ran: «Deine Mudda! Die macht mich fertig.» Und lacht wieder dreckig in sich rein.

Bald dunkelt es, wir verabschieden uns, denn vor der Abreise will ich Mutter noch den heiligen Berg der Insel zeigen, den Sant Salvador. Auf engen Serpentinen schlängeln wir uns empor, von null auf fünfhundert Meter über dem Meer. In jeder Haarnadelkurve stößt sie spitze Schreie aus. Sie erinnert sich an unsere früheren Urlaubsreisen im Auto: «Schrecklich war das! Diese Passfahrten über den Brenner! Dein Vater hielt mit der einen Hand die Zigarette aus dem offenen Fenster und steuerte mit der anderen, du und deine Schwester tobten auf der Rückbank, und ich schaute rechts immer nur in den Abgrund und hatte Todesangst.»

Die Erleichterung ist umso größer, als wir den Gipfel sicher erreichen und zur Aussichtsplattform eilen. Schon sinkt die Dämmerung auf die Insel, und über den frühlingsgrünen Teppich Mallorcas legt sich sanft eine weiche, weiße Nebeldecke. Wir schauen und schweigen. Lange Zeit.

Dann sagt Mutter leise: «Schön ist es hier.»

Im wüsten Takt der
Techno-Muezzins

Punkt halb neun explodieren die Boxen, der Beat ballert los, und sein Echo verliert sich wie Rauch im schwarzen Wüstenhimmel. DJ BeeBee aus Jordanien startet mit sanften Tranceklängen und relaxtem Bassgeblubber die «Voyage into Rum». Damit ist kein Zuckerrohrschnaps gemeint, sondern der berühmteste Teil der jordanischen Wüste, das gewaltige Wadi Rum, das Einheimische wie «Ramm» aussprechen. Das *opening set* läuft, jetzt könnte die nächtliche Reise über die Dancefloors beginnen, endlich könnte ich «Distant Heat», den «größten Rave im Nahen Osten», am eigenen Leib erleben. Aber – ich komme nicht durch.

Ein Mann am Eingang mustert mich lang und intensiv und sagt schließlich: «Welcome!» Als er weg ist, raunt einer von den zwanzig Securityleuten: «Der ist von der Geheimpolizei! *Be aware!*» Und der Eingang bleibt verschlossen.

Das weiträumige Gelände im Nachtschatten gewaltiger Sandsteinfelsen ist besser gesichert als die jordanisch-israelische Grenze im fünfzig Kilometer entfernten Aqaba. Hinter der Absperrung sehe ich die große, noch schwach illuminierte Freiluftbühne, die Lichttraversen, die leere Tanzfläche, den neonblau leuchtenden VIP-Bereich, die vielen Schlafzelte, die noch unbelagerten Getränkestände – und nun soll das Techno-Tanzereignis ohne mich stattfinden? Auch die Kids um mich herum murren, es werden immer mehr.

Die ersten Busse rollen schon durch den Sand, Spaßkarawanen aus Amman und Aqaba. Sie bringen Jordanier, Libanesen und Ägypter, Iren und Holländer. Auch Italiener und sogar zwei Österreicherinnen. Bemalte Herrschaften in kurzen Hosen, gegelte Bartträger, heftig blondierte Damen in Hotpants, barbrüstige Männer, die ihr blinkendes Handy als Distinktionsmerkmal um den Hals gehängt haben, grell geschminkte Schönheiten mit Glitzertops und auftoupierter Mähne. Sind sie die neuen Auserwählten? Schon Moses zog hier mit seinem Volk Israel durch und wies ihm den Weg ins Gelobte Land. War es vielleicht sogar hier, wo der erste historisch verbriefte Wüstenrave stattfand, der Tanz ums Goldene Kalb?

Dann ist endlich Einlass. Ticket- und Taschenkontrolle. Ich komme durch, nur mein Wodka-Flachmann bleibt da. Drinnen gebe es genug zu trinken, sagt der Kontrolleur, ich solle aufpassen, wegen der Hitze. Die Kids drängen zum Dancefloor. Der Techno-Muezzin ruft die Gemeinde. Jetzt werden wir das neue, moderne Jordanien erleben.

Das alte habe ich bereits gesehen. Auf dem Weg in die Wadi-Wüste durfte ich Petra bestaunen, die zweitausend Jahre alte Felsenstadt, und im Toten Meer sah ich rüstige Herrschaften, die versuchten, im Wasser Zeitung zu lesen. Wahrscheinlich studierten sie Berichte über die historische Hitzewelle, die über dem Land lastete. Es waren die heißesten Tage des Jahres, und die *Jordan Times* betete ein Ende des Hochs aus Indien herbei. In vielen Shops seien die Trinkwasservorräte schon ausverkauft, fünfundvierzig Celsiusgrade in Aqaba am Roten Meer.

Am Nachmittag hatte ich dann die Weisheit erreicht, aber nur geographisch. Rot glühte der Sand im Wadi Rum, das gleißend helle Licht hing wie ein Gazevorhang über den Felsformationen und ließ das gigantische Gebilde vor mir, die «Sieben Säulen der

Weisheit», wie eine Fata Morgana erscheinen. So hatte sie der britische Archäologe, Geheimagent und Kriegsheld T. E. Lawrence nach einem steinalten Bibelzitat benannt, und so nannte er später auch seine Autobiographie. Diese sieben Säulen, dieser hochhaushohe Sandsteinkoloss, das war so eine Art IQ-Test. Ich konnte beim besten Willen nur fünfeinhalb Säulen zählen, mit Schummeln vielleicht sechs. Nur der wahrlich Weise kam wohl auf sieben. Außerdem sahen die gewaltigen Pilaster mit ihrem sandfarbenen Puderzuckerüberzug eher aus wie gereihte Coca-Cola-Flaschen. Aber «Sieben Säulen der Weisheit», das hörte sich einfach viel besser an als «Fünfeinhalb gepuderte Colaflaschen».

Die Säulen markieren den Eingang zum Wadi. Es gibt ein Besucherzentrum, hier ist der Eintritt für das Naturschutzgebiet zu entrichten, ist ein Schlafplatz in einem der vielen Zeltcamps zu buchen, werden Wander-, Kletter-, Jeep- und Kameltouren angeboten. Und hier kann man Rafiq Suleiman treffen, der vor Ort das «Rum Gate Restaurant» betreibt. Mit dem Jeep fuhren wir in sein Wüstencamp.

Die Sand-und-Fels-Wüste rund ums Wadi Rum ist eine riesige Ansammlung ausgetrockneter Flussbetten inmitten des jordanischen Hochplateaus. Hier ragen die höchsten Berge des Landes in den heißen Himmel, fast zweitausend Meter hoch, ein titanischer Skulpturenpark mit bizarren bunten Sandsteinplastiken, die auf festen Granitsockeln vor sich hin bröseln.

Von den sechshunderttausend Touristen, die Jordanien jährlich besuchten, finde gut ein Drittel den Weg ins Wadi Rum, erklärte Rafiq. Schließlich gehöre diese wilde Landschaft, nicht mal eine Autostunde von Aqaba entfernt, zu den eindrucksvollsten und schönsten Wüsten der Welt. Anfang der Sechziger ritt hier Peter O'Toole als Lawrence von Arabien durch die schwarzroten Schluchten und feuerte seine Reiterhorden an im Kampf gegen die türkischen Besatzer, mit dem Säbel gab er die Richtung vor: «Nach Aqaba! Nach Aqaba!»

In Rafiqs Camp saßen wir unter dunkelbraunen Beduinenzelten aus Ziegenhaar und tranken Salbeitee aus winzigen Gläsern. Ich leerte den Sand aus meinen Schuhen. Ein holländisches Pärchen, Thijs und Lieke, hing paralysiert im Schatten. Man schwitzte den Beginn des Raves herbei. Viele Freunde aus Holland würden kommen, dort wurde der Event fett beworben und als Jordanien-Party-Package angeboten.

Rafiq pries die Schönheit seiner Heimat. Zu Recht sei das Wadi ein Naturschutzgebiet, ein höchst fragiles Habitat für über zweitausend Pflanzen- und einhundert Tierarten – da hätten Krach und Konsum nichts zu suchen. Aber nun sollten wir uns einen schönen Abend machen. Er fuhr uns ein Camp weiter zum Partygelände. Die Luft hatte sich auf knackige sechsundzwanzig Grad abgekühlt, immerhin war man neunhundert Meter über dem Meeresspiegel. Die Distanz zur Tageshitze war angenehm, ich war bereit für «Distant Heat».

Vier Stunden nach Partybeginn ist die Wüste schon wieder aufgeheizt, gegen eins wird DJ BeeBee erlöst: «Ladies and gentlemeeen – Dave Seaman!» Jubel kocht von der Tanzfläche hoch, dann erscheint die kahlrasierte Birne des britischen Technogottes und scheint gegen den Mond um die Wette. Seaman, er lässt es langsam, krass langsam kommen: eiskaltes Synthiegequietsche, hochfrequentes Gezirpe, schleppende Beats – dann kracht es plötzlich los. Die Wüste lebt, die Erde bebt, die große Tanzkarawane schüttelt enthemmt die Leiber. Nebelschwaden kriechen die rotbestrahlten Wadi-Wände entlang, robuste Bässe meißeln auf sie ein.

«Unermesslich, vom Echo widerhallend und göttlich», so beschrieb T. E. Lawrence in seinen «Sieben Säulen der Weisheit» das

Wadi Rum. Und tatsächlich hallt das Echo der Musik unermesslich laut wider. «Supergeil und obercool», so beschreibt Susanne aus der Schweiz ihre Eindrücke; sie hat das moderne Jordanien gesucht und es hier gefunden. Auch Mazen aus dem Libanon ist begeistert. Er lebt in Kuwait und ist jetzt schon zum fünften Mal hier, er hat noch kein «Distant Heat» ausgelassen.

Plötzlich ist der Geheimdienstler wieder da. Das Areal ist überschaubar, und wen man aus den Augen verloren hat, den findet man bald wieder. Er bugsiert mich zu einem Mann im weißen Gewand, auf dem Kopf trägt er die rot-weiß gemusterte Kufiya, die bei uns Palästinensertuch heißt. Der einzige Mensch weit und breit in arabischer Tracht. Solange er seine weiße Dischdascha trage, sagt er, dürfe ich ihn Scheich Ahmed nennen, obwohl er gar kein richtiger Scheich ist, sondern Beduine, im Wadi Rum geboren. Ihm gehöre das Wüstencamp, in dem abgetanzt wird, seit über fünfzig Jahren sei seine Familie im Tourismusgeschäft tätig, sein Rose Sand Camp sei das größte weit und breit, und vor fünf Jahren habe ihn ein Großgastronom aus Amman gebeten, das Gelände für einen neuartigen Tanzevent bereitzustellen. Als Beduine sei er grundsätzlich gastfreundlich, nehme jeden Gast gerne auf und frage ihn niemals, wie lange er bleiben wolle.

Scheich Ahmed lacht oft, vor allem jedes Mal, wenn der Geheimdienstmann wieder vorbeikommt. Der sei vom Geheimdienst, sage ich – *be aware!* Ja, lacht der Scheich, aber jeder hier kenne ihn. Er sei nicht geheim. Die Regierung schicke ihn, und er berichte ihr, was abgeht. Und?, frage ich. Ob man keine Angst vor der Regierung haben müsse?

Nein, sagt der Scheich. Anfangs, vor fünf Jahren, seien noch über tausend Gäste zum Wüstenrave angereist, viele habe die Neugier in die Wüste getrieben. Nun habe sich die Crowd bei sechs- bis achthundert Leutchen eingepegelt, für ihn lohne sich das eigentlich gar nicht. Doch als er im letzten Jahr schon die Segel streichen wollte, habe sich das Tourismusministerium gemeldet: «Distant Heat» solle weiterbetrieben werden, die Veranstaltung sei ein wichtiges politisch-kulturelles Zeichen an die Restwelt: In Jordanien nämlich ist man westlich und modern. Aber eigentlich, lacht Ahmed, habe der Quatsch hier nichts verloren, so was gehöre nicht in die Wüste.

Andererseits: Ist denn die Wüste nicht auch ein Ort großer Extreme? Sie kann brennend heiß sein oder ziemlich kalt, kann grün erblühen oder sandrot glühen, sie kann Schutz bieten oder das Leben einfach verschlucken – warum also sollte hier, am absolut stillsten Ort, nicht die lauteste Party des Jahres stattfinden? Ein Techno-Tanzspektakel in der Wüste sei doch fast schon konsequent, sage ich, und der Scheich schüttelt lachend den Kopf.

Ein Feuerschlucker speit Flammen über die Köpfe der tanzenden Menge. Thijs und Lieke tanzen Ringelrein mit anderen Holländern. Ich lerne Ruula aus Damaskus kennen. Für sie ist das alles hier «eine Revolution», in den Nachbarländern sei so was undenkbar. Und auch Rashid aus Katar ist ekstatisch. Er bewacht die Toilettentür, während seine Freundin drin ist, so wie das auch alle anderen Araber tun, wenn ihre Damen Nase pudern sind. Vor kurzem habe es in der Wüste von Katar einen «Desert-Heat»-Rave gegeben, meint Rashid, der sei aber nicht so geil, nicht so groß gewesen. Hier seien die Girls viel heißer, und die Beats kämen besser.

Pillen gebe es hier überall, weiß Kemal aus Ägypten. Seien aber leider zu teuer. In Liverpool, wo er studiert, kaufe er Ecstasy viel günstiger ein. Wo ich denn welche bekäme, frage ich. Keine Ahnung, antwortet er, ich solle die Security-Leute fragen, die wüssten das. Dann wieder ab auf den Dancefloor. *Your disco needs you!*

Kürzlich wurde die Felsenstadt Petra zu einem der neuen sieben Weltwunder gekürt – warum sollte da der Wüstenrave im Wadi Rum nicht auch noch eines werden? Eine gigantische «soziale Plastik», wie der Alt-Raver Joseph Beuys das genannt hätte, laut und roh und völlig sinnlos, und damit ein echtes Abbild und Wunder unserer Zeit.

Applaus und verzückte Jubelschreie, Laserblitze im Trockeneisnebel: Jetzt sind Above & Beyond an den Decks, zwei DJs aus England, es knistert, blubbert und wallt, der Bass haut aufs Auge und knattert durch die Nacht, rastlos rockt der Rave, wrumm, wrumm, wrumm im Wadi Rum, die Morgenluft rauscht, das Goldene Kalb heißt Rhythmus und Klang, unermesslich und göttlich ballert der Beat gegen die roten Wände, vom Echo widerhallend, lallend und knallend und …

Es ist gleißend hell, ich liege am Strand von Aqaba, Luft wie heiße Zuckerwatte, vierundvierzig Grad im Schatten und ebenso im Schädel, wo die Schockwellen der Beats lautlos nachhallen.

Was war geschehen? Ich sortiere Erinnerungsfetzen: Irgendwann stieß ich mit irgendwelchen Tanznomaden an, mit Wodka und einem lauten «Allahu akbar!». Ich tanzte, verlor mich im House of Trance und hob ab. Dann war das Bier ausverkauft, weder die Security noch der Mann vom Geheimdienst wollten mir Pillen verordnen, und gegen fünf setzte eine massive Abwanderung ein: «Nach Aqaba! Nach Aqaba!», riefen die Technohorden und machten sich auf, der Sonne entgegen.

Chillen ging nicht, dafür war es zu laut, Tanzen ging auch nicht mehr. Ich lief einfach los, eine Düne hinauf. Ich zog mich in die Einsamkeit der Wüste zurück, wie Jesus, wie Mohammed, wie Osama, ja, wie alle, die die Schnauze voll haben.

Weit entfernt lag das Techno-Camp und ravte dennoch hör- und sichtbar vor sich hin. Langsam, krass langsam kroch die Sonne aus den Dünen, ich entleerte meine Schuhe, und mein eigener war der längste Schatten, den ich je sah.

Von irgendwo aus der Dämmerung kam ein Beduine ange-schlurft, ein Sohn der Wüste. Er bedeutete mir, mich hinzusetzen. Der rote Sand war wunderbar kühl. Er hieß Gasur und sprach kein Englisch. Wir rauchten und schwiegen. Dann deutete Gasur auf die in der Ferne wabernde Tanzfläche und sagte: «*People! People!*» Und noch einmal: «*People!*»

Breitarsch-Anni und
Dealers Heinz auf der B1

D as sei kein Kinderspiel, sagt mein Beifahrer. Ja, er glaube, dass es streckenweise sogar richtig *hart* werden könne, diese vielen Kilometer. Aber zum Glück sei er ja mit von der Partie. Er zündet sich eine an und legt eine CD in den bordeigenen Player: *Mit dem verdammten Highway Sixty-one / Fing bei mir der ganze Ärger an / Ich hab die Sprüche von Dylan und den Stones gehört / Aber nichts davon selber ausprobiert / So verließ ich den Job, Geld hatte ich keins / Und begann meine Reise auf der B1.* «Schroeder Roadshow» seien das, erklärt er, eine Anarchorockband aus Köln, späte Siebziger natürlich, doch im Gegensatz zu denen werden wir am Ende unserer Reise voraussichtlich viel Geld haben. Dann verhandelt er wieder mit der Navigationscomputerdame.

Gerade erst sind wir losgefahren, in den noch sommerlichen September, und haben, von Holland kommend, die ersten Meter auf der legendären Bundesstraße eins zurückgelegt. Gleich nach der Grenze begrüßt uns ein großes Schild auf dieser ersten aller Bundesstraßen: Als «Reichsstraße 1» hat sie einst Aachen mit Berlin und Königsberg verbunden, darüber hinaus sei sie Teil der längsten und ältesten West-Ost-Verbindung Europas, die von Brügge nach Nowgorod durch acht Staaten führt, wie ich im Lexikon las.

Bis nach Nowgorod wollen wir aber gar nicht, nur bis an die polnische Grenze, nach Küstrin, das sind gut achthundert Kilometer, immer Richtung Osten. Eine solche Expedition, das war mir sofort klar, würde ich alleine und zu Fuß nie schaffen. Darum habe ich mir als Beifahrer einen Wissenschaftler gemietet, einen Ethnologen, der unser Land aus der Forschung kennt, und als Fortbewegungsmittel einen amtlichen Schlitten. Einen glitzernden Roadster, flach, schnell und offen, ein echtes Original. Über die deutscheste aller Straßen, so hatte nämlich der Wissenschaftler erklärt, könne man nur mit dem deutschesten aller Autos fahren, gebaut von der Firma, die das Auto erfunden hat – keinesfalls mit irgendeiner zusammengeschweißten Kopie ohne jegliche *street credibility*. Schließlich ist unsere Mission nicht von Pappe: eine Fahrt quer durch ganz Deutschland und seine Geschichte, eine Fahrt von West nach Ost, ein Aufbruch ins Ungewisse. Und hoffentlich eine Reise ohne Wiederkehr. Denn kein Mensch möchte, wenn er einmal entkommen ist, wieder zurück nach Aachen.

Die stolze Kaiserstadt, die erste im deutschen Städtealphabet: Hierher reisten die Pilger, um das Kleid Mariens und die Windeln Christi anzubeten. Heute verehrt man in der Domstadt nur noch ein Heiligtum: die Aachener Printe. In den Schaufenstern häufen sich die süßen Backwerke zu Bergen. Der Wissenschaftler ist begeistert: «Mann, schau dir diese Printen an! Sie sind groß wie Panzerplatten und genauso schwer! So was kennt man in Polen gar nicht! Wir kaufen so viel, wie ins Auto passt, und verhökern sie dort mit Riesengewinn!» Die B1 sei doch auch ein uralter Handelsweg, erläutert er, und da wären wir ja schön blöd, wenn wir nicht auch handelten. Man müsse immer mit dem handeln, was es woanders nicht gebe, erklärt er, während wir die duftenden Säcke in den Kofferraum stopfen.

Hinter Aachen verschwindet die B1 im Nichts. Die gigantische Tagebaugrube Garzweiler hat sie einfach verschlungen. Umgehungsautobahnen führen herum, bieten Fluchtwege, die alte Reichsstraßenherrlichkeit ist plötzlich dahin. Doch auch in Düsseldorf, wo wieder erste gelbe B-1-Schilder sichtbar werden, mag sie nicht wieder aufkommen. Dafür schlittern wir einfach zu viel und zu lange durch Betonwannen und unterirdische Rheinufer-straßen.

Wenige Kilometer später sind wir schon in Essen. Dort liegt unweit der B1 das Museum Folkwang, wo gerade eine bombastische Caspar-David-Friedrich-Schau gezeigt wird. Mein Wissenschaftler spricht schon seit Mülheim von nichts anderem. Im Verein mit Millionen Bustouristen schauen wir uns alle Bilder an, eins nach dem andern, und staunen nicht schlecht. Wahnsinn, dieser Herr Friedrich! Ungestraft lässt er sich noch heute als «Maler der Deutschen» bezeichnen, als Bildner unserer Befindlichkeiten und Sehnsüchte. Er malte tonnenweise Gipfel und Täler, Nebel auf Gipfeln und Gipfel im Nebel, Eisberge und Kreidefelsen, ja überhaupt alles Mögliche. Nur die B1, die hat er nie gemalt.

Das Ruhrgebiet ist eine so dicht bepackte Erfahrungslandschaft, dass man sie nur sehr langsam erfahren sollte, am besten im Schritttempo. Eigens dafür wurde in den dreißiger Jahren der Ruhrschleichweg gebaut, den Zyniker auch «Ruhrschnellweg» nennen, eine in den Boden gegossene vier- bis sechsspurige Betonwanne, die täglich, wie mein gelehrter Beifahrer müde anmerkt, bis zu einhundertsechzigtausend Autos zu verkraften habe, eine der meistbefahrenen Straßen Deutschlands. Mythische Straßen im eigentlichen Sinne hätten wir ja leider keine, raunt der Wissenschaftler, während blaue Schilder mit Namen wie «Stahlhausen», «Opelwerk» und «Heimaterde» im Zeitlupentempo über uns hinwegziehen und die Computerdame vorrechnet, dass wir bei diesem Fahrtempo erst in vierunddreißig Tagen in Küstrin ankommen werden. Nein, von Straßen wie der Via Appia, der sagenhaften Seidenstraße, der Milchstraße, dem Stuart Highway durchs glühende australische Outback, der Panamericana, diesem

Fünfundzwanzigtausend-Kilometer-Ungetüm von Alaska bis nach Feuerland, und natürlich der legendären, vielbesungenen Route 66 – davon könne man in Deutschland nur träumen. Unsere *motherroad*, die Rollbahn unseres Bewusstseins, das sei halt die B1, und unsere Rolling Stones, das seien nun mal Schroeder Roadshow, die nicht umsonst ihr ganzes Rockerleben auf der Straße verbracht hätten.

Der deutsche Westen ist vor allem eine endlose Kette von Gewerbegebieten, Möbelhäusern, Outlet-Stores, Autowaschstraßen und Tankstellen. Erst hinter Dortmund wird's endlich ländlich, die Autobahn wieder zur Straße. In kerzengeraden Schlägen führt sie durch die fruchtbare Soester Börde, die Orte Unna, Werl und Soest warten mit tadellosen Ortsumgehungen auf, Dörfer und Weiler sind mit orangerot leuchtenden Monsterkürbissen verziert, Kartoffeln kauft man nur tonnenweise. In der Ferne wandern Feinstaubwolken, Mähdrescher walten ihres Amtes.

Paderborn liegt wie ausgestorben, alle Flaggen auf Halbmast. Schwer macht der Stadt der Tod ihres großen Vordenkers und Ehrenbürgers Rainer Barzel zu schaffen, die Trauerfeierlichkeiten sind voll im Gange. Paderborn, erklärt der Wissenschaftler, das sei ja bekannt, sei schon immer das geistige und kulturelle Zentrum der Gegend um Paderborn gewesen, und in die sollten wir uns schnellstens verfügen.

Die berühmten Externsteine finden wir leider nicht, weil uns zwei am Straßenrand aufgenommene Bratwürste wie Internsteine im Magen liegen. Und schon auf der «Straße der Weserrenaissance», wie die B1 mittlerweile heißt, entbrennt ein erbitterter Streit zwischen dem Wissenschaftler und der Navigationsdame, wie die Weser bei Hameln richtig zu überqueren sei. Der Streit dauert volle vier Weserüberquerungen an, dann wird die Dame zum Schweigen gebracht. In würdevoller Stille überqueren wir die Weser ein fünftes Mal und heizen weiter nach Hildesheim. Und nach Braunschweig. Der Weg bis zur deutsch-deutschen Grenze zieht sich. Schmucklose Straßendorfstraßen, die von klobigen Menschen auf Traktoren befahren werden. Kommentarlos zischt der Silberpfeil an ihnen vorbei. Kaum Abwechslung, man ist schon für den neuen Anstrich der Propeller von Windkraftanlagen dankbar (es gibt weiße und rot-weiße). Wenn Westfalen schon so dröge ist – wie mag dann erst Ostfalen sein? Gibt es das überhaupt?

Und gab es jemals eine DDR? Obwohl sie direkt neben der Bundesstraße liegt, ist die ehemalige Grenzübergangsstelle Marienborn nur schwer zu finden, der alte Grenzverlauf kaum erahnbar. Einige Kilometer weiter, bei Hötensleben, sind gerade noch dreihundertfünfzig Meter des ehemaligen Absperrsystems erhalten. Viel zu wenig, wie der Wissenschaftler bemängelt. So könne man Nachgewachsenen eine Staatenteilung niemals vor Augen führen.

Der Fahrtwind brennt in den Augen. Wir rasen auf endlosen Straßen, fressen Kilometer um Kilometer und werden doch nicht satt. Weit und leer liegt die B1 seit der Elbüberquerung bei Magdeburg, sie ist inzwischen zur Chaussee geworden und vorbildlich mit Baumspalier versehen. War sie im Ruhrgebiet noch ein mächtiger Verkehrsstrom, ist sie nun ein klägliches Rinnsal, das erst nach Potsdam, wenn Berlin zur alles bestimmenden Richtung wird, wieder an Kraft und Würde gewinnt.

Das Land schnarcht verlassen vor sich hin, wir holpern durch stille Dörfer, vorbei an Burg, Genthin und Brandenburg, an Brachen, Ruinen und leeren Parkplätzen. Was für eine Verschwendung, ruft der Wissenschaftler. Warum wird nicht wenigstens ein Teil dieses leeren Landes an die Stadt München verschenkt, wo drangvolle Enge herrscht und die Mieten unbezahlbar sind? Wenn alle nur etwas näher zusammenrückten, rechnet er vor, so

kämen wir selbst als Achtzig-Millionen-Volk bequem mit der Flä-
che des Saarlands hin. Die Unterhaltskosten würden dramatisch
sinken, und von den gesparten Heizkosten könnten wir uns alle
ein schönes Leben machen.

Deutschland sei eben nicht einfach zu verstehen, raunt der
Experte, und da haben wir Berlin längst schon durchquert und
hinter uns gelassen. Das sehe man doch allein schon daran, wie
viel und schwer uns eine einfache Bundesstraße zu denken gebe.
Das alte Vorhaben der Nazis, aus der Reichsstraße 1 so etwas wie
eine mythische Route zu machen, sei ja letztlich nur deswegen ge-
lungen, weil sie heute bei den grausigen Seelower Höhen ende –
von Aachen, der Krönungsstadt Karls des Großen, über Berlin,
die Stadt der deutschen Kaiser, der Reichskanzler und des Führers,
bis hin zu dem blutgetränkten Boden der Seelower Höhen. Dort
tobte in den grauen Apriltagen des Jahres 1945 die verheerendste
Schlacht auf deutschem Boden, mehr als fünfzigtausend Soldaten
starben in knapp vier Tagen. Heute erinnert in Seelow ein bun-
kerartiges Museum mit sowjetischem Kriegerdenkmal an das ver-
gangene Grauen.

Ein trauriger Abschluss. Der endlose graue Oderbruch-Him-
mel öffnet sich und spendet endlich Regen, die Alleen längs der
letzten Kilometer sind herbstlich gefärbt. Groß war der Sommer,
vor allem aber trocken. Und je näher die polnische Grenze rückt,
desto verbissener arbeitet der Wissenschaftler am Fazit seiner lan-
deskundlichen Studien.

Die B1, meint er, sei insgesamt eine gelungene, wenn auch ein
bisschen zu lange Straße. Eine echte Bundesstraße, mit Kanten
und Kurven, die allerdings ein Identitätsproblem habe: Denn
eigentlich gebe es sie ja gar nicht. So viele Namen man für ihre
Teilstrecken habe – die «Eins» oder «Alte Eins», der Hellweg, die
Königsstraße, Reichsstraße, Route der Industriekultur, Alleenstra-

ße –, so wenig zeige sie sich als mystische Magistrale. Kein atemberaubender Sensationenparcours wie der Highway One entlang der kalifornischen Küste, kein Boulevard der Träume, dennoch passe sie meistens ganz gut in die Gegend. Die B1 sei uneinheitlich, widersprüchlich, schwer verbaut, aber oft auch überraschend schön – so wie unser Land.

Freilich gebe es allerhand Verbesserungsmöglichkeiten, räumt der Beifahrer ein. So könne man auf die Gegend zwischen Hameln und Braunschweig problemlos verzichten, auch hinter Magdeburg und vor Neuss könne man kräftig straffen, der Auftakt sei jedoch insgesamt kraftvoll und mancher Auftritt sogar bombastisch, ja unvergesslich gewesen. Berlin! Die Einfahrt nach Berlin, phantastisch! Diese elegante kleine Glienicker Brücke hinter Potsdam und dann diese endlosen grünen Baumreihen nach Berlin hinein! Wie auf einem bewaldeten Förderband sei man da majestätisch in die Stadt spediert worden.

Weitere, völlig unerwartete Höhepunkte: die auf einmal sportlich sich in den südlichen Teutoburger Wald emporschwingende B1, die Seenlandschaft bei Werder an der Havel und natürlich Königslutter! Dieser so abgeschieden liegende, wuchtige und zugleich verspielte Kaiserdom mit seinen historisierenden Ausmalungen – ein Klein-, ach, ein Großod!, ruft begeistert der Wissenschaftler. Ich hingegen verdaue in Gedanken noch einmal all die kulinarischen Offenbarungen, die man uns aufgetischt hat: all die Printen, Currywürste und Schweineschnitzel, die sachsen-anhaltinische Soljanka und die Oderbruch-Spezialität «Tote Oma» – ein Dialog von roter Grützwurst und Stampfkartoffeln, den Kenner wegen seines Aussehens auch «Verkehrsunfall» nennen, wie uns ein Wirt in Letschin erklärte.

Außerdem durften wir lernen, dass das Ansehen eines Autos durchaus regionalen Schwankungen unterworfen ist. Ernteten wir mit unserem Silberpfeil samt Münchner Kennzeichen im mondänen Düsseldorf noch freundliche, ja respektbezeigende Blicke, so galt für die Hartz-IV-Metropole Berlin das genaue Gegenteil: Schon ein kurzer Straßenstopp wurde argwöhnisch beäugt, führte sogar zu wütenden Beschimpfungen. Nur weil wir versucht haben, mitten auf der sowieso unendlich breiten Frankfurter Allee bei einsetzendem Regen das Dach zu schließen. Dazu muss man anhalten, und zwar so lange, bis man die Gebrauchsanleitung gelesen hat und das Dach zu ist. Um das feindliche Hupen der arbeitslosen Berliner nicht mit anhören zu müssen, ließ der Wissenschaftler die Schroeder Roadshow extra laut laufen: *Ich traf Breitarsch-Anni und Little Joe / Der setzte mir den ersten Schuss auf'm Klo / Und sagte: Junge, wenn es dir mal dreckig geht / Verrat ich dir, wo noch letzte Hoffnung besteht / Halt dich rechts von Hamburg und links von Mainz / Geradeaus zum Regenbogen auf der B1.*

Ach ja, und in Polen waren wir natürlich auch. Jedenfalls fast. Bei strömendem Regen haben wir bei Küstrin die Oder überquert, doch der deutsche Grenzer ließ uns nicht weiter. Das sei ein Leihwagen der Luxusklasse, sagte er, und der werde in Polen sicher gestohlen. Die Einreise sei somit verboten. Da standen wir nun am Ende oder am Anfang der B1, mussten wenden und wieder zurück nach Deutschland. Den Kofferraum voll Aachener Printen.

Bulgarien

Schallendes Gelächter im Diktatoren-Polstermuff

Die hätte er sich nicht träumen lassen: teilentblößte, munter schwatzende Badetouristen mit Handtuch und Adiletten, die grüppchenweise vor seiner Terrasse vorbeischlurfen. Zwar hatte der frühere bulgarische Staats- und Parteichef Todor Schiwkow unaufhörlich das Wohl der werktätigen Massen im Auge, dass diese jedoch einmal höchstpersönlich vor seinem Sommersitz defilieren würden – er hätte es wohl nicht geglaubt.

In den fünfziger Jahren, als von einem extensiven Bade-tourismus an Bulgariens schöner Schwarzmeerküste noch nicht annähernd zu träumen war, ließ «Papa Schiwkow», wie sein Volk ihn nannte, nördlich der Hafenstadt Varna ein Sommerrefugium errichten, das heute vor allem als eines überzeugt: als sozialisti-scher Mini-Themenpark. International war die Gästeschaft schon immer. Gerne lud der Diktator Kollegen aus den sozialistischen Bruderländern zu sich ein, auch der Schah von Persien nahm hier Quartier, ebenso die befreundeten Diktatoren Helmut Schmidt und Franz Josef Strauß.

Heute ist der Sommersitz Teil eines großen Hotelresorts. Gut versteckt, umgeben von Birken, Zedern, Eichen und Blautannen, liegt der eingeschossige Bau in einem waldigen Park, der, wie frü-her wohl auch, durch Schlagbäume und Wachleute abgeschirmt ist. Und während drum herum ahnungslos der Pauschaltourismus tobt, herrscht im Inneren der Diktatorenvilla spätzeitliche Ruhe.

Plüsch- und Polstermuff auf Persern und Parkett. Schwere,

handgearbeitete Fauteuils mit stalinistisch-barockem Schwung bevölkern die geräumige Lobby. Hier schmauchte der erste Mann im Staate dicke Zigarren im Kreise seiner Bewunderer und erzählte endlos Witze, über die die Anwesenden schallend lachten, weil sie es mussten. Über lange Gänge knarzt man zu den Zimmern. Zentnerschwere Türen öffnen sich quietschend, das Doppelbett im Schlafzimmer ist auch größeren Delegationen gewachsen, der geräumige Balkon endet direkt im Park, und im tonnenschwer möblierten Wohnzimmer bestaunen wir die burgunderfarbene Chaiselongue mit ihrem stolzen Aufmarsch von gleich vier Paradekissen. Die sozialistische Tradition der Mangelwirtschaft wird allenthalben gepflegt: Keinerlei gedrucktes Informationsmaterial über das Hotel ist zu bekommen, über die berühmten Gäste schon gar nicht, und die Dampfsauna im Keller ist außer Betrieb. Dafür lassen sich bei der Einnahme des faden Abendessens postsozialistische Personalaufhäufungen ebenso bestaunen wie eine Vielzahl kleiner Brettchen, die man den umherschwirrenden Schwälbchen als Nisthilfe unter die Decke des Patios genagelt hat. Am besten munden der dicke bulgarische Joghurt und der deliziöse Wein vom nahegelegenen Zarenschloss Euxinograd.

Es sitzt sich schon äußerst kontemplativ auf der im klassischen Muschelkalk ausgeschlagenen Terrasse. Weit schweift der Blick über das gemächlich schwappende Meer, eine mächtige Eiche spendet luftigen Schatten, und wenn einem langweilig werden sollte, könnte man ja jederzeit ins Zimmer gehen und nach vergessenen Abhörwanzen forschen. Der Sozialismus ist Geschichte und als solche hier noch quicklebendig.

Am schönsten aber ist das Schwimmen vor Schiwkows Villa. Vom schwachsalzigen Wasser aus ist der weiße Bau mit den bulgarischen Holzbalustraden kaum zu sehen, er verschwindet im Wald. Links grüßt der mächtige Hochbunker des alten Hotels

«Journalist», das die auf Linie gebrachte Staatsschreiberzunft beherbergte, rechts reihen sich die Hotelkomplexe der Billig-Destination «Goldstrand», und mittendrin plätschern wir. Und freuen uns schon auf die heiße, schweflig-metallisch müffelnde Mineralwasserdusche, die uns gleich am Strand empfängt.

— ◆ —

High Tea im moosgrünen
Dschungelzug

Eine karge, dürftige, ja spartanisch ausgestattete Definition von barocker Üppigkeit und sinnenfroher Schwelgerei geht so: Luxus ist, was übers Notwendige hinausgeht. Notwendig war es ganz bestimmt, von Frankfurt nach Singapur zu fliegen, um von dort aus mit der Bahn zweieinhalb Tage lang nach Bangkok zu fahren. Das ist für eine Strecke, die man mit dem Flugzeug in einer guten Stunde zurücklegen kann, zwar relativ lang, aber Luxus ist ja auch in hohem Maße relativ. Und relativ angenehm war es sowieso, im «Eastern & Oriental Express» zu reisen, im berühmtesten Luxuszug Asiens, sich auf das «einmalige Flair und Ambiente vergangener Tage» zu freuen, die der Werbeprospekt verhieß, auf die Begegnung mit fremden Ländern, fremden Speisewagen und völlig fremden Persönlichkeiten.

Um die allfällige Länderbegegnung musste man sich gar nicht groß kümmern, die exotische Kulisse rauschte in Form von Singapur, Malaysia und Thailand unentwegt am Abteilfenster vorüber, den Platz im Speisewagen bekam man zugewiesen, und die Persönlichkeiten lernte man ganz von selbst kennen. Das alles klingt verdächtig nach Kreuzfahrtvergnügen, und dass der Reiseveranstalter «E & O» seine Südostasienroute als «Kreuzfahrt auf Schienen» bezeichnet, steigert diesen Verdacht zur Gewissheit. Viele Übereinstimmungen finden sich: Man verbringt die Zeit gemeinsam auf so engem Raum, dass man sich pausenlos begegnet, und der Tag wird durch Landgänge, Gespräche, Darbietungen und vor allem Mahlzeiten strukturiert.

Allerdings hat man auf einer Schiffskreuzfahrt, die im Allgemeinen mindestens eine Woche, meist aber länger dauert, die phantastische Gelegenheit, tief ins Gestrüpp sozialer Phänomene und Beziehungen vorzudringen: Keiner kann fliehen, und das nächste Essen kommt bestimmt. In einer Woche können Ehen angebahnt und wieder aufgehoben, Adoptionen oder Bannflüche ausgesprochen oder verschwundene Socken wiedergefunden werden; in sieben Tagen kann ein Schnupfen kommen, bleiben und wieder gehen – ob zweieinhalb Tage dafür auch reichen würden?

Überraschend schnell jedenfalls hatte man sich an das luxuriöse Ambiente des Zuges gewöhnt und mochte es nicht mehr missen. Schon die prächtige Art-déco-Wartehalle der Keppel Road Station, des Abfahrtsbahnhofs in Singapur, verschlug einem den Atem. Würdig wateten wir durch moosgrüne Teppiche, die auf dem Bahnsteig ausgerollt waren, gespannt enterten wir die ebenso moosgrün schimmernden Waggons. Obwohl sie keine echten Antiquitäten sind – sie wurden in den siebziger Jahren in Japan gebaut und erst später mit allen Schikanen aufgemöbelt –, sehen sie aus wie rollende Belle Époque: Messing, Marmor und viel geschnitztes Edelholz verstrahlen diskrete Noblesse, man aalt sich im Air der dreißiger Jahre. Und rätselt, was man wohl in siebzig Jahren rekonstruieren wird, wenn es gilt, unsere Jetztzeit wiederzubeleben: das Interieur eines ICE der Baureihe drei? Das Fluidum eines Ryanair-Flugzeugs? Wo man jedes Pappsandwich einzeln bezahlen muss?

Im dahinrauschenden Luxuszug ist alles im zugegebenermaßen stattlichen Reisepreis enthalten, und jede Mahlzeit markiert einen weiteren Höhepunkt des Lebens an Bord – schon deswegen, weil man nie im Voraus weiß, mit wem einen der unberechenbare Maître d'hôtel am Tisch platzieren wird. Bereits beim ersten Lunch hatten sich zwei australische Lebedamen meinen Tischgenossen unter die lackierten Nägel gerissen und nicht wieder rausgerückt.

Das Essen an Bord, von winzigen malaiischen Köchen in mikroskopisch kleinen Kochverschlägen hergestellt, ist leider ein echtes Problem: Es gibt sehr viel davon, und praktisch alles ist skandalös schmackhaft. Unter den neunzehn einzelnen Gängen und Mahlzeiten, die ich in zweieinhalb Tagen verzehrte (Amuse-Bouches und Petit Fours nicht mitgerechnet), war jede auf ihre Weise köstlich zubereitet: Der thailändisch gebratene Lachs im Papaya-Salat rekelte sich lüstern in einem gelbgrünen Saucenduett, der Caesar's Salad mit Satay-Spießchen war knackig und knusprig, süß und scharf zugleich, das Singapurische Fischcurry auf einem Bananenblatt war anscheinend mit einer Atomstoppuhr auf den absoluten Idealpunkt gekocht, und das Frühlingsröllchen mit Jackfruchtfüllung war gegen meinen unerbittlich niedersausenden Löffel ebenso chancenlos wie das geeiste Gula-Melaka-Küchlein, von dem ich bis heute nicht sagen kann, ob es das Gula war oder das Melaka, das wie ein Nektarhauch auf meiner Zunge zerfloss.

Beim Bunkern der Kalorienladungen ist jedoch schwerste Konzentration geboten, vor allem, wenn der Express mal wieder auf einer Warteschleife zum Stehen gekommen ist. Der Lokführer verstand es, die Passagiere stets aufs Neue mit einer ausgeklügelten Technik des ruckartigen Anfahrens zu verblüffen und den ansonsten eher schwerfälligen Zug in Sekundenbruchteilen auf seine Durchschnittsreisegeschwindigkeit von sechzig Stundenkilometern zu katapultieren – mit der Schnellkraft eines abgeschlagenen Golfballs und dem Getöse einer kleinen Bombenexplosion. Ich habe hochrangige Persönlichkeiten, denen Contenance kein Fremdwort ist, weinen sehen, als der gerade servierte Bordeaux sich rückstandsfrei vom Glas auf ein cremefarbenes Cocktailkleid verlagerte.

Ruckartig kam auch das gesellschaftliche Leben in Gang: Schon beim Bezug der winzigen Pullman-Abteile, die aber im Gegensatz zum echten, in Europa verkehrenden «Orient-Express» über ein kleines Bad mit Dusche verfügen, fielen die beiden Lebedamen aus Australien auf – sie erkundigten sich bei allen Anwohnern nach freiem Schrankplatz. Wer noch Stauraum hatte, bekam sofort ein verwegen geblümtes Kostüm hineingehängt und ab und zu unangemeldeten Lebedamenbesuch.

Schnell war das für asiatische Verhältnisse übertrieben durchgefegte Singapur vergessen, Malaysia begrüßte uns mit respektablen Müllkippen und Abbruchhalden, dann wurde es dschungeliger. Mühsam kämpfte sich der Bahndamm durch dichter werdende Kautschuk- und Palmölplantagen, Bananenblätter streichelten die glänzenden Karossen. Die Häuser bekamen allmählich Beine, sie standen auf Stelzen und gruppierten sich zu kleinen Dörfern, die man «Kampongs» nennt.

Klug ist die Route gewählt, denn die Hauptdarsteller unseres bewegten Gesellschaftsstücks sind gar nicht wir, die Reisenden, sondern der Zug und seine Partnerin, die Strecke. Obwohl sie vor allem der Dekoration dient, grundiert sie unser Leben in holzvertäfelten Interieurs mit dem Flair wilden Abenteuers und historischer Dimension. Paris–Istanbul, verbunden durch den legendärsten aller Expresszüge, das hatte doch Klang und Klasse! So ganz anders als Mettmann–Mülheim–Münster! Das mag wohl auch ein gewisser James B. Sherwood gedacht haben, als er Ende der siebziger Jahre die letzten abgetakelten Waggons des legendären «Orient Express» aufkaufte und restaurierte. Durch Containerhandel zum Milliardär geworden, hatte er für Angehörige seiner Steuerklasse zunächst ein weltweites Versorgungsnetz an Luxushotels geschaffen – bis er bemerkte, dass diese am einfachsten mit Gästen aufzufüllen waren, wenn zwischen ihnen Luxuszüge verkehrten. So entstand vor gut zwanzig Jahren die mittlerweile zum Klassiker gewordene Südostasienroute: Singapur, Kuala Lumpur, Butterworth, Bangkok – das schmatzt in den Ohren, klingt wie ein Reiseplan zum Verspeisen. Die zweitausend Kilometer lange Strecke erzählt vom exotischen Plantagenleben, von ungeheuren Bauunternehmungen, von kleinen, winkenden Menschen und großer kolonialer Vergangenheit.

Die ländlichen Szenen, die die Bauern auf den Reisfeldern für uns improvisierten, wirkten überaus authentisch: Man trieb Wasserbüffel umher, fuhr Mofa und winkte. Aber wer waren die freundlichen Winker? Waren sie es, die auch alle Ölpalmensetzlinge über Kilometer hinweg mit dem Lineal ausgerichtet hatten? Wie viele Monate mussten sie schuften, um sich das allgegenwärtige Fortbewegungsmittel leisten zu können, die «Honda Dream»? Und wie klingt eigentlich Bahasa Melayu, ihre Nationalsprache? Genau so melodisch wie die offizielle Bezeichnung? Fragen, die vorbeiziehen und für die keiner hält. Beim fünfundvierzigminütigen Stopp in Kuala Lumpur und der Besichtigung des im maurischen Phantasiestil gehaltenen Bahnhofsgebäudes kam unwillkürlich das gute alte Interrail-Gefühl auf, aus einer Zeit, als man eigentlich nur reiste, um Bahnhofshallen und Zugabteile zu besichtigen.

Freilich wird die Strecke entlang der Straße von Melaka heute nicht mehr regelmäßig vom thailändischen Königshaus für den Transfer zur Sommerresidenz benutzt, weder von britischen Kolonialbeamten noch von Joseph Conrad oder Somerset Maugham – dafür aber von neuzeitlichen Ausnahmepersönlichkeiten wie dem Sultan von Selangor, Michael Palin, Neil Young, Bryan Adams oder Barbara Wussow. In unserem Falle konnte die rund sechzig Personen benennende Fahrgastliste unter anderem mit texanischen Musikexperten, britischen Trainspottern und australischen Millionärswitwen aufwarten, darüber hinaus sogar mit einem Getriebetechnikerehepaar aus Osnabrück. Im bordeigenen Andenkenladen sah man japanische Andenkenkäufer beim Hemdenkauf, im offenen Aussichtswagen traf man mindestens eines der vier rauchenden Honeymooner-Pärchen.

Ein besonders heikles Kapitel bei jeder Luxusreise ist natürlich der Dresscode. Schon im E-&-O-Vorinformationsblatt («Bitte vor Reiseantritt lesen!») wird nachdrücklich auf die «phantastische Gelegenheit» hingewiesen, «sich entsprechend stilvoll zu kleiden». Ein japanisches Ehepaar hatte die phantastische Idee, den überwunden geglaubten Partnerlook wieder einzuführen, und trug bei den Landausflügen grellbunte Leibchen mit der Aufschrift «Great South Pacific Express». Einige australische Herren hatten aufgrund der hohen Ticketpreise offensichtlich nicht mehr die erforderliche Barschaft für lange Beinkleider und liefen in luftigen Kinderhosen umher. Dabei hat doch Gunter Sachs klipp und klar mitgeteilt: «Ein Mann in kurzen Hosen wird nicht ernst genommen.» Abends immerhin gaben sich alle Mühe, gehobene Dinneratmosphäre zu verbreiten. Tiefergelegte Ausschnitte und Seidenkrawatten waren schwerstens *en vogue*, und der einzelne Herr im furunkelroten Fleece-Sakko fiel eher positiv auf – vermittelte er doch die tröstliche Gewissheit, dass Luxus heute für viele Menschen erschwinglich ist, Stil und Eleganz jedoch nach wie vor unveräußerliche Dinge bleiben.

Als Luxusreisende hatten wir sogar das Privileg, unter professioneller Anleitung Landgänge unternehmen zu dürfen, um so den Kontakt mit den Massen herzustellen und tief in die Geheimnisse Asiens einzudringen. Vor der majestätischen Kulisse des burmesischen Berglandes besichtigten wir die durch japanische

Kriegsgräuel berüchtigte River-Kwai-Brücke und konnten genau beobachten, wie der stolze Zug mehrfach auf der Brücke hin und her fuhr, um die Idealposition für ein unvergessliches Fotomotiv zu finden. Der Musikexperte pfiff die Melodie eines Underberg-Werbespots, und die Japaner präsentierten sich gewohnt unbeugsam, sie verhandelten erbarmungslos und hart mit den Andenkenhändlern.

Viel schöner noch war die sechzigminütige Besichtigung der berühmten Kolonialstadt Georgetown auf der Insel Penang, der ältesten britischen Siedlung in Malaysia. Jedes Kind, und sei es noch so alt, weiß, dass Penang im Volksmund auch «Betel nut Island» genannt wird, weil alle Einwohner dort seit Jahrhunderten dem Volkssport des Bethelnuss-Kauens nachgehen; davon bekommt man gelbbraune Zähne und ein heiteres Gemüt. Nüsse bekamen wir leider keine, dafür wuchs jedoch unser versprengtes Touristentrüppchen zur echten Gemeinschaft zusammen, denn zu jeder Gruppenreise gehört auch ein unvergesslich peinliches Gruppenerlebnis – in diesem Falle war es eine gaudiwurmartige Rikschafahrt. Paarweise wurden wir unter den trüben Augen belustigter Bethelnusskauer an den zwölftausend prächtigen Kolonialbauten der Inselstadt vorbeigeradelt. So konnte auch das Gefühl von Luxus besser erlebt werden, denn für uns Passagiere strampelte sich ja nun wirklich einer ab.

Am zweiten und letzten Abend erreichte das sumptuöse Highlife seinen erwarteten Höhepunkt, und es wurde vernehmlich lustig. Der deutsche Train Manager Ulf Buchert, ein Mann von hohem Unterhaltungswert, lud zur Champagnersause in den Pianowagen, es galt, das zehnjährige Zugjubiläum zu feiern. Zugestiegene thailändische Schönheiten tänzelten durch die Waggons, die australischen Lebedamen drehten gewaltig auf, tanzten, lachten und kreischten «Schämpääain», der malaiische Pianist spielte immer wieder abwechselnd die Gute-Laune-Kracher *Yesterday* und *Let it be*, der Getriebetechniker redete den texanischen Musikexperten ins Wachkoma, und eine schon vertraute Lebedamenstimme säuselte mir ins ungeschützte Ohr: «*You come to Brisbane and we eat out in the Golf Club!*» Bevor ich zusagen konnte, schnappte sie sich ihre Freundin, rief: «*It's Cinderella time!*» – und entschwand. Brav zog sich auch bald der restliche Gesellschaftswagen in die Falle zurück.

Schade, dass dies schon der letzte Abend in exquisiter Gesellschaft war. Gerne hätte man mehr erfahren über die besonderen Geheimnisse der angewandten Getriebetechnik, der symphonischen Dichtung, der Rasenpflege in Brisbane. Könnte man die Reisedauer nicht ganz einfach um ein, zwei Tage verlängern?

Doch selbst hier, wo Geld ein minderer Faktor ist, Vergnügung die Hauptsache und Luxus obligat, selbst hier ist Zeit die wertvollste und knappste aller Ressourcen, wie Buchert, bis heute erster und einziger Zugchef, eindrucksvoll vorrechnet. Zweieinhalb Tage dauere die Reise in einer Richtung, dann habe man einen knappen Tag in Bangkok zur Reinigung, und nach der Retourfahrt habe man in Singapur einen freien Tag für das Personal – mache genau eine Woche: mittwochs Abfahrt Singapur, sonntags ab Bangkok. Hänge man nun einen oder mehr Tage dran, man hätte keinen Wochenrhythmus mehr, und das sei «absolut nicht vermarktbar». Koste es, was es wolle.

So bleibt nur wenig Zeit, in der Abgeschiedenheit der eigenen, 5,8 Quadratmeter großen Luxuszelle noch einmal die Höhepunkte dieser Reise vor dem geistigen Abteilfenster vorbeirauschen zu lassen. Die schönste Tageszeit war beide Male der späte Nachmittag. Dann gab es «High Tea», und der wurde im Abteil serviert. Schon nach Sekunden breitete sich im ganzen Raum das herrlichste Darjeeling-Aroma aus, weil das Heißgetränk sich wegen des ungeheuren Geschaukels sofort über Untertasse, Tablett und Teppichboden ergoss. «High Tea» hieß er wohl deswegen, weil man die Tasse unentwegt hochhalten musste, damit sie nicht nach dem Gießkannenprinzip arbeitete. Wenn man allerdings in edelholz- und messingprunkendem Millieu von einem livrierten Kellner «High Tea» serviert bekommt und dabei den leicht überkandidelt wirkenden E-&-O-Hausmantel anhat, kann man gar nicht anders, als sich wie ein kleiner Lord zu fühlen – wie ein kleiner Lord im überkandidelten Hausmantel.

Ewig nachtrauern wird man auch dem offenen Aussichtswagen am Schluss des Zuges. Das unbestreitbar Obergeilste ist ja: nachts auf dem Observation Deck zu stehen, alleine natürlich, denn die Feiergemeinschaft kugelt längst in den Kojen hin und her, und, von körperwarm feuchten Regenwolken umfetzt, durch den endlosen Dschungel zu rauschen. Keine Straße, keine Autos, keine Menschen – nur ab und zu die fahle Hausbeleuchtung derer, die daheim bleiben müssen. Palmen ohrfeigen den unbedacht Ausschau Haltenden und erinnern ihn freundlich daran, dass zweieinhalb Tage sehr schnell zu Ende gehen. Ob man sich in Bangkok gleich um eine Rückfahrkarte bemüht?

Wallfahrt zum Hessersbeck

Nur einen Ort gibt es auf dieser Welt, den ich in loser, jedoch schöner Regelmäßigkeit aufsuche, um den Zudringlichkeiten der verwalteten Welt zu entfliehen: den «Hessersbeck» in meiner Heimatstadt Heilbronn. Vor allem nach beschwerlichen Reisen in die Ferne oder vielem unbehausten Herumgesitze in meiner Arbeitsheimat Frankfurt. Auch wenn das Schild überm Eingang die alte Weinwirtschaft noch immer stur als «Kernerhöhe» ausweist, so ist sie doch allen nur unter ersterer Bezeichnung bekannt. Weil 1919, als das Lokal eröffnete, dort auch gebacken wurde. Es liegt auf einer Anhöhe über der alten Winzerstadt, dahinter endet das Leben – da kommt nur noch der Hauptfriedhof.

Heimat ist, wo man in Ruhe gelassen wird. Wer hier sitzt, tut nichts anderes. Mag die Globalisierung auch über die Welt hinwegrollen – im Geviert des kärglichen Schankraums ist seit Adenauer alles gleich geblieben. Jenseits vom Tresen hat sich eine weitgehend eigenständige Zeitrechnung etabliert, in der das Dezennium als kleinste Recheneinheit gilt. Entschleunigung ist nicht vonnöten, man hat ja schon bei der Beschleunigung der Welt kaum mitgemacht. Der Hessersbeck ist ein Zeitfenster zum Drinsitzen.

Die Küche offeriert ein niedrigschwelliges Nahrungsangebot, dessen Höhepunkt der schwäbische Rostbraten bildet. Frau Helga, die mildtätige Kellnerin, reicht dazu einen blutroten Lemberger im Viertelesglas mit Henkel – alles andere wäre überkandidelt. Ist das Glas leer, füllt es sich wieder auf wundersame Weise.

Gleich vorne links über Tisch eins, an dem ausschließlich

routinierte Regressionstrinker geduldet sind, wird in einem Foto-schrein des Altwirtes Heinz Hesser gedacht. Früher, heißt es, habe er sich drüben, auf dem Friedhof, unter Trauergemeinschaften ge-mischt, um sie dann wie zufällig in sein Lokal zu lotsen. Vor ein paar Jahren wurde er selbst nach gegenüber geschafft, gefolgt von seiner Gattin Helene. Nun verwaltet Erbwirt Lothar Hesser, der sich seinen Ruf als Original zäh erarbeitet hat, mit einem Fluidum aus edler Einfalt und stiller Größe das Institut. Wenn nicht bis zur Ewigkeit, so doch mindestens bis zur Sperrstunde, wenn auch der letzte Gast gefragt wird, ob er eigentlich keine Bleibe habe oder gar dem «Bettschonerverein» angehöre.

In diesem komischen Club bin ich freilich schon lange Ehren-mitglied. Ich schone fast alle Betten, die ich auf Reisen bewohnen könnte, schließlich tobt da draußen das Leben. Bei den Wachen, den Rastlosen, den Rumtreibern. «D'rhoim sterbet d'Leit», sagt man in der Sprache meiner Heimat, daheim und im Bett, da hat man jene Ruhe, die nur allzu schnell auch die finale sein könn-te. Doch allein im «Hessersbeck» komme ich zur Ruhe, fahre mich runter – und harre der Wunder. Es sind ja nicht die großen, spektakulären, eher die kleinen, ganz alltäglichen Wunder, die der Kneipe ein Air außerweltlicher Gebenedeitheit verleihen. Erst neulich konnte ein stark rotgesichtiger Herr, der zuvor über Stun-den hinweg an seinen Stuhl gefesselt schien, ganz plötzlich wieder gehen – wenn auch nur stark schwankend. Aber immerhin.

Editorische Notiz

Mehrere der hier versammelten Reportagen und Reisetexte erschienen bereits in Zeitungen oder Magazinen und wurden für dieses Buch überarbeitet und erweitert. Manche davon wären ohne die fruchtbare Zusammenarbeit mit wackeren Redakteuren der *Frankfurter Allgemeinen Zeitung* und deren *Sonntagszeitung*, der *Zeit* und der *GEO Saison* niemals zustande gekommen. Ihnen gebührt Dank, Respekt und mindestens ein Glas frischen Ingwertees mit Honig aufs Haus. Unbedingt zu nennen wären hier Michael Allmaier, Karin Ceballos Betancur, Kornelia Dietrich, Annabelle Hirsch, Freddy Langer, Dirk Lehmann, Andreas Lesti, Barbara Liepert, Katharina Priebe, Edo Reents, Uta van Steen, Dorothée Stöbener, Jakob Strobel y Serra und natürlich auch alle die, die ich vergessen habe. Z. B. meinen Lektor Frank Pöhlmann.

Es mag vermessen sein zu sagen, die hier vorliegenden Geschichten seien ausgezeichnet, aber in einigen Fällen stimmt es sogar: Für die buchtitelgebende Reportage *Ich bin dann mal Ertugrul* erhielt ich 2009 den hochangesehenen und ca. siebzehn Kilo schweren Henri-Nannen-Preis in der heute leider nicht mehr gewürdigten Disziplin «herausragende unterhaltsame, humorvolle Berichterstattung». Und für die unter vollem Lebens- und Leber
einsatz recherchierte Bordeaux-Reportage *Mischen: Impossible* erhielt ich den leider nicht ganz so angesehenen, aber tatsächlich so heißenden und gänzlich undotierten Henry-Nonsens-Preis 2012 in der Kategorie «Die absurdesten Reportagen des Jahres». Über beide Preise habe ich mich sehr gefreut, insgesamt hätten es aber noch viel mehr sein können, da wäre ich ganz offen gewesen, doch jetzt ist es leider zu spät. Jetzt gehören diese Geschichten ja Ihnen.

Oliver Maria Schmitt bei Rowohlt · Berlin und rororo

Anarchoshnitzel schrieen sie

Der beste Roman aller Zeiten

Mein Wahlkampf